立足中国现场
马克思主义新闻观中国化研究报告
2023

马 凌 林溪声 主编

复旦大学出版社

序　言

　　党的二十大报告提出"开辟马克思主义中国化时代化新境界"的重大命题。中国式现代化进程，既内蕴实践的赋能助力，又强调理论的守正创新。2022年4月25日，习近平在中国人民大学考察调研时指出，加快构建中国特色哲学社会科学，归根结底是建构中国自主的知识体系①。这一重要论述，为中国新闻传播学的改革指明了方向。中国新闻传播学自主知识体系建构不仅是中国共产党百年新闻实践积累在理论建设上的必然要求，也是以马克思主义基本原理指导当代中国新闻实践的现实需要，"立足中国土，回到马克思"，必然要以马克思主义新闻观为引领和统摄。

　　马克思主义新闻观是马克思主义政党在革命、建设和改革时期，运用马克思主义的立场、观点、方法研究新闻活动和新闻规律，并在新闻工作、舆论工作、宣传工作的实践中形成和发展的观念体系。习近平总书记将马克思主义新闻观视为中国共产党新闻舆论工作的"定盘星"，肯定其学术价值，亦强调其鲜明的政治属性和实践属性。实践中的马克思主义新闻观由来已久，中国共产党的百余年历史，同时是马克思主义新闻观中国化的历史。在当代中国，以马克思主义新闻观为引领，坚持马克思主义的科学性、实践性和人民性，是加强和改进新闻舆论工作、建设新闻传播学自主学科体系题中应有之义。

　　复旦大学新闻学院素有马克思主义新闻观教育的传统。老系主任陈望道先生将"好学力行"定为系铭以勉励师生，1943年最初由复旦大学地下党组织开办的"新闻晚会"得到他的支持，党组织利用这种形式讨论时事，举办学术讲座，团结广大学生群众。在陈望道筹办的"复旦新闻馆"里，复旦大学师生和部分党组织成员秘密收听延安新华广播电台，阅读新华社新闻稿，因而"复旦新闻馆"有"夏坝的延安"之誉。20世纪50年代，复旦大学新闻系形成"两典一笔"的传统，马克思主义经典著作是新闻系师生必须阅读和熟悉的。连续不断的"新闻晚会"

---

① 中共中央宣传部：《习近平新时代中国特色社会主义思想学习纲要（2023年版）》，学习出版社、人民出版社2023年版，第199页。

基于马克思主义新闻思想,讨论最新社会现象,是名副其实的"立足中国现场"。2001年,在原有的课程设置中,童兵教授重组教学团队,出版《马克思主义新闻经典教程》。这是中国第一本面向本科生的马克思主义新闻观教材。经过20余年建设,复旦大学马克思主义新闻观教学与研究团队获得了国家级精品课、首批国家精品资源共享课、首批国家一流本科课程、首批教育部课程思政示范课程与示范团队等荣誉。评阅最新报道、纵论国家大事,是课堂上小组报告的常规题目。行走中国、记录中国、解读中国,是学生们课堂外社会实践的重要内容。自2001年起,复旦大学新闻学院成为中国首家部校共建的新闻学院,20余年来的事实证明,在新闻学院大力开展马克思主义新闻观的教学与研究,积极促成学界与业界的对话,对坚持正确的政治方向、舆论导向和价值取向有十分重要的作用。经过长期不懈的努力,新闻学院以马克思主义新闻观为核心,以铸魂育人、立德树人为宗旨,全面推进教学体系改革,将价值塑造、知识传授和能力培养融为一体,取得了显著的协同育人效果。

改革开放以来,中国学界已有40余年的马克思主义新闻观研究历史,三代学人耕耘于此,成果丰赡。躬逢其盛,在兄弟院校的大力支持下,我们已连续三年召开全国马克思主义新闻观论坛:2020年以习近平总书记给复旦大学《共产党宣言》展示馆党员志愿服务队全体队员的回信为主题的"心有所信、方能行远——全国马克思主义新闻观论坛";2021年以建党百年和部校共建新闻学院20周年为主题的"学思践悟、携手未来——第二届全国马克思主义新闻观论坛";2022年以陈望道老校长担任复旦大学校长70周年和复旦大学新闻系主任80周年为主题的"追望大道、勇毅前行——第三届全国马克思主义新闻观论坛"。每年学术团队在论坛上发布《马克思主义新闻观研究年度报告》,通过系统总结当年马克思主义新闻观研究成果,帮助学界了解当前马克思主义新闻观领域的研究热点和趋势。

从2023年开始,复旦大学新闻学院马克思主义新闻观教学与研究团队计划每年推出《马克思主义新闻观中国化研究报告》。本书为第一本,遴选优秀论文共22篇,分为"本体论述篇""历史演进篇""理论阐析篇""国际传播篇""宣传实践篇""新闻教育篇",并附《马克思主义新闻观研究发展报告(2022年)》。希望我们选编的研究报告助力马克思主义新闻观研究在学术界繁荣壮大,也希望学界师友不吝批评、惠赐大作。

复旦大学新闻学院马克思主义新闻观教学与研究团队
马　凌　林溪声
2023年10月7日

目 录

本体论述篇

马克思主义新闻观：新闻舆论工作的灵魂 …………………… 童 兵 / 3
中国式现代化与新闻事业发展新征程 ……………………… 米博华 / 13
基于意识形态视角的马克思主义新闻观 …………………… 张涛甫 / 20

历史演进篇

中国共产党百年舆论观的历时变迁与发展图景 …………… 沈正赋 / 39
百年中国共产党的形象建构 ………………… 王智丽 张涛甫 / 50
中国共产党党报党刊发行模式的百年历程与经验启示 …… 吴 锋 / 64
陈望道新闻思想的形成及其时代价值 ……………………… 黄 鑫 / 73

理论阐析篇

新民主主义革命时期马克思主义新闻观中国化的理论创新
………………………………………………… 张品良 唐 雷 / 87
基于知识考古学的新民主主义革命时期新闻党性话语考察 …… 宋 佳 / 101
历程与体系：中国特色社会主义媒体社会责任简论 …… 包国强 黄 诚 / 111
马克思恩格斯的空间传播思想及学理价值 ………………… 李 晶 / 126

国际传播篇

党际、国际与命运共同体：建党百年中国共产党对外传播的
　三维向度及其交叉关系 …………………… 姬德强 朱泓宇 / 145

五卅运动前后中国共产党革命思想在日本的传播 …………………… 唐荣堂 / 165
抗战时期中国共产党国际传播网络的构建 …………………………… 徐惊奇 / 179
何谓"中国好故事"——基于"第六声"及其新闻报道的分析
　　………………………………………………………… 邓建国　黄依婷 / 192

宣传实践篇

《中国青年》与时代新人：中国共产党早期对学生运动的
　　宣传与引导 ……………………………………………………… 石一琨 / 209
流动的抗战：论新四军组织传播及运作模式 …………… 周小伶　张晓锋 / 228
墙报：中国共产党推进民主建设的新闻实践 …………… 郭　淼　王凯杰 / 241

新闻教育篇

构建立体化新闻传播学课程思政育人体系 …………………………… 陈建云 / 253
在概念辨析中开展马克思主义新闻观教学 …………………………… 马　凌 / 260
以马克思主义新闻观教学改革推进新闻舆论工作人才培养 ………… 林溪声 / 267
红色新闻文化融入马克思主义新闻观教育的价值意蕴与实
　　现路径 …………………………………………………………… 胡　栓 / 274

马克思主义新闻观研究发展报告（2022年）…… 胡冯彬　刘胜男　高敬文 / 281

本体论述篇

马克思主义新闻观：新闻舆论工作的灵魂*

童 兵**

【摘要】 新闻观是新闻舆论工作的灵魂。坚守马克思主义新闻观，必须反对资产阶级新闻观，在世界观、人生观、价值观上打好思想根底。坚守马克思主义新闻观，必须同党中央保持一致，在坚守党性与人民性一致的原则上要立场坚定，要善于把党的政策变为群众的自觉行动。在马克思主义新闻观的指导下，做党的政策主张的传播者、时代风云的记录者、社会进步的推动者、公平正义的守望者。在新闻学教学与研究中，以马克思主义为指导，培养合格的接班人和工作者。对国外的新闻理论，要有批判地吸收。

【关键词】 新闻观；党性原则；批判吸收；创新发展

新闻学是研究新闻传播活动、新闻传媒生产及流通规律的一门科学。新闻观是新闻学的观点和思想体系。马克思主义新闻观是马克思主义新闻学的观念集成，即马克思主义经典作家关于新闻传播活动和新闻传媒生产流通的代表性观点和观念系列。2016年2月19日，习近平在党的新闻舆论工作座谈会上讲话指出："新闻观是新闻舆论工作的灵魂。山无脊梁要塌方，人无脊梁会垮掉。党的新闻舆论工作必须挺起精神脊梁。古人说：'先立乎其大者，则其小者不能夺也。'对党的新闻舆论工作来说，这个'大'，就是马克思主义新闻观。"①马克思主义新闻观是党领导的新闻舆论工作的灵魂。习近平要求，"深入开展马克思主义新闻观教育，把马克思主义新闻观作为党的新闻舆论工作的'定盘星'，引导广大新闻舆论工作者做党的政策主张的传播者、时代风云的记录者、社会进步的推动者、公平正义的守望者"②。

---

* 本文原刊于《思想理论战线》2022年第5期。
** 童兵，复旦大学文科资深教授。
①② 习近平：《论党的宣传思想工作》，中央文献出版社2020年版，第184页。

一

从历史唯物主义世界观考察,同马克思主义新闻观相对立的是西方国家的资产阶级新闻观。西方新闻观标榜西方媒体是"社会公器""第四权力""无冕之王",鼓吹抽象的、绝对的"新闻自由"。持西方新闻观的人,打着"新闻自由"的旗号,专挑重大政治原则说事。他们不顾起码的是非曲直,以骂主流为乐、反主流成瘾,怪话连篇、谎话连篇。表面上看,在西方媒体上也有一些负面报道,但仔细观察,这些负面报道大致可以分为三类:一类是对其他国家的报道,再一类是对丑闻、色情、血腥、暴力、名人、隐私等黄赌毒、星性腥等的报道,还有一类是小题大做、"小骂大帮忙"的报道。而涉及资本主义制度根本的严肃话题微乎其微[1]。由此分析可知,任何新闻舆论都有鲜明的意识形态属性,世界上没有什么抽象的、绝对的"新闻自由"。不同的观念、是非、意识,从根本上讲都是阶级立场、路线是非和学术取向的问题,都是世界观、人生观、价值观及党性原则的反映。"党性原则是党的新闻舆论工作的根本原则。党管宣传、党管意识形态、党管媒体是坚持党的领导的重要方面。"[2]

"党和政府主办的媒体是党和政府的宣传阵地,必须姓党,必须抓在党的手里,必须成为党和人民的喉舌,'党报党刊一定要无条件地宣传党的主张'。"[3]无论时代如何发展、媒体格局如何变化,党管媒体的原则和制度是不能变的。

1921年7月23日,中国共产党第一次全国代表大会在上海法租界望志路106号(今兴业路76号)开幕。党的一大确定党的名称为"中国共产党"。大会通过了中国共产党第一个纲领,旗帜鲜明地把社会主义和共产主义确定为自己的奋斗目标,明确地表示要用革命的手段实现这一目标。这就是党的初心和使命,充分展示了党开天辟地、敢为人先的首创精神,坚定理想、百折不挠的奋斗精神,立党为公、忠诚为民的奉献精神。党的一大通过的第一个决议对宣传工作明确规定如下:

> 杂志、日刊、书籍和小册子须由中央执行委员会或临时中央执行委员会经办。

---

[1] 习近平:《论党的宣传思想工作》,中央文献出版社2020年版,第184页。
[2] 同上书,第181页。
[3] 同上书,第181—182页。

各地可根据需要出版一种工会杂志、日报、周报、小册子和临时通讯。

无论中央或地方的出版物均应由党员直接经办和编辑。

任何中央地方的出版物均不能刊载违背方针、政策和决定的文章。

1922年7月,中国共产党第二次全国代表大会在上海举行。会议通过对中国经济政治状况的分析,指出中国社会的半殖民地半封建性质,提出党的最高纲领是实现社会主义、共产主义,但在现阶段的纲领(最低纲领)是打倒军阀,推翻国际帝国主义的压迫,统一中国为真正的民主共和国。会议强调,为实现反帝反军阀的革命目标,必须联合全国一切革命党派,联合资产阶级民主派,组成"民主主义的联合战线"。

党的二大通过了中国共产党第一个党章,对党员条件、党的各级组织的纪律作出具体规定,体现了民主集中制原则。这对加强党的自身建设具有重要意义。大会还通过决议案,确认中国共产党是共产国际的一个支部。这样就把中国共产党同共产国际紧紧联系在一起,便于更好地接受共产国际和列宁的领导与指导,把中国革命同国际共产主义运动的命运紧紧地联系在一起,又开阔了中国共产党人的世界眼光,使中国共产党党报党刊的视野得以扩展,初心和使命感大为明确和加强,更加有力地推动党报党刊同工农运动结合在一起,成为中国工农运动的旗帜和号角。

1923年6月,中国共产党第三次全国代表大会在广州举行。党的三大正确估计了孙中山的革命立场和国民党进行改组的可能性,决定共产党员可以以个人身份加入国民党,以实现国共合作。但同时会议又明确规定,共产党必须在政治上、思想上、组织上保持自己的独立性。党的三大首次修改了党章,规定新党员有候补期,还允许党员有自由退党的权利。这两项新规定便于考验党员对党的忠诚,也有利于清除不合格的党员,从而保证中国共产党的纯洁性和战斗力。

国共合作确立后,革命力量联合起来,开创了反对帝国主义和封建军阀的新局面。1925年1月,中国共产党第四次全国代表大会在上海举行。这次代表大会提出了无产阶级民主革命中的领导权问题,指出在反对国际帝国主义的同时,既要反对封建军阀政治,又要反对封建经济关系。这是中国共产党在总结建党以来,尤其是国共合作一年来实践经验的基础上,对中国革命问题认识的重大进展,为今后的土地革命做了认识上和理论上的准备。

党的四大值得我们重视和思考的是,要关注党的教育工作的"理论根据"。党的四大通过的对于宣传工作之议决案强调指出,"第四次大会认为共产国际关于宣传工作议决案,本党有尽可能地使之实施的必要,其中尤以党中左的右的乖离倾向之指示与宣传马克思列宁主义和各国党之布尔塞维克化之必要,更值得我们特别注意,应使之成为党中教育工作的理论的根据"①。其中,议决案对党内思想走向同宣传工作的关系一节分析得格外贴切和中肯。议决案指出:

> 固然,大会一方面承认因为我们党的宣传工作之努力,在全民族革命运动中,我们党的机关报《向导》竟得立在舆论的指导地位,我们许多同志亦得立在行动的指导地位;但同时大会亦承认因为党的幼稚,党的教育宣传还未切实,致使党的理论基础常常动摇不定,尤其对于民族革命理论的解释和鼓吹,《向导》《新青年》《前锋》以及《党报》中的文章,在第三次大会后竟因三次大会关于国民运动决议文的稍欠明了,同时复为防止党中左稚病起见,过于推重了资产阶级的力量,忘了自己阶级的宣传,结果遂发生了右的乖离的错误。同时"左"倾的幼稚观念也遂因右倾的扩大而存在。②

基于这样的分析,党的四大提出:

> 今后本党宣传工作的主要目标,必须根据大会关于中国民族革命运动的新审定,努力宣传民族革命运动与世界革命运动之关联和无产阶级在其中的真实力量及其特性——世界性与阶级性,以端正党的理论方向。没有革命的理论,即没有革命的运动。有了健全的革命理论,然后党的宣传工作方得依此范畴融通各部,使党员行动方有所准绳。③

从政治上加强党的建设,提升党的马克思列宁主义理论水平,成为延安时期党的组织和毛泽东等党的领袖的一致认识和强烈呼声。1939年8月,中央政治局作出《关于巩固党的决定》。10月,毛泽东为中共中央机关刊物《共产党人》写了发刊词,提出了党的建设的总目标和总任务,即"建设一个全国范围的、广大群众性的、思想上政治上组织上完全巩固的布尔什维克化的中国共产党"④。他还指出,统一战线、武装斗争和党的建设是党在中国革命中的三个基本问题,是党

---

①② 中国社会科学院新闻研究所:《中国共产党新闻工作文件汇编(上卷)》,新华出版社1980年版,第18页。
③ 同上书,第19页。
④ 《毛泽东选集》第二卷,人民出版社1991年版,第602页。

的"三大法宝"。党中央还强调,巩固党的中心一环是加强对党员的培训,提高党员的素质。为此,陈云撰写了《怎样做一个共产党员》,刘少奇作了《论共产党员的修养》的演讲,张闻天发表了《论共产党员的权利与义务》。这些论著和演讲为党员教育提供了重要教材,在党的建设中发挥了重要作用;同时,为党报党刊指导思想的确立指明了方向,成为党报党刊初心使命的核心和骨架。

习近平强调,坚持党性原则,必须自觉地在思想上政治上行动上同党中央保持高度一致。为此,党领导的媒体必须做到:"报刊、通讯社、电台、电视台、新闻网站的所有工作都必须体现党的意志、反映党的主张,必须维护党中央权威、维护党的团结,做到爱党、护党、为党。要增强看齐意识,自觉向党中央看齐,自觉向党的理论和路线方针政策看齐,自觉向党中央决策部署看齐。要增强战略定力、站稳政治立场,在'乱花渐欲迷人眼'的诱惑干扰面前,保持'乱云飞渡仍从容'的政治定力,决不能发表同党中央不一致的声音,决不能为错误思想言论提供传播渠道。"①

二

新闻舆论工作涉及政治方向的一个重要问题是善于正确认识和把握党性与人民性的关系,需要从理论同实践的结合上回答并坚持党性与人民性是一致的、统一的。

我们党以全心全意为人民服务为根本宗旨,在党性与人民性的关系认识上,认为宣传党的主张就是宣传人民的主张,坚持党性就是坚持人民性;认为党性寓于人民性之中,没有脱离人民性的党性,也没有脱离党性的人民性。在坚守党性与人民性科学关系的原则下,新闻舆论工作者必须坚守四种角色。

第一,在马克思主义新闻观教育指导下,做党的政策主张的传播者。政策是政党为实现一定历史时期的路线而制定的行动准则,政策是政党的生命。主张是政党为解决当前事务而决定的见解和办法,是为实现既定目标而设定的工作步骤和操作方法,是政党为人民服务的实际行动。在马克思主义新闻观的指导下,当好党的政策主张的传播者,媒体工作者必须做好五个方面的工作:一是传播好党的政策主张必须立场坚定、旗帜鲜明;二是新闻舆论工作必须认清与摆正党的总路线、总政策与具体路线、具体政策的关系;三是要善于运用说理、写实、

---

① 习近平:《论党的宣传思想工作》,中央文献出版社2020年版,第182页。

抒情、鼓动、纠错等手法,把党的政策主张变为亿万群众的自觉行动;四是要全面地和辩证地宣传党的政策主张,防止片面性、简单化和绝对化;五是媒体要实事求是地反映群众的意见、要求、呼声和建议,党委要有勇气和能力支持保护媒体在实践中检验党的政策主张。

第二,在马克思主义新闻观教育指导下,做时代风云的记录者。我们所处的时代,是风云激荡、变化神速、人才辈出的伟大时代,同时是全面深化改革的时代,各类矛盾奔涌,各色心态展现。新闻舆论工作者在马克思主义新闻观的指引下,做忠实的时代风云记录者,必须遵循新闻传播规律,真实地报道新闻事实,忠诚地反映社会舆情和客观现实。为此,要从三个方面反映社会变动,揭示生活真实:一是对社会生活要有总体认识和全面把握;二是对新闻媒体所传播的新闻事实和社情民意要实事求是,既不夸大,也不缩小;三是对社会舆论的信息流量要如实地、有充分依据地把握,对新闻媒体所传播的事实和所反映的舆情要有必要的道德考量,要经受道德规范的审查。

第三,在马克思主义新闻观教育指导下,做社会进步的推动者。新闻舆论工作者应该成为社会进步的推动者,为公众指引社会前进方向,又要警惕和防范社会可能出现的谬误。根据马克思主义新闻观的规范,新闻舆论工作者要引领社会导向,为社会发展站好岗、放好哨。舆论导向从总体上看可以分为政治导向、经济导向和价值导向三个方面。政治导向就是新闻媒体根据党的总任务和总目标,遵循新闻传播规律和社会舆论运行规律,通过正确的事实报道和舆情表达,引导人们认识、理解和接受党的方针政策,并联系本职工作积极贯彻落实。经济导向就是通过新闻及舆论的传播,坚持以经济建设为中心,把经济活动引导到党提出的经济目标和社会主义经济活动中去,调整上层建筑和经济基础的关系,促进生产力的发展和社会的繁荣稳定。价值导向就是用社会主义主流价值观和中华民族的传统美德,教育广大人民群众,引导人们树立正确的世界观和人生观,培养人们积极健康、昂扬向上的价值观,培养人们良好的职业道德、社会公德和爱国主义情操,克服旧思想旧习惯的种种影响。

第四,在马克思主义新闻观教育指导下,做公平正义的守望者。长期的扶正祛邪、张扬正义的新闻宣传经验告诉我们,把舆论监督和新闻批评重点放在党委、政府和官员一边,保护公民的合法权益,是新闻舆论工作者做到公平正义的首要保证。重视新闻媒体的"耳目喉舌"作用,即倾听和呐喊来自人民群众的意见和呼声,不仅替政府说话,即发挥"喉舌"功能,也是社会守望人——新闻舆论工作者做到公平正义的又一要求。为人民建言提供同政府一样的平等利用媒体的机会,充分保障民众的知情权、表达权、参与权和监督权,是守望人做到公平正义的重要前提保证。新闻舆论工作者要成为真正的公平正义的守望者,还要有正确的道德理念。同时,守护公平正义必须依靠严明的法纪保障,党委和政府要为新闻舆论界提供有力的支持和援助。

习近平始终强调,新闻舆论工作者要真正成为党的政策主张的传播者、时代风云的记录者、社会进步的推动者、公平正义的守望者,一定要认真学习和牢牢坚守马克思主义新闻观,并自觉以此为自己坚守正确立场、科学理念和行为准则的灵魂。

三

习近平在党的新闻舆论工作座谈会上指出,新闻院系教学方向和教学质量如何,在很大程度上决定着新闻舆论工作队伍的素质。要把马克思主义贯穿到新闻理论研究、新闻教学中去,使新闻学真正成为一门以马克思主义为指导的学科,使学新闻的学生真正成为牢固树立马克思主义新闻观的优秀人才①。

如前所述,新闻观是关于新闻传播活动、新闻信息生产流通及消费的总的看法和总的见解,是新闻学的观点与思想体系。这些看法、见解、观点和思想,涉及新闻传播活动的方方面面,涵盖新闻教学和新闻实务、新闻历史和新闻理论的条条块块。换言之,新闻教学的各门课程,新闻理论体系的每个章节,凡是同马克思主义新闻观相关的,都应当努力去联系说明,去解读评点。再则,新闻理论探讨的每个主题、原理、原则、方针、政策,也必须以马克思主义新闻观为指导、为依据、为准则。详言之,新闻理论研究的任务与内容大致包括以下三个方面。

一是探索、发现和揭示新闻传播的基本规律,引导新闻信息的使用者和新闻信息的生产者按这些规律接受和消费新闻信息,生产和流通新闻信息。尊重新闻规律,按照新闻规律办事,是做好新闻舆论工作的根基。"新闻规律观"也就成为马克思主义新闻观体系中基础性或根基性的观念,具有特别重要的地位和作用。尊重新闻舆论传播规律,探索和揭示新闻舆论传播规律,按照新闻舆论传播规律开展新闻工作,成为马克思主义新闻观研究的重要任务。

二是防范和反对新闻信息消费使用中的非理性倾向,防范和反对新闻信息生产流通中的种种主观随意性。马克思主义新闻观是建立在历史唯物主义和辩

---

① 《习近平新闻思想讲义(2018年版)》,人民出版社、学习出版社2018年版,第188—189页。

证唯物主义基础上的新闻观,贯穿于新闻生产、传播、消费的全过程。特别是在当下的全媒体时代,更要注重马克思主义新闻观对于新闻传播和消费环节的指导。

三是了解和辨析各种新闻思潮及其背后的相关社会意识、新闻专业主义及历史虚无主义。马克思主义新闻观不是一成不变的教条,而是具有与时俱进的理论品格。马克思主义新闻观能不能在众多新闻观中胜出,真正赢得新闻舆论工作者和当代新闻学子的由衷认可,最终还要看它能不能回应现实问题。要加强利用马克思主义新闻观基本原理解释新闻舆论现实的研究,增强理论的解释力、前瞻性。

从新闻理论研究的上述任务使命中可以看出,新闻理论研究处处、时时、事事都离不开马克思主义新闻观的指导。在新闻学实际教学和科学研究中,我们应自觉运用马克思主义新闻观对照、引领、批判和指导,切实保障新闻教学的正确方向和教学质量。我们还要善于进行中外新闻观、马克思主义新闻观与非马克思主义新闻观的比较分析,做到既能够对西方新闻观中合理的、科学的内容实行"拿来主义",又敢于对错误的、有害的内容说"不"并加以剔除。实行"拿来主义"的,例如西方新闻学者宣扬的客观、公正、真实、全面的"新闻八字方针",经过分析和批判,对其中合理的部分,可以为我所用。坚决抵制和批判的,例如美国政府近年来积极推行的"颜色革命"及其所鼓吹的新闻观念和新闻方针,我们必须旗帜鲜明地反对。

四

在哲学社会科学研究中,我们对国外的哲学社会科学理论、概念、话语、方法要正确地分析和有鉴别地取舍,力求做到适用的就拿来,不适用的不能生搬硬套。哲学社会科学必然具有批判精神。这是马克思主义最为可贵的精神品质。

实现马克思主义新闻观的中国化、时代化、大众化,是当前一个重要目标和原则。实现马克思主义新闻观的中国化,必须保证马克思主义新闻观能够针对中国的新闻现实问题给予正确的回答和引领。实现马克思主义新闻观的时代化,必须保证中国新闻能够同当代外国新闻平等互补、公正对话,取长补短,共享共用。实现马克思主义新闻观的大众化,必须使马克思主义新闻观能够被普通中国民众理解、接受和用于实践,普通民众能够用马克思主义新闻观去考察和评价新闻活动和新闻作品。为此,要从以下五个方面做出努力与探索。

一是做好规划。要在有关方面的领导指导下,对于"十四五"规划期间中国新闻学教学和新闻理论研究,群策群力,集思广益,制定切实可行的规划,尤其要做好顶层设计,把马克思主义新闻观的教育和研究工作落到实处。

二是提高认识。要在全国新闻教育界明确马克思主义新闻观在新闻学教学、新闻理论研究中的地位、使命和功能。要将马克思主义新闻观的教学与研究工作当作重中之重,让马克思主义新闻观引领新闻传播人才培养全过程。要坚持将习近平关于新闻舆论工作重要论述作为新时代马克思主义新闻观教育的根本遵循。

三是摆正位置。在本科生和研究生新闻教学中,对于西方新闻学,特别是西方新闻传播理论研究如何评价,新闻教育界应有基本的共识,有关教育指导部门也应制定必要的规范。"我们要认清西方所谓'新闻自由'的本质,自觉抵制西方新闻观等错误观点的影响。"[①]

四是师资准备。目前,全国能够独立从事马克思主义新闻观教学与理论研究的师资数量和质量都较为不足,有关主管部门对此应仔细调研并掌握确切情况,做出全面安排和有效改进。

五是加强培训。为进一步提升马克思主义新闻观教学和研究水平,总结交流在新闻教学和理论研究中运用马克思主义新闻观的经验与方法,可挑选若干所有较高水平的新闻院系作为示范教学的培训基地。有关主管部门应加强对培训工作的指导和监督,保证培训工作,尤其是师资培训的质量。

我们要通过持久不懈的努力,坚守以马克思主义为指导的学科建设方针,把新闻学专业的学生培养成为用马克思主义新闻观武装起来的接班人,把从事新闻舆论工作的人员培养成有志于此的能人高手,为党的新闻舆论工作尽心尽责,勤奋努力。

五

我们的目标是,不仅要求新闻舆论工作出成绩、出成果,更希望培养新闻舆论工作一流人才,努力培养掌握马克思主义新闻观并能推动深化马克思主义新闻观研究发展的专家。为达此成就,一方面,我们必须踏踏实实阅读和弄懂弄通经典作家的"真经",吃透原著,对原著下死功夫、做"笨工作",才会有真正收获,才能把书本上的马克思主义新闻观变为自己学识上、理念中和文章里的东西;另

[①] 习近平:《论党的宣传思想工作》,中央文献出版社2020年版,第185页。

一方面，踏踏实实阅读和弄懂弄通马克思主义经典作家新闻原著的"真经"，不仅要敢于和善于在研究中发现不懂的观点、论述，而且要摒弃不懂装懂的现象，这种似是而非学习马克思主义新闻观的态度和做派要不得。

马克思主义新闻观的真经是从国外舶来的深刻理论，学习理解马克思主义新闻观存在一个理解、消化、汲取的过程，其中必然有艰苦的、漫长的思考过程。我们应该允许每个学习者有这个过程，也应该允许学习者有质疑和批判的权利。我们需要努力造就这样的环境、条件和氛围，保护每个学习者畅所欲言，有对不理解的观点发表不同看法的机会。

中国式现代化与新闻事业发展新征程*

米博华**

【摘要】 学习党的二十大报告，回顾中国新闻事业发展，我们可以从更高维度理解中国式现代化如何引领新闻事业发展的新征程。中国业已建成全球规模最大的信息通信网络，主流新闻媒体和其他媒体竞相发展，特别是"两微一端"、大数据、云计算、人工智能等新技术使中国新闻事业的面貌发生深刻变革。与此同时，我们既面临舆论环境日益复杂的挑战，也面临新技术赋能党的新闻传播事业的机遇。当下，中国式现代化将引领新闻事业紧跟时代发展潮流。我们要兴利除弊，加强全媒体传播体系建设，推动形成良好的网络生态，在弘扬社会主义核心价值观、提高全社会文明程度、繁荣发展文化事业和文化产业、增强中华文明传播力影响力方面有所作为。

【关键词】 中国式现代化；新闻事业；新征程；党的二十大报告

中国式现代化是党的二十大报告提出的一个极其重要的科学论断。它既是以往中国现代化进程不断演进的必然结果，也是对当下中国现代化建设历史方位的确认，打开了包括新闻事业在内的现代化理论的全新境界，对于中国现代化建设更好、更稳地发展具有深远意义。这个论断包含两重含义。第一，与中国式现代化相对应的是其他"非中国式现代化"。正如全球化不等于美西化，美西化不等于唯一模式的现代化。"科学社会主义在二十一世纪的中国焕发出新的蓬勃生机，中国式现代化为人类实现现代化提供了新的选择，中国共产党和中国人民为解决人类面临的共同问题提供更多更好的中国智慧、中国方案、中国力量，为人类和平与发展崇高事业作出新的更大的贡献！"[①]第二，中国式现代化既有

---

* 本文原刊于《国际传播》2023年第1期。
** 米博华，高级编辑，人民日报社原副总编辑，曾任复旦大学新闻学院院长。
① 习近平：《高举中国特色社会主义伟大旗帜　为全面建设社会主义现代化国家而团结奋斗——在中国共产党第二十次全国代表大会上的报告》，《求是》2022年第21期。

世界各国现代化的共同特征,更有鲜明的中国特色:人口规模巨大,追求共同富裕,物质文明和精神文明协调发展,人与自然和谐共生,走和平发展道路。概言之,中国式现代化与其他模式的现代化,特别是美西方现代化是不同的。

现代化是一个整体概念,包括经济、政治、社会、文化等诸多方面,当然应该包括作为意识形态重要组成部分的新闻事业。从这个意义上说,探索并实践新闻事业的中国式现代化发展,是中国新闻事业实现整体超越的必由之路。

一、中国式现代化为中国新闻事业确立新坐标

党的二十大报告强调:"我们确立和坚持马克思主义在意识形态领域指导地位的根本制度,新时代党的创新理论深入人心,社会主义核心价值观广泛传播,中华优秀传统文化得到创造性转化、创新性发展,文化事业日益繁荣,网络生态持续向好,意识形态领域形势发生全局性、根本性转变。"①也就是说,马克思主义不仅是指导各项新闻工作的根本指针,而且要作为意识形态领域的"根本制度"加以巩固和完善。正如大家所知,制度建设管根本、管长远,具有刚性要求,是国家治理体系的组成部分。

从党的十八大到党的二十大,习近平总书记对新闻工作的使命、任务、方针、原则提出了一系列重要论断。这些重要论断构成了中国新闻事业根本制度的基本框架。学习党的二十大精神,回顾中国新闻事业发展,我们可以从更高维度理解中国式现代化如何引领新闻事业发展的新征程。

(一)中国式现代化引领新闻事业

中国新闻事业具有和其他国家相同或相似的基本特征。所谓中国特色,是指中国新闻事业应该与中国的国体政体、基本国情、发展目标相适应。因为各国国体政体、历史文化、发展阶段等方面有很大的不同,所以世界上并不存在一个普遍适用的现代化新闻的统一模式。第二次世界大战结束以后,美西方流行的独立主义、工具主义、自由主义、专业主义等,不过是根据其自身的制度体制和历史文化构建的一种或多种对新闻的认知。例如,美西方新闻理念在很大程度上是与其选举政治相适应的一种制度设计。美西方对外宣传的本质是为其霸权主

---

① 习近平:《高举中国特色社会主义伟大旗帜　为全面建设社会主义现代化国家而团结奋斗——在中国共产党第二十次全国代表大会上的报告》,《求是》2022年第21期。

义和强权政治服务的工具。所谓"客观、公正",在很大程度上是其干涉他国内政的合法性包装。正如习近平总书记所指出的,"新闻宣传是有党性原则的。任何新闻宣传都是为一定的党派和社会团体服务的,都是他们经济政治利益的集中反映"①。这里所讲的"服务""利益"等是关于新闻舆论工作的地位、作用的明确表述,也是对中国新闻工作"五个事关"思想内涵的深刻阐明。习近平总书记强调,做好党的新闻舆论工作,事关旗帜和道路,事关贯彻落实党的理论和路线方针政策,事关顺利推进党和国家各项事业,事关全党全国各族人民凝聚力和向心力,事关党和国家前途命运②。新闻事业的现代化是中国式现代化的一部分,同时又是推动中国式现代化的关键力量。中国式现代化为中国新闻事业发展提供根本遵循。

(二)中国新闻事业发展成败的判断标准

中国新闻事业发展方向对不对、行不行,判断标准不是一个抽象的说法。1992年年初,就改革开放各项工作是非得失的判断,邓小平同志在视察南方谈话中提出"三个有利于"的标准,即是否有利于发展社会主义社会的生产力、是否有利于增强社会主义国家的综合国力、是否有利于提高人民的生活水平③。"三个有利于"对于无谓争辩"姓社姓资"具有一锤定音的作用,正是因为"三个有利于"坚持了实践是检验真理的唯一标准。这里讲的标准具有两个含义:一方面,应以对中国现代化建设有利为标准;另一方面,必须是经过实践检验的标准。中国改革开放以来,特别是党的十八大以来,"国内生产总值从五十四万亿元增长到一百一十四万亿元,我国经济总量占世界经济的比重达百分之十八点五,提高七点二个百分点,稳居世界第二位;人均国内生产总值从三万九千八百元增加到八万一千元"④。这一基本事实证明了中国现代化的发展路径是正确的。中国新闻事业的发展对促进国家现代化建设无疑发挥了重要作用,以中国式现代化的标准衡量新闻工作的成败是有价值、有意义的。

---

① 习近平:《干在实处　走在前列——推进浙江新发展的思考与实践》,中共中央党校出版社2006年版,第312页。
② 《习近平在党的新闻舆论工作座谈会上强调　坚持正确方向创新方法手段　提高新闻舆论传播力引导力》,《人民日报》2016年2月20日第1版。
③ 《解放思想锐意进取——改革开放和社会主义现代化建设是如何进行的?》,《人民日报》2022年5月27日第8版。
④ 习近平:《高举中国特色社会主义伟大旗帜　为全面建设社会主义现代化国家而团结奋斗——在中国共产党第二十次全国代表大会上的报告》,《求是》2022年第21期。

（三）中国新闻事业的最高准则

东西方历史文化不同，社会制度不同，世界观和方法论有着巨大差异。例如，在新闻报道中，我们坚持辩证唯物主义和历史唯物主义，相信历史终究是由人民群众创造的，因此，"以人民为中心"成为中国新闻事业的最高准则；相信历史的发展不会终结，必须以不断创新的发展眼光开辟前进的道路，才能避免片面、孤立、静止的错误观点。又如，中华民族笃信和合文化，相信"各美其美，美人之美，美美与共，天下大同"，本着和平发展的信念，人类完全可以在合作中实现共赢。而美西方很难理解中国和合文化，他们信奉在竞争和博弈中只有"你输"才是"我赢"，只有"你死"才是"我活"。这样的差异同样反映在美西方新闻理念的方方面面。从这个意义上说，美西方所谓新闻自由是"我"的自由，而不是"你"的自由；美西方所谓"客观、真实"是"我"认为的客观和真实。因此，在美西方国家和媒体看来，为了削弱遏制对方，造谣、污蔑、损毁种种手段，不仅是理所当然的，而且业已成为一种新闻的专门职业技能。这种认知是陈旧过时的冷战思维的延续。

（四）中国新闻事业的政治优势

习近平总书记强调，团结稳定鼓劲、正面宣传为主，是党的新闻舆论工作必须遵循的基本方针[1]。这是中国新闻事业发展的一大政治优势。正面宣传不是违背新闻的真实性，而是强调新闻报道本质的真实；正面宣传不是掩盖问题和矛盾，而是从积极的和建设性的视角出发，着力研究和解决问题；正面宣传不是放弃舆论监督，而是要通过理性和清醒的分析，从"国之大者"的全局出发，妥善处理社会生活中各种利益关系。总之，中国新闻媒体的报道要有利于各民族的团结，有利于促进社会生产力的发展，有利于提高人民生活水平，有利于社会生活的稳定，有利于在全社会弘扬反映正义和进步的社会主义核心价值观，有利于使国家保持强大的凝聚力和向心力。中国新闻事业和新闻工作必须肩负政治责任和社会责任。

二、中国新闻事业发展的反思与超越

党的二十大报告指出："我们以巨大的政治勇气全面深化改革，打响改革攻

---

[1]《习近平在党的新闻舆论工作座谈会上强调　坚持正确方向创新方法手段　提高新闻舆论传播力引导力》，《人民日报》2016年2月20日第1版。

坚战,加强改革顶层设计,敢于突进深水区,敢于啃硬骨头,敢于涉险滩,敢于面对新矛盾新挑战,冲破思想观念束缚,突破利益固化藩篱,坚决破除各方面体制机制弊端,各领域基础性制度框架基本建立,许多领域实现历史性变革、系统性重塑、整体性重构,新一轮党和国家机构改革全面完成,中国特色社会主义制度更加成熟更加定型,国家治理体系和治理能力现代化水平明显提高。"①这既是对过去实践经验的总结,同时也是对中国式现代化的要求。中国新闻事业同样面临系统性重塑、整体性重构的历史使命,包含非常丰富的内容,主要包括以下几个方面。

第一,在新闻理论方面,要努力构建与中国式现代化相适应的学科体系和话语体系。现代新闻事业伴随着西方工业化而诞生,也因此,西方创建了与资本主义制度相适应的新闻理论。第二次世界大战之后,美西方强势崛起,在新闻理论方面有更多的话语权。但我们必须清醒地认识到,两种社会制度不同,中西方文化有差异,必然使人们对新闻理论有着完全不同的理解和认知。在相当长的一段时间里,关于什么是新闻、怎样做新闻,在很大程度上是在西方语境下加以定义的。例如,他们标榜的所谓"中立、客观、不党不派"始终迷惑着一些人,使其认为新闻是一种大众传播,不应该成为国家治理的工具,认为任何具有党派性质的新闻都是不客观、不公正的。对这个问题,我们必须予以澄清:其一,美西方新闻理论的本质是基于对资本主义思想和制度的肯定,全盘接受美西方新闻思想实际上是对社会主义思想和制度的否定;其二,所谓没有政治前提的"客观、公正",在很大程度上是一个伪命题,美西方新闻对中国崛起没有底线的抹黑正说明了这一点。促进中国新闻事业发展,一个重要任务就是要实现批判与超越,构建符合中国式现代化历史逻辑的理论体系和话语体系。这是一项打基础、管根本的事业,同时也是中国新闻事业亟须推进的工作。

第二,在新闻实践方面,要努力增强和完善与中国式现代化发展相适应的新闻工作治理体系和治理能力建设。我们反对把新闻工作当作自外于国家大局的专业性、技术性工作,而是始终坚持把新闻工作作为实现民族复兴的一个重要组成部分。习近平总书记提出的"高举旗帜、引领导向,围绕中心、服务大局,团结人民、鼓舞士气,成风化人、凝心聚力,澄清谬误、明辨是非,联接中外、沟通世界"②,集

---

① 习近平:《高举中国特色社会主义伟大旗帜 为全面建设社会主义现代化国家而团结奋斗——在中国共产党第二十次全国代表大会上的报告》,《求是》2022年第21期。
② 《习近平在党的新闻舆论工作座谈会上强调 坚持正确方向创新方法手段 提高新闻舆论传播力引导力》,《人民日报》2016年2月20日第1版。

中概括了新闻实践必须遵循的基本方针。这"四十八字方针"具有鲜明的中国特色,在中国显示出巨大的价值和意义,是我们必须珍视的宝贵的理论财富。

第三,在新闻教育方面,要大力培育与中国式现代化发展相适应的新一代新闻人才。教育应该具有宽阔视野、广博知识,包括东西方文化都应该成为新闻教育不可或缺的内容,特别是人类文明的优秀文化成果应该也必须纳入我们的知识体系,这是毋庸置疑的。同时,学习知识、开阔视野必须兼收并蓄,要有一个鉴别、批判、吸收、创造的过程。我们要克服囿于偏见的深闭固拒、教条僵化,也要反对不加分析地照搬照抄。新闻学术研究方面尤其要注意,美西方以学术为包装淡化其政治立场倾向,在不断言说中将美西方"地方性"知识定义为规则和定理。新闻教育关乎人才培养,关乎未来中国新闻事业的整体面貌。因此,我们要明确提出新闻教育具有意识形态本质属性,把新闻教育的注意力和学术热情放在构建中国特色新闻体系的百年大计上来。新闻教育的立德树人,就是要为党育才、为国育人。

三、中国式现代化引领新闻事业的新征程

党的二十大报告指出:"我们要坚持马克思主义在意识形态领域指导地位的根本制度,坚持为人民服务、为社会主义服务,坚持百花齐放、百家争鸣,坚持创造性转化、创新性发展,以社会主义核心价值观为引领,发展社会主义先进文化,弘扬革命文化,传承中华优秀传统文化,满足人民日益增长的精神文化需求,巩固全党全国各族人民团结奋斗的共同思想基础,不断提升国家文化软实力和中华文化影响力。"①这既是对意识形态领域工作和中国新闻事业成就的肯定,同时也为我们继续做好意识形态工作、推进新闻事业新征程指明了方向。

中国新闻事业是党领导的新闻事业。在改革开放的过程中,中国新闻事业的发展道路并不平坦,有一个重要焦点问题,就是围绕新闻工作是不是要坚持党的领导。把中国共产党和中国人民区别开来、割裂开来、对立起来,是美西方意识形态渗透的惯用伎俩。而中国现代化建设的历史进程和中国社会发生的巨大变化,令人信服地表明,中国共产党没有特殊利益,党的利益就是人民的利益,党性和人民性从来都是一致的、统一的。党性寓于人民性之中,没有脱离人民性的

---

① 习近平:《高举中国特色社会主义伟大旗帜　为全面建设社会主义现代化国家而团结奋斗——在中国共产党第二十次全国代表大会上的报告》,《求是》2022年第21期。

党性,也没有脱离党性的人民性。我们在任何时候、任何情况下对这个观点都不应有丝毫的动摇。这也正是加强党对新闻工作领导的依据所在。

中国新闻事业是在斗争中成长壮大的。因此,要继续发扬斗争精神,敢于斗争,夺取胜利。新闻工作是意识形态最敏感的神经、最前沿的阵地。从某种意义上说,新闻工作就是要惩恶扬善、激浊扬清。新闻工作的鲜明品格就是要有斗争精神。这里所讲的斗争精神,绝不是以阶级斗争为纲,而是通过斗争才能开辟前进的道路。"全面建设社会主义现代化国家,是一项伟大而艰巨的事业,前途光明,任重道远。""我们必须增强忧患意识,坚持底线思维,做到居安思危、未雨绸缪,准备经受风高浪急甚至惊涛骇浪的重大考验。"[①]面对美西方国家与中国的贸易摩擦、科技摩擦、舆论摩擦等,我们必须勇敢面对、沉着应对,妥协和后退是没有出路的。同时,面对国内改革建设中出现的种种错误观点、错误思潮、错误倾向,新闻媒体都应该勇敢地站出来发言发声,不给错误言论传播留下任何机会。

中国式现代化引领下的新闻事业应该紧跟时代发展潮流,加强全媒体传播体系建设,推动形成良好的网络生态。中国信息基础设施实现跨越发展,建成了全球规模最大的光纤和移动宽带网络[②]。主流新闻媒体和其他媒体竞相发展,特别是"两微一端"、大数据、云计算、人工智能等新技术使中国新闻事业的面貌发生深刻变革。我们要兴利除弊,利用新的技术手段,在弘扬社会主义核心价值观、提高全社会文明程度、繁荣发展文化事业和文化产业、增强中华文明传播力影响力方面有所作为。

中国式现代化引领下的新闻事业必须提升治理能力和管理水平。新闻工作依靠各种主体、各种载体、各种途径开展,有通讯社,有报纸,有电视广播,有互联网,尤其是自媒体、微媒体快速崛起,情况比较复杂。如何通过法律、行政等手段有效地对新闻工作进行科学管理是一个重大课题。要改进和创新新闻工作,适应分众化、差异化传播趋势,提高正面宣传的感染力,增强设置议题、引导议题的本领,特别是加强舆论监督。这些都是必须不断研究并做出正确回应的现实课题,我们同样应该在这些方面有所作为。

---

① 习近平:《高举中国特色社会主义伟大旗帜 为全面建设社会主义现代化国家而团结奋斗——在中国共产党第二十次全国代表大会上的报告》,《求是》2022年第21期。
② 王政:《我国建成全球规模最大信息通信网络》,《人民日报》2022年8月22日第2版。

基于意识形态视角的马克思主义新闻观*

张涛甫**

【摘要】 马克思主义新闻观业已成为当下中国新闻传播场域的主流话语，经由多年实践和理论积淀，形成了一套内涵丰富的概念与观念集群。马克思主义新闻观超越了狭义新闻观的视野，从深广的社会视野和历史视域揭示新闻观背后的意识形态关系。马克思主义新闻观的中国化进程充分说明理论的真理性取决于对实践的"在地化"深耕。马克思主义新闻观正是这种在地化深耕的产物。在马克思主义中国化的过程中，中国共产党扮演了极为重要的角色。进入新时代，马克思主义新闻观中国化步入新阶段，以前所未有的深度和广度回应全面开放条件下新闻舆论领域的重大命题。

【关键词】 新闻观；马克思主义；中国化；意识形态

一、引　言

马克思主义新闻观业已成为当下中国新闻传播场域的主流话语，经由多年实践和理论积淀，形成了一套内涵丰富的概念与观念集群。这套有关新闻舆论的观念体系，因其对于中国新闻舆论实践的强大介入性和解释力，不仅在新闻传播场域内具有极大的话语影响力，在新闻传播学界和业界之外也极具话语存在感。反观马克思主义新闻观在中国语境的演进历程，在一代又一代的理论工作者和实践工作者的艰苦努力和不懈求索中，形成了独具中国特色的理论和价值观发展轨迹。它在与中国新闻舆论实践和中国社会的纵深互动中，生动诠释并有力推动了中国新闻舆论事业。马克思主义新闻观的演化逻辑既服膺于中国新

---

* 本文原刊于《新闻与传播研究》2022年第8期。本文系国家社会科学基金重大项目"百年中国马克思主义新闻观话语的历史建构与实践研究"（项目编号：20&ZD323）、国家社会科学基金重点项目"中国特色新闻学话语体系建构研究"（2019AZD046）研究成果之一。

** 张涛甫，教育部"长江学者"特聘教授，复旦大学新闻学院院长。

闻舆论自身的规律性,同时又遵循中国现代历史发展规律和演进脉络。马克思主义新闻观中国化拓宽了中国新闻传播理论视野,成为中国特色新闻理论的理论奠基石,同时丰富了中国特色马克思主义理论内涵,并成为马克思主义中国化的重要组成部分。它有机地连接了中国特色马克思主义理论体系,并且有生生不息的创造活性,在与时代深度互动中成就了自身,也能动地介入时代,为时代赋能。本研究将从意识形态视角,对马克思主义新闻观及其中国化问题进行宏观考量,意在揭示中国马克思主义新闻观的演进逻辑和价值机理。

二、马克思主义新闻观的意识形态解读

人作为社会性动物,生活在社会网络中,需要感知社会环境,从而确立其自身在社会中的方位,为其行为提供依据。日常生活现实是围绕人们身体所处的"此地"(here)和其当下所在的"此时"(now)而存在。这种"此时此地"构成人们对于日常生活现实的注意力焦点。在日常生活中以"此时此地"的方式呈现给人的东西,构成了人的意识中的实在之物(realissimum)①。在日常生活中,个人经验和历史经验都可以被客观化,并被保存和积累。客观化积累之后的经验,经过累积会形成"社会知识库",而此"社会知识库"储存了社会角色扮演的某些标准。这些标准对社会的所有成员适用,或者起码对潜在的角色扮演者而言是适用的②。这是一种显性知识,被行动者普遍接受并代代传承。另外还有一种隐性知识,它是"行动者的意识无法直接觉察到的",但在实践中却是不可或缺的知识③。新闻是人的社会知识库的重要来源。人们通过新闻从社会环境中源源不断地输入信息,补给涉及个人日常生活外部性的信息。但是,大量的信息会带来注意力的不足,从而提出了在过量消费信源时有效分配注意力的要求④。在有限的注意力约束之下,个人对信息的选择则是选择性的。人们对新闻的获取也是选择性的,但这种选择不是随意的。日常生活的人们所看到的世界并不是整个世界,而是他们生活在其中的那一小部分世界,而他们所见的一小部分也是有依据的。

---

① [美]彼得·L.伯格、[美]托马斯·卢克曼:《现实的社会建构:知识社会学论纲》,吴肃然译,北京大学出版社2019年版,第30页。
② 同上书,第54、94页。
③ [英]安东尼·吉登斯:《社会的构成:结构化理论纲要》,李康、李猛译,中国人民大学出版社2016年版,第4页。
④ Herbert Simon, *Computers, Communications and the Public Interest*, Baltimore, MD: Johns Hopkins University Press, 1971, pp. 40-41.

人们往往为他们生活其间的那一小部分编造各种各样合理的理由,其中的大部分朝着扩大其重要性的方向①。人们基于新闻对世界的观照所选择的范围和重点,往往受到接受主体自身的新闻观念和接受偏好的约束。换言之,新闻观作为支撑人们信息原则和信息解读的社会知识库,决定了人们看到什么样的世界。同时,人们的新闻接受还受到其身外社会环境和新闻语境的影响。

新闻语境作为社会环境的即时化存在,不是以无序的状态向新闻受众展示的,而是以建制化和结构化的方式向社会主体输入的,特别是在新闻媒体成为大众媒体,即成为系统化的社会建制之后,大众媒体就成了人们日常生活现实的主体信源,为人们提供感知社会存在的"感受结构"(structure of feeling)。"感受结构"是一种现时在场的、处于活跃着的、正相互关联着的连续性之中的实践意识,是一种处在过程中的"社会经验"②。通过"感受结构",大众媒体将社会主体与社会连接起来,建构他们对社会的日常感知。大众媒体向社会主体输出"感受结构",往往受到其新闻理念和职业规范的约束。

新闻观是新闻背后的理解框架,包括三个内容:新闻知识、新闻方法、新闻价值。新闻观又分为狭义和广义两种:狭义的新闻观指大众媒体的新闻观,即新闻媒体从业者所拥有的新闻知识、操作规范和新闻理念;广义的新闻观则泛化为社会主体所具有的新闻经验、知识和观念。很多时候我们强调的是前者,对后者多有忽视。其实,两种新闻观不可偏废。如果没有广义的新闻观,单向度地强调大众媒体新闻观的作用,就难以真正理解新闻观的要义和本质。"大众媒体是一个运作上封闭的系统……一个自我生产的系统","大众媒体的实在,它的真实实在,在于它自己的运作中。……传散的过程只有以技术为基础才得以可能。这些技术运转的方式结构化并且限制着作为大众沟通而可能的东西"③。支撑和锁定这个封闭系统的,是隐而不彰的新闻知识、价值系统,以及显性的组织规则和框架。对于大众媒体而言,新闻观支撑了媒体机构的新闻生产和传播行为,是媒体"后台"的知识共享系统和价值支撑系统。对新闻人而言,这些知识和价值观念是新闻实践中必不可少的"共有知识",它们在新闻系统中得到强调和传播,并且通过成绩显著的个体(新闻记者)和声名卓著的组织(新闻媒体)的新闻实践活动不断得

---

① [美]赫伯特·西蒙:《人类活动中的理性》,胡怀国、冯科译,广西师范大学出版社2016年版,第116页。
② [英]雷蒙德·威廉斯:《马克思主义与文学》,王尔勃、周莉译,河南大学出版社2008年版,第141,142页。
③ [德]尼克拉斯·鲁曼:《大众媒体的实在》,胡育祥、陈逸淳译,左岸文化2006年版,第230页。

到强化。社会主体对新闻的认知和理解,往往受到包括大众媒体在内的社会外部性的影响,但他们对新闻的选择、理解和接受并不是完全被动的,很多时候他们作为"积极的受众",是带着接受期待和"前结构"进行主动选择和理解的。马克斯·韦伯提出,人悬挂在自己编织的意义之网中。每个社会主体对于新闻接受多以其意义之网为基模。意义之网中既有关于新闻的意义节点或解释框架,也有广义的新闻观成分,借此赋予社会主体以新闻选择、理解乃至行动的依据和理由。

意识形态是社会行为人借以理解周围世界的中介,是社会生活中的意义、符号、信仰和价值的生产过程,是个体得以建立其社会关系结构的必不可少的媒介。意识形态提供了一种解释框架,借助该框架,人们得以解释、理解、体验和"生活"在一个能找到自身的物质环境中。路易·阿尔都塞(Louis Altrusser)认为,意识形态是一个概念系统,仅就其指向一个社会关系系统而言,它不是一个由个人的想象所产生的问题,而是一个能被社会地投射的概念系统问题,这种投射构成了一个社会建立起来的概念集合体①。在社会系统中,意识形态是一种普遍存在的媒介,它将人和社会系统连接起来,将外在于个人的社会化知识、社会价值和意义系统内化为个人内在的意义结构和认知框架。人在社会化过程中,将外在于个体的知识转化为人的主体性内存。人们对周遭世界的感知和理解,建立在范畴化基础之上,端赖于内化于个体意识的意识形态②。戈兰·瑟伯恩(Göran Therborn)认为,意识形态是一种特殊的视角,它关心的不是观念和思想的内容或形式本身,而是把它们视为人类主体作为有优势的行为者的在世之在的结构,更准确地说,涉及的是人类主体的构成机制③。

新闻观是意识形态的重要构成。社会个体实现对日常生活的即时理解,实现与社会的密切连接,社会通过意义网络和概念系统将个体纳入社会结构之中,其中,社会支配阶层通过包括新闻观在内的意识形态进行合法化的社会控制和思想整合,有助于主导政治力量合法化,实现权力与话语的连接。通过媒体,将社会系统中结构化的意识形态翻译、内化为社会个体的主观社会现实和意义框架,从而实现意识形态与广义社会网络的联结和联动,起着社会融合功能④。媒

---

① Louis Althusser, *Philosophy of the Encounter: Later Writings, 1978-1987*, UK: Verso, 2006, p. 281.
② 张涛甫、赵静:《媒体融合的政治逻辑——基于意识形态安全的视角》,《新闻与传播研究》2021年第11期。
③ 汪行福、俞吾金、张秀琴:《意识形态星丛:西方马克思主义的意识形态理论及其最新发展态势》,人民出版社2017年版,第313页。
④ 同上书,第267页。

体能将统治阶层的主导意识形态转化为社会意识形态,进而落实到微观层面,内化为社会个体的实践意识。狭义的新闻观与广义的新闻观之间持续互动,为社会编织了有关新闻感知和理解的意义框架。"框架是一个社会共享的、时间上稳定的、可用象征手段将社会世界有意义地结构化的组织原则。"①新闻观为社会共同体提供了新闻认知和理解的共享意义结构和原则。对于社会共同体而言,通过持续、建制化的媒体行为,将隐含在新闻背后的新闻观输送到目标人群中去;对于个体而言,在长期的新闻接受过程中,个人的新闻观与媒体的新闻观逐渐实现"视界融合",通过个人经验的客体化和社会化,实现个人新闻框架与社会新闻框架的接入,进而完成意识形态系统的整合和塑形。

媒体的新闻生产和传播往往受其新闻观驱动,受众在接受新闻的同时受到其新闻观这种前置结构的约束。媒体的新闻生产和传播往往是选择性的,选择什么、忽视什么、如何叙事、如何定义新闻事实时常是在新闻观给定的框架内进行的。无论是新闻生产还是新闻传播,皆受到"信息约束"②。特别是在信息丰裕的语境下,新闻的选择性生产和选择性接受会成为常态。社会主体对于新闻的接受和感知是其介入社会现实的重要入口。通过新闻来构建其日常生活现实,实现个人经验的客体化和范畴化,完成社会主体对世界的感知。但社会主体感知和判断,既受制于社会存在和媒体旨趣的影响,也受到其隐性知识和前置认知框架的约束。"我们拥有真实的世界、我们对于这个世界的观察、我们所施加于这个真实的世界之上的实验,这些实验和观察是通过我们的认知装备进行的。而我们的认知装备本身则是由社会熔铸的。"③社会主体所具有的新闻观为其接受和理解新闻设置选择和解读框架,设定选择偏好和意义框架,编织意义网络。在社会系统中,通过掌握媒体资源,社会支配阶层掌控合法化的意识形态话语权。"合法化导致了对社会共识的认可,社会共识赋予了现存的或预期的社会条件以价值,因此稳定或促进了社会共识。人们共同赞成的价值和规范可作为社会生活的媒介以及社会交易中起媒介作用的联结物。"④新闻是人们获得社

---

① Stephen D. Reese, Oscar H. Gandy, Jr., August E. Grant, eds., *Framing Public Life: Perspectives on Media and Our Understanding of the Social World*, Mahwah, NJ: Lawrence Erlbaum Associates, 2001, p. 11.

② [印]阿马蒂亚·森:《理性与自由》,李风华译,中国人民大学出版社 2006 年版,第 327 页。

③ [澳]戴维·罗杰·奥尔德罗伊德:《知识的拱门——科学哲学和科学方法论历史导论》,顾犇等译,商务印书馆 2008 年版,第 618 页。

④ [美]彼得·M. 布劳:《社会生活中的交换与权力》,李国武译,商务印书馆 2008 年版,第 346、347 页。

会化存在的重要媒介,是构建个人生活意识的必要条件。同时,新闻也是社会整合的符号资源。社会支配阶层借此将其意识形态合法化为社会系统的主导意识形态。

马克思主义新闻观是由马克思、恩格斯开创的新闻观念体系。马克思主义新闻观从一开始就具有鲜明的价值立场和政治关切。马克思、恩格斯对于新闻的理解超越狭义的新闻视域,从政治经济、历史和哲学的综合视角将新闻报刊纳入现实社会乃至人类发展的深长背景中予以观照,深刻洞察新闻媒体的意识形态性,从资本主义社会统治本质的高度,揭示新闻媒体对于无产阶级革命斗争的极端重要性。马克思、恩格斯在《德意志意识形态》中鲜明地指出,统治阶级的思想在每一时代都是占统治地位的思想[1]。在资本主义社会中,作为统治阶级的资产阶级同时拥有占统治地位的精神力量,借助其精心设计的意识形态象征资源,为统治提供合法性;而处于被统治地位的无产阶级则处于精神奴役状态。马克思、恩格斯的新闻观的深刻之处在于,既看到早期资产阶级意识形态的进步性,同时也揭示了其隐蔽的骗术:资产阶级统治时期占统治地位的概念,如自由、平等等,是他们为自己编造出来的幻想。因为每个企图取代旧统治阶级的新阶级,为了达到自己的目的不得不把自己的利益说成社会全体成员的共同利益。这在观念上的表达就是:赋予自己的思想以普遍性的形式,把它们描绘成唯一合乎理性的、有普遍意义的思想[2]。资产阶级的新闻观是资产阶级意识形态的重要构成,其所标榜的自由、民主等概念,实际上是打着普遍意义旗号的话术,是为其统治合法性辩护的。马克思、恩格斯的新闻观一开始就超越了新闻去理解新闻,是从批判资产阶级意识形态的高度展开的,即是从广义的新闻观角度考量的。报刊是无产阶级和人民群众反抗精神奴役和政治启蒙的生产资料,借此,他们获得自我教育,也获得斗争的武器。马克思、恩格斯作为马克思主义新闻观的创始者,旗帜鲜明地主张报刊的倾向性,并明确地把价值立场定牢在人民这一边。马克思的新闻观没有标榜价值零度和客观性,而是将价值立场鲜明地亮出来,强调以鲜明的意识形态性反抗资产阶级意识形态。马克思主义新闻观鲜明的价值立场超越狭隘的阶级意识,以人民性为其奠基,以阶级性为其显著标识。

后来的马克思主义者,或从政治上继续探索无产阶级的解放或民族解放之路;或从思想、理论层面接力马克思、恩格斯的思考,形成具有世界性影响进而改

---

[1] 《德意志意识形态(节选本)》,人民出版社2003年版,第42页。
[2] 同上书,第44页。

写人类历史的社会革命和思想理论流派。马克思主义新闻思想成为这场深广革命和思想运动的重要内容，并在不同的时空语境中演进、发展，形成斑斓多彩的思想风景和意义景观。就从西方马克思主义新闻思想演进谱系来说，后来接续马克思主义批判传统的，如英国的文化研究学派、德国的法兰克福学派、北美的批判传播学派等，无不受到马克思主义思想理论的滋养；列宁等俄国马克思主义者则走了另一条创造性转化之路；经由苏俄的中转，中国马克思主义选择了自己的理论和实践创新路径。

三、中国语境中的马克思主义新闻观

马克思主义新闻观是随着马克思主义理论在中国的传播而被接受的。论及马克思主义新闻观在中国的传播和实践，最先要考量马克思主义在中国的传播和实践进程。这是观察中国马克思主义新闻观的前置条件。马克思主义理论与中国革命实践结合之路历尽艰辛。马克思主义从域外进入中国，需要在中国条件下重新试炼理论的真理性。此前，马克思主义经由苏俄革命的转译和实践，实现创造性转化。列宁等苏俄马克思主义革命家和理论家对源于欧洲资本主义语境的马克思主义理论做了创造性转化，从而成功推动苏俄社会主义革命，实现了理论变现，改写了人类历史。马克思主义进入中国，苏俄发挥了极为重要的作用。但在毛泽东思想真正成为指导中国革命的思想理论之前，马克思主义的中国化经历了多年的摸索。毛泽东思想的成熟标志着中国语境下的马克思主义告别"依附之路"，走上马克思主义中国化道路。

只有把马克思主义新闻观放置在马克思主义思想理论整体框架中予以观照，并且须把马克思主义放在中国语境下进行"在地化"考量，才能真正把握中国马克思主义新闻观的真谛。因此，考察中国语境下的马克思主义新闻观，需要整体性地将其置身于中国历史和现实实践中。简单化地将马克思主义新闻观抽离出来，将其窄化为专业层面的职业理念和价值规范，会割裂马克思主义新闻观与马克思主义的整体关联，同时也无视马克思主义新闻观作为广义的新闻观的真实存在。中国马克思主义新闻观是在马克思主义中国化进程中形成的，具有独特的内涵和演进路径。中国语境下的新闻观不再是狭义的新闻观，不止于新闻专业或职业范畴的新闻观念，而是超越新闻范畴、连接传媒与政治、连通政党与群众的广义的新闻观。这种新闻观由中国革命和建设的特殊语境规定，带有鲜明政治特质的政治传播理念。政治的逻辑决定新闻的逻辑。中国特色的马克思主义决定了新闻观的中国性,规定了马克思主义新闻观的中国化路径。因此,不难理解为什么马克思主义新闻观把党性和人民性作为新闻观元命题予以置顶强调。要将马克思主义在实践中变现,须把精神的力量转化为物质性的力量。要实现这一目标,须让"主义"与群众相结合。"理论只要说服人,就能掌握群众;而理论只要彻底,就能说服人。"①有研究者认为,在马克思列宁主义社会中,组织处于中心位置。在这种情形下,新闻媒体与人民群众便合二为一②。此论抓住了列宁主义及其新闻观的要害。组织是经由理论锻造和武装的物质力量。凭借组织力量,列宁将马克思主义政党与群众紧密结合起来。列宁认为新闻媒体是搭建和联结组织的"脚手架",并创造性地提出利用报刊建党、全党办报的新闻理念,把媒体纳入马克思主义政党组织的中心。列宁的这些新闻思想,也被中国共产党接续下来,成为毛泽东新闻思想的重要内容。

不过,毛泽东新闻思想并非简单复制列宁的党报思想。"毛主义是列宁主义同中国经济的落后状态相结合,并吸收了某些中国传统观念的综合产物。"③"传统社会结构的持续分化和日益广泛的社会群体跃入社会的政治中心对中国政治体系构成了强大的压力,客观上要求创立一种容纳现代性与民族性,能够处理不断变化的社会问题,容纳社会变迁过程中产生的新兴力量的新的制度机制,用以协调、整合社会冲突。这种新制度结构和新价值信仰体系的创立,一方面有赖于有机地融汇现代性与民族性,另一方面,只有通过创造具体制度和新的价值信仰体系,才能具体落实现代性与民族性的统一,把现代性的一般取向和民族性的特殊取向结合起来。"④在此背景下考量马克思主义新闻观的中国化,就不会抽象、非历史地就新闻理解新闻、就媒体谈媒体,而应从中国革命、建设和改革的具体实践中,从大历史的视野整体性观照新闻和媒体的深广意义。

以毛泽东为代表的中国马克思主义者对新闻观的理解多是从政治角度出发的,对新闻和媒体的定位、理解和运作均超越狭义的新闻、媒体范畴。无论是在革命年代还是在建设年代,均将新闻和媒体作为极为重要的政治资源进行定位和使用。政治动员、社会整合、政权巩固,需要合法性资源为之辩护、证明,需要有系统、自洽的意识形态话语为中国共产党的革命乃至执政提供理据。毛泽东

---

① 《马克思恩格斯选集》第 1 卷,人民出版社 1995 年版,第 9 页。
② [美] J. 赫伯特·阿特休尔:《权力的媒介》,黄煜、裘志康译,华夏出版社 1989 年版,第 123 页。
③ [英] 戴维·麦克莱伦:《马克思以后的马克思主义(第 3 版)》,李智译,中国人民大学出版社 2004 年版,第 259 页。
④ 高华:《革命年代》,广东人民出版社 2010 年版,第 11 页。

思想成功地解决了马克思主义在中国的创造性转化问题。与此同时,还需要一套与意识形态体系相匹配的传播体系和组织架构。以20世纪40年代初《解放日报》改版和延安文艺座谈会讲话为标志,中国共产党形成了一套成熟的传播体系和组织架构,这背后有一套成熟的新闻观作支撑。此后的马克思主义新闻观演进与马克思主义中国化的进程交光互影,深度嵌入社会主义建设和改革进程,并在新时代展示出更加深广的理论面貌和实践内涵。

新中国成立后,中国共产党从领导人民为夺取全国政权而奋斗的党,成为领导人民掌握全国政权并长期执政的党。"长期执政的政党需要使自身重新合法化,增强核心能力,扩大群众基础,调整政策以适应新形势。就此而言,这些改革构成了一种典型的'调适'。"①这个时期共产党宣传的主要任务是建立新型国家意识形态,实现对社会意识形态全方位接管。延安时期形成的意识形态机制在这个时期得到全面推广,并且把执政党的意志体现为国家意志,将整个社会纳入主流意识形态"质询"范畴。意识形态被认为不仅是一组信念,而且是一个构成社会行为者的组织意识的有具体内容的意义体系。意识形态通过质询的过程起到形成和再组织成员的主体性作用②。新闻话语则是为社会成员提供现实关联的媒介。借此,社会成员实现对社会环境的认知,同时将其纳入社会关系网络,将社会成员的主观现实纳入社会系统的意义体系。新闻观作为隐伏在新闻话语背后的理解框架和意义坐架,毫无疑问,是整个主流意识形态的重要构成。话语以某种方式组成一种框架,以对服务于某些利益而不是其他利益的事件进行理解和作出解释③。新闻话语通过关于社会事实的选择和组织,建构社会成员意义体系,进而实现对社会成员的"质询"。值得关注的是,这个时期的执政党通过超强的组织化方式,对整个国家进行再组织,实现了自上而下的组织再造,将各个微观社会结构纳入国家网络中,同时,通过国家意识形态的组织化传播,实现意识形态的社会化建构。这个时期的新闻观,即是国家意识形态的社会化框架。乌托邦意识形态经过不断升级后,形成极化的意识形态,直接表现为极化的舆论生态和新闻话语,直接影响到社会面上的公共认知和社会秩序。作为新闻话语背后的意义框架和理解机制的新闻观也遭到扭曲。

---

① [美]沈大伟:《中国共产党:收缩与调适》,吕增奎、王新颖译,中央编译出版社2011年版,第149页。
② [美]丹尼斯·K.姆贝:《组织中的传播和权力:话语、意识形态和统治》,陈德民、陶庆、薛梅译,中国社会科学出版社2000年版,第175页。
③ 同上书,第177、178页。

进入改革开放后，中国共产党改变了意识形态在政策过程中的作用。在此之前，意识形态与政策之间的关系是一种演绎关系，换言之，各种政策主要诞生于一系列意识形态原则，并因此获得合法性。但以邓小平同志为核心的党的第二代中央领导集体改变了这种关系。从此以后，意识形态成为一种事后为政策决策论证和辩护的工具。这种决策的颠倒不是废除意识形态在中国共产党或中国所扮演的角色。毋宁说，这巧妙地削弱了意识形态的重要性，把意识形态的角色转变为一种事后辩护和论证的工具。意识形态的性质和功能发生了根本变化：发明新的思想。这些思想以马克思主义的基本原理为基础，但又产生于并尊重本国的国情。这就是"中国特色"的意识形态①。邓小平以超人的胆魄与智慧，大胆、审慎地告别"非常态"，让走偏的社会和思想回归于常态。其中，告别极端思想、回归思维常态尤为紧要。邓小平大胆推动思想解放，超越"左""右"争论，突破一个又一个思想禁区，为改革清理思想路障。同时，把握思想解放的尺度，控制思想解放可能带来的风险，既不极端，也不保守，保持思想的活力与张力。邓小平对于马克思主义新闻观的一大重要贡献，是将人民和媒体该有的权利返还给人民。通过改革，邓小平让走失的人民性重新回归到党性原则，让人民的声音在媒体管道中得到表达，从而让人民性和党性合二为一。邓小平的新闻思想是时代的产物，即中国从"非常态"时代转向"常态"时代的产物。他的新闻思想充满辩证智慧：一方面，他强调思想解放，突破形形色色的禁区；另一方面，他时刻防范思想解放与舆论开放带来的风险，把控解放与开放的节奏和节点。例如，强调传媒的党性原则，注重传媒的社会效益，要求传媒为改革保驾护航，为经济发展创造良好的舆论环境。这些要求是为媒体行为划清底线。

邓小平时代之后，江泽民、胡锦涛带领中国共产党人在改革道路上与时俱进，接续进取，不断发展改革时期的马克思主义新闻观，丰富了马克思主义新闻观的理论内涵，深化了马克思主义新闻观的理论逻辑。江泽民时代、胡锦涛时代的改革议题中，意识形态"调适"是题中之义。随着改革向纵深处推进，需要意识形态保持足够的弹性和活性，"三个代表""科学发展观"理论即是执政党进行意识形态"调适"的集中体现。以此为轴心，改革、优化主流意识形态内涵。江泽民时代、胡锦涛时代的新闻观作为主流意识形态的重要组成部分，必然服从政治逻辑的规定，体现执政党意志，在主流意识形态框架内演绎新闻观的概念和逻辑。

---

① ［美］沈大伟：《中国共产党：收缩与调适》，吕增奎、王新颖译，中央编译出版社2011年版，第152、153页。

四、新时代的马克思主义新闻观

党的十八大后,改革开放到了一个新的历史关头,改革进入攻坚期和深水区。执政党对意识形态工作的领导发生深刻变革①。新时代马克思主义新闻观关乎中国意识形态体系的重塑。执政党从初心建设开始,先从执政党信仰、信念铸造开始,全面从严治党,强化执政党信仰,锻造执政意识形态,以执政党为圆心向外扩展,延至国家意识形态、社会意识形态,再及人类命运共同体,打造新时代共识同心圆。

在此大背景下考量马克思主义新闻观,可把马克思主义新闻观视为联通意识形态集群同心圆的媒介和纽带。第一,从执政意识形态来看,马克思主义新闻观是执政意识形态的重要组成部分,是执政党的意志在新闻舆论领域的体现,关涉执政党在新闻舆论领域的领导权。执政党通过新闻舆论工作凝聚共识,构建执政合法性,将执政意识形态转译成社会共识,进而与社会民众的意义框架接入,引导民众真实、全面、客观看待中国和世界。第二,马克思主义新闻观不只是新闻媒体行业意义建构和价值连接的理念体系,还超越了专业主义和职业意识形态的范域。无意于在专业共同体内独善其身,而被寄予更高远的期待,被赋予更宽广的追求。马克思主义新闻观应新时代之需,强调其在执政党意识形态中的重要性,强化其整合功能,从而能与巨变的时代同步。第三,马克思主义新闻观作为新时代马克思主义中国化的产物,在全面对外开放条件下,应对全球传播带来的机遇和挑战,将理论射程拓展到国际传播领域,提升中国马克思主义新闻观对全球传播问题的解释力。随着中国对外交往的深广拓展、对人类文明贡献度的提升,马克思主义新闻观也有志于对人类新闻传播理论做出独特的贡献。

新时代的马克思主义新闻观在时代化、中国化、大众化方面到达了新的高度。

(一)马克思主义新闻观的时代化

进入新时代,马克思主义新闻观面临三重压力,分别来自全球舆论场、国内舆论场和网络空间话语权竞争。"我们正在进行具有许多新的历史特点的伟大斗争,面临的挑战和困难前所未有,必须坚持巩固壮大主流思想舆论,弘扬主旋

---

① 《中国共产党简史》,人民出版社、中共党史出版社 2021 年版,第 389、403 页。

律,传播正能量,激发全社会团结奋进的强大力量。"①面对国际社会、中国社会和网络空间三大传播场域,中国都需做好共识建设,每个场域的共识建设的目标和逻辑各有差异,并且三者之间交互影响,内宣与外宣的边界不再分明,网上与网下的界限愈加模糊,致使新时代的共识建设和意识形态工作具有空前的复杂性和艰巨性。当今时代,社会思想观念和价值趋向日趋活跃,主流的和非主流的同时并存,先进的和落后的相互交织,社会思潮纷纭激荡。思想舆论领域大致有红色、黑色、灰色"三个地带"②。在这种语境下做宣传思想工作,难度极大,但又没有退路,必须应对。这是当下中国亟须破解的时代难题。

习近平在全国宣传思想工作会议上的讲话中指出:"在全面对外开放的条件下做宣传思想工作,一项重要任务是引导人们更加全面客观地认识当代中国、看待外部世界。"③在全面对外开放的条件下做宣传思想工作,所涉及的共识基本面前所未有的辽阔,并且制度、文化和族群差异特别大,尤其要在当前世界资本主义意识形态处于话语权优势的今天,构建"人类命运共同体",先要让世界全面、真实、客观地理解中国。在此过程中,从中国传播出去的信息、价值观要能成功抵达世界,不被误解和抗拒,则需要一套完整、有效的国际传播战略体系作保障。进入 21 世纪,中国深度介入世界,中国改革也走向纵深,加上遭遇空前的新传播革命,三重矛盾叠加,铸就中国百年未有之大变局。有学者认为,"当今中国的历史性发展之所以展现其世界历史意义,是因为中华民族的伟大复兴不仅在于中国将成为一个现代化强国,而且还在于:它在完成其现代化任务的同时正在开启一种新文明类型的可能性"④。中国有志于为人类社会做出不可替代的贡献。在国际政治格局面临多重不确定性的当下世界,中国主张构建"人类命运共同体",成为促进人类和平的正义力量,同时继续扮演世界经济发展的发动机。构建"人类命运共同体"的前提是,人类社会需要有基于尊重差异之上的共同价值。在这方面,中国超越西方霸权,先跨一步,占据道义制高点,但那些西方强势国家要么出于现实主义的利益考虑,要么出于意识形态偏见和文化成见,处处围堵中国基于人类命运共同立场的价值主张,西方文化帝国主义依恃他们既有的传播话语权优势,在意识形态上妖魔化中国。今天在思考马克思主义新闻观中国化的同时,也应把国际传播纳入中国马克思主义新闻观的理论框架。不能仅就新闻谈新闻、就媒体谈媒体,而应从全球话语竞争和意识形态斗争的大局出

---

①③ 习近平:《习近平谈治国理政》,外文出版社 2014 年版,第 155 页。
② 习近平:《习近平谈治国理政》第二卷,外文出版社 2017 年版,第 328 页。
④ 吴晓明:《世界历史与中国道路的百年探索》,《中国社会科学》2021 年第 6 期。

发,拓展中国马克思主义新闻观的理论外延和操作边界。

当今中国比以往任何时候都更加深切地感受到中国话语的重要性和紧迫性。习近平在中共中央政治局第三十次集体学习时提出,要加快构建中国话语和中国叙事体系,用中国理论阐释中国实践,用中国实践升华中国理论,打造融通中外的新概念、新范畴、新表述,讲好中国故事,传播好中国声音,展示真实、立体、全面的中国,更加充分、更加鲜明地展现中国故事及其背后的思想力量和精神力量[1]。构建中国话语体系是为了解决有理的问题。中国特色社会主义实践的伟大成就已经雄辩地证明中国之理的真理性,但在由西方主导的话语霸权之下,中国之理因"词穷"而变得"理屈"。其实,并不是真因我们"词穷",而是我们没有把"词"提炼成"他者"所理解的概念和表述。从这个意义上说,马克思主义新闻观在成功中国化之后,需要在全球化传播语境中展示话语力量。事实上,中国马克思主义新闻观在波谲云诡的全球舆论场中试炼理论的锐度和锋芒,不断回应时代之问。面对国内舆论场,马克思主义新闻观同样面临时代的追问和要求。党的十八大以来,中国马克思主义新闻观的系统性创新,充分彰显了马克思主义新闻观与时俱进的时代特征。习近平关于新闻舆论工作的一系列重要论述,是马克思主义新闻观的最新成果,是新时代中国共产党人集体智慧的结晶。新时代马克思主义新闻观从理念、内涵、路径和策略等层面,全面、系统阐述新闻舆论工作的一系列重大理论和实践命题,为新时代的新闻舆论和意识形态工作提供了全方位的理论依据和战略指导。

(二)马克思主义新闻观的中国化

习近平指出,"对待马克思主义,不能采取教条主义的态度,也不能采取实用主义的态度。如果不顾历史条件和现实情况变化,拘泥于马克思主义经典作家在特定历史条件下、针对具体情况作出的某些个别论断和具体行动纲领,我们就会因为思想脱离实际而不能顺利前进,甚至发生失误"[2]。马克思主义新闻观在中国的理论创新和实践发展说明,社会存在决定社会意识,中国独特的政治、文化和传播生态决定了中国语境下的马克思主义新闻观不能采取本本之上的教条主义,也不能采取急功近利的实用主义。"历史是不能靠公式来创造的。"[3]"在世界精神所进行的这种事业中,国家、民族和个人都各按其特殊的和特定的原则

---

[1] 习近平:《习近平谈治国理政》第四卷,外文出版社2022年版,第317页。
[2] 习近平:《论党的宣传思想工作》,中央文献出版社2020年版,第224页。
[3]《马克思恩格斯文集》第1卷,人民出版社2009年版,第624页。

而兴起,这种原则在它们的国家制度和生活状况的全部广大范围中获得它的解释和现实性。"①拥有数千年文明积淀的中国所蕴含的复杂性和独特性,几乎没有任何现成的理论可以解释,即便马克思主义进入中国,也需要进行创造性的转化和在地化创新。马克思主义新闻观在中国的理论演进和实践表现有力地证明了这一点。在一百年的艰苦探索历程中,马克思主义新闻观形成了独具特色的新闻观体系,既深深地扎根中国的历史与现实,同时也对变化保持开放性和敏感性。"它具有'特殊性'……但不同民族和社会对这种最精致、最珍贵和看不见的精髓的领会总是与其特殊的生存环境、生存历史与生存命运内在关联在一起。"②"一个群体能够延续很长时间,意味着在群体的传统里有某种自洽的世界观或理解世界的框架,使群体里每一个人用这样的世界观可以保持生活的协调。"③安东尼·吉登斯认为,意识形态必须与它嵌入其中的社会关系结合起来进行研究,还必须考虑在特定的社会中,是何种因素决定哪种观念能够处于社会的主导地位。观念并不会因为其自身的缘故而演化,只是在当它们作为生活在社会中的人的意识中的要素时,它们才会发生演变,并且遵循特定的实践路径④。马克思主义进入中国,之所以能如此深刻地影响中国,在于马克思主义成功的中国化。中国化的马克思主义不仅把中国作为解释和改造的对象,同时将中国作为方法论。

新时代马克思主义新闻观直面的是中国传播格局的深刻巨变。中国与世界的深度互动、中国特色社会主义建设的纵深发展与改革的深化推进、新传播技术革命的迭代递进,全方位改变了中国传播场域的形态和结构,使得中国呈现出最复杂的传播格局。在中国这个超大传播场域中,复杂传播变量形成的传播关系大大超出中国既有新闻传播理论的解释边界,也超出世界上任何新闻传播理论的解释边界。因此,只能从中国马克思主义新闻观自身传统中创造新的理论体系,通过理论创新,回应新时代的新命题。马克思主义新闻观的创新只有从中国问题语境出发,从巨变的传播场域中提炼新的理论结晶体。习近平关于新闻舆论工作的重要论述,全面、深刻、系统地阐述了新时代所面临的一系列重大理论

---

① [德]黑格尔:《法哲学原理》,范扬、张企泰译,商务印书馆 1961 年版,第 353 页。
② 贺来:《中国哲学、西方哲学、马克思主义哲学:价值信念层面的对话》,《中国社会科学》2008 年第 5 期。
③ 汪丁丁:《新政治经济学讲义:在中国思索正义、效率与公共选择》,上海人民出版社 2013 年版,第 90 页。
④ [英]安东尼·吉登斯:《资本主义与现代社会理论:对马克思、涂尔干和韦伯著作的分析》,郭忠华、潘华凌译,上海译文出版社 2013 年版,第 55 页。

和实践命题。这些论述将"以人民为中心"置顶为执政党一切工作的出发点和归宿点。"人民是我们党执政的最深厚基础和最大底气。"①由此出发,对新闻舆论工作、核心价值观、哲学社会科学话语体系、网络舆论治理、现代传播体系、文化建设和国际传播能力建设等一系列重大理论和实践问题展开系统阐说,赋予马克思主义新闻观以新的内涵,从而将马克思主义新闻观中国化推向新的高度。

(三) 马克思主义新闻观的大众化

马克思主义新闻观有一个赓续不变的传统就是人民性。"民心是最大的政治。"②新时代的马克思主义新闻观将"以人民为中心"作为新闻舆论工作的最高原则,并通过一系列创新努力,将"以人民为中心"新闻宣传理念在制度和机制上落实,进而实现党心和民心的广域联结。党性与人民性的统一不是抽象的理论表述,而是中国主流新闻舆论的真实实践。新闻媒体作为联结执政党和人民的社会通道,其重要功能是将"民心"这一执政党最大的政治整合起来,而整合的前提是洞察民心所期,精准洞察民意,在此基础上将党心与民心民意贯通起来。执政党所构建的主流意识形态,需要借助媒体管道传输到人民中去,通过媒体网络编织联结党心和民心的意义网络,构筑打造共识同心圆。这就要求媒体站在执政党和人民的立场上,最大范围地触达民心,联通民意,在主流意识形态与社会意识形态之间形成最大交集。在新时代中国舆论场中,媒体结构比较复杂。在主流媒体之外,崛起了一大批新兴媒体,其结构更加复杂。这些成分芜杂的自媒体并非以人民为中心,它们或出于流量考虑,或受利益驱动,片面迎合受众的非理性偏好,追求廉价的新闻价值、轰动效应,用"野生"的价值观带偏了民众的注意力,稀释乃至离间主流意识形态。"之所以难以把媒体作为公共决策的知识来源,最为关键的一条似乎是:媒体很少能够超越即时新闻和当代潮流,它们强调的是新闻价值、轰动效应和吸引眼球。人们甚至普遍认为,很难把媒体作为公共决策的主要事实依据和知识来源。"③新时代的马克思主义新闻观,必须解决这些非主流媒体对民心、民意的误导和干扰,引导开放语境、多元传播格局下的民心走向,聚合社会共识。规范包括新兴媒体在内的媒体集群,将其纳入执政党构建的共识同心圆框架,成为联结党的意志和民心民意的沟通网络。

---

① 习近平:《习近平谈治国理政》第四卷,外文出版社 2022 年版,第 171 页。
② 同上书,第 60 页。
③ [美] 赫伯特·西蒙:《人类活动中的理性》,胡怀国、冯科译,广西师范大学出版社 2016 年版,第 112 页。

马克思主义新闻观的大众化表现在,马克思主义新闻观须从广义传播的维度,探讨新时代语境下的民众新闻认知和传播规律。由于媒体已从组织化结构垄断转向组织化和泛众化共在,媒体已广泛渗透到社会末梢,全时、全方位介入民众的日常生活,因此,传统媒体时代的新闻观必须与时俱进,新时代马克思主义新闻观必须要对这种泛众化的新闻传播场景做出理论回应和实践策应。新时代马克思主义新闻观关于新媒体、网络舆论、互联网空间治理等命题的阐述,拓展了传统马克思主义新闻观理论的解释边界,将理论视野延展到新时代传播实践的最前沿,也将马克思主义新闻观的理论探头深入人民中去,实现了理论的大众化。这也是"以人民为中心"的新闻宣传理念在新时代新闻传播实践中的重要体现。

最后,需要说明的是,马克思主义新闻观的时代化、中国化、大众化是有机互动、彼此成就、相互赋予的。其中,马克思主义新闻观的中国化是基座。所有的实践问题和理论问题都须以中国为出发点和归宿。马克思主义新闻观作为意识形态上层建筑,是立基于中国大地上的,是为解决中国问题的,其包含的新闻知识、新闻价值和方法论皆基于中国问题场景、中国新闻舆论场景。中国特殊的历史文化背景和现实社会条件,构成强大的语境约束,规定马克思主义新闻观的内在逻辑和演变路径。"从中国本土现代新闻业产生之初,新闻的专业性就一直内在于政治性。从最初的民族自强,到后来的革命建国,再到党性原则和国家建设,社会目标和政治属性一直被置于新闻专业属性之前,新闻传播只是伟大现代化工程的一个构成部分,并不具备行业独立的合法性和必要性。"[1]马克思主义新闻观的时代化是马克思主义中国化的时间延展。不同时代所面临的问题场景会提出时代之问,需要新闻观提供新闻知识、新闻价值和方法论予以回应。问题与认知之间的互动需要意识形态框架提供系统的认知。马克思主义新闻观作为主流意识形态的重要组成部分,是连接执政党和人民的意义框架。时代在变,要求意识形态也必须做出"调适",以便对政治合法性提供辩护,也为人民提供认知和理解时代的共享框架。中国共产党百年新闻观的演进正是在时代变迁中不断演化的。马克思主义新闻观的大众化则是中国共产党基于新闻的人民性初心,将新闻观拓展为连接广大人民群众的新闻知识、新闻价值和新闻认知框架,成为广义的新闻观。总之,马克思主义新闻观在新时代的中国,其时代化、中国化、大众化得到了饱满的统一。

---

[1] 王维佳:《诘问"新闻专业主义迷思"——一个历史与权力的分析》,《新闻记者》2014年第2期。

五、结　语

　　新闻观是意识形态的重要构件。解读新闻观仅仅从狭义层面解读，将其窄化为新闻媒体专业或职业意识形态，实际上没有把握到新闻观问题的要义。马克思主义新闻观超越了狭义的新闻观的视野，从更深广的社会视野和历史视域，将新闻观视为意识形态的重要组成部分，将其置于意识形态竞争和斗争的社会历史语境中，揭示新闻观背后的意识形态关系，以及它与现实权力之间的复杂关联。唯有如此，才能洞察新闻观的本质。马克思主义新闻观深刻揭示了资本主义社会的意识形态秘密，成为无产阶级社会运动和思想启蒙的理论武器和精神力量。马克思主义新闻观深度嵌入马克思主义思想理论体系之中。理解和研究马克思主义新闻观，不能割裂它与马克思主义思想理论体系的有机联系，更不能隔离它与语境的血肉关联。马克思主义新闻观不是固化的教条，它端赖实践的刺激和推动，其真理性是语境化、条件性的。

　　中国作为一个具有深重传统积淀和现实复杂性的国度，对于马克思主义的接受和实践，形成了超复杂的语境约束。马克思主义新闻观的中国化进程，充分说明理论的真理性取决于其对实践的在地化深耕。马克思主义新闻观正是这种在地化深耕的产物。在马克思主义中国化的过程中，中国共产党扮演了极为重要的角色。中国共产党是马克思主义中国化的成果，同时推动马克思主义中国化，进而发展马克思主义。无论是在革命时期，还是在建设、改革时期乃至新时代，中国共产党从顶层战略设计的高度，系统谋划布局，把握马克思主义新闻观的理论方位和实践方向，确定其内涵和外延，安排制度和机制，落实新闻传播策略和举措等，进行全方位主导。更为关键的是，中国共产党站在时代制高点，回应时代呼应，正面破解时代之问，对马克思主义新闻观进行理论创新，推动马克思主义新闻观中国化。进入新时代，马克思主义新闻观中国化步入新阶段，以前所未有的深度和广度回应全面开放条件下新闻舆论领域的重大命题。

历史演进篇

中国共产党百年舆论观的历时变迁与发展图景*

沈正赋**

【摘要】 纵观中国共产党舆论观一百年的发展变迁史,党的舆论观的形成、发展和创新,与当时的历史背景和社会现实有着不可分割的关系,贯穿其中的一根红线脉络清晰,即从反抗舆论、创造舆论、舆论引导到舆论斗争。这几个具有标志性意义的概念符号及其丰富的精神内涵,立体地展现出中国共产党百年舆论观的壮丽发展图景。新时代,舆论引导力建构主要表现在三个方面:加强新闻舆论工作机制的系统性建构,进一步提高舆论引导力;善于在互联网上开展舆论斗争,增强网络舆论引导力;勇于在对外传播中开展舆论斗争,争夺国际舆论话语权和引导力。

【关键词】 中国共产党;建党百年;舆论观;国民舆论;创造舆论;舆论引导;舆论引导力

舆论,作为一种社会交往形态,伴随着人类社会的出现而出现、发展而发展,在人际传播、组织传播和大众传播中均呈现出不同的特征,体现不同的价值和作用。在中国共产党一百年的历史发展过程中,不同历史时期的中国共产党人在舆论观上,既有一以贯之的共同思想基础和理念旨趣,又有各个时期较为独特化和个性化的理论认知和实践标准。回顾一百年来中国共产党舆论观的历时变迁,我们发现,中国共产党舆论观的形成、发展和创新,与当时的历史背景和社会现实有着不可分割的关系,贯穿其中的一根红线脉络清晰,即从反抗舆论、创造舆论、舆论引导到舆论斗争。这几个具有标志性意义的概念符号及其丰富的精神内涵,立体地展现出中国共产党百年舆论观的壮丽发展图景。

---

* 本文原刊于《传媒观察》2022年第2期,略有改动。
** 沈正赋,安徽师范大学新闻与传播学院教授,博士生导师。

一、中外舆论观的研究历史、现状和本研究的缘起

哈贝马斯认为,"舆论"(public opinion)一词的本源包括社会的名誉和民众的意见,都与群众性口头传播有关,并且所述内容都含有浅表性和易变性等特点,是相对于真理、理性而没有得到充分论证的"不确定性判断"。文森特·普莱斯(Vincent Price)认为,舆论在成为自由与民主的术语之前有两层含义:第一层含义是认识论层面的,源于意见和事实的区分,或者说不确定的事和被认为是真的事实之间的区分,当与社会整体联系在一起时,还带有一定贬义,如平民舆论、大众舆论、粗俗舆论等;第二层含义与风俗、道德、习俗相当。法国著名思想家卢梭是首位使用公共舆论概念的学者。

在近代中国,梁启超被誉为中国全面研究舆论的第一人,林语堂的《中国新闻舆论史》是中国舆论研究的发端之作。近年来,中国新闻传播学界对舆论思想/舆论观的研究主要体现在三个方面:一是对著名思想家舆论思想/舆论观的研究,诸如马克思、恩格斯舆论思想内涵研究,黑格尔公共舆论思想研究,卢梭与李普曼公众舆论思想研究,涂尔干公共舆论思想研究,邹韬奋舆论思想研究,王韬舆论思想研究,徐宝璜舆论思想研究等;二是对不同人物舆论思想/舆论观的比较研究,诸如梁启超与李普曼舆论思想比较研究,梁启超与陈独秀舆论思想比较研究等;三是对不同历史时期舆论思想/舆论观的研究,诸如先秦舆论思想探源,近代中国舆论思想演变等。在中国共产党新闻舆论思想/舆论观研究方面:一是对中国共产党主要领导人新闻舆论思想/舆论观的研究,诸如毛泽东舆论思想研究,邓小平新闻舆论思想研究,江泽民新闻舆论思想研究,胡锦涛新闻舆论思想研究,习近平新闻舆论观研究;二是对不同时期中国共产党新闻舆论思想/舆论观的研究,诸如新民主主义革命时期中国共产党新闻舆论思想研究,抗战时期中国共产党新闻舆论思想研究,党的十八大以来中国共产党新闻舆论思想研究;三是对中国共产党主要领导人新闻舆论思想/舆论观的比较研究,诸如毛泽东与邓小平新闻思想比较研究等。通过上述梳理和分析发现:一是对于中国共产党主要领导人的舆论思想/舆论观研究,主要是对其新闻舆论思想/舆论观的研究,而研究舆论思想/舆论观的则较为少见;二是虽然也有对不同历史时期中国共产党新闻舆论思想/舆论观的研究,但是跨时期的研究几乎没有,更不用说对一百年来中国共产党舆论思想/舆论观进行纵深研究。

在中国共产党诞辰百年之际,中国新闻传播学界出现了零星的中国共产党百年舆论观的研究成果,但是这一领域的研究才开始启动,研究力量还较为薄弱,无论是研究的广度还是研究的深度都亟待进一步开掘。

二、反抗舆论:建党早期中国共产党人的舆论观及其舆论发展新生态

中国共产党创立者之一陈独秀的舆论观,前后经历了从"国民舆论"到"反抗舆论"再到"阶级舆论"三个历史发展阶段,其中,"反抗舆论"是其舆论观的核心内涵。

(一)前期的国民舆论观

作为新文化运动的旗手,陈独秀早年深受《时务报》等维新派报刊传播的西方政治文化思想的影响,进而追随辛亥革命潮流,开始参与办报活动,先后参与编撰《国民日日报》、《安徽俗话报》、东京《甲寅》月刊等革命报刊。他认为,报刊具有广开风气、传播信息和通达学问、开启民智两大功能。1915—1919年,陈独秀创办主编《新青年》和《每周评论》,高擎"民主"和"科学"两大旗帜,掀起反封建思想启蒙的新文化运动,唤醒了一代青年,成为众望所归的"五四运动时期的总司令"[①]。五四运动期间,陈独秀非常重视国民舆论的建设,在《国民日报》发刊词中就强调:"将图国民之事业,不可不图国民之舆论。"由此可见国民舆论在陈独秀心目中的地位和价值。

(二)中期的反抗舆论观

五四运动期间,以陈独秀为代表的一些思想进步分子纷纷提出"反抗舆论"的主张。1915年,陈独秀从国民性层面批评了当时一些人的"群众心理":"群众意识,每喜从同;恶德污流,惰力甚大;往往滔天罪恶,视为其群道德之精华。"因此,呼吁"力抗群言,独标异见"[②]。他在这里所说的舆论不是指民意,而是指党见、私党舆论。第一,他主张反抗的是把局部党见与国民舆论混为一谈的"冒牌舆论",指责那些图谋一党之私的政党报刊动辄以"代表舆论"自居,实际上是以

[①] 郑保卫:《中国共产党新闻思想史》,福建人民出版社2004年版,第44页。
[②] 任建树:《陈独秀著作选编》第一卷,上海人民出版社2009年版,第179页。

局部党见代替国民公意;第二,他主张反抗的是在长期封建思想禁锢下浸染而成的世俗"偏见舆论",他倡导的是"别是非,明真伪","以发明真理为第一义";第三,他主张反抗的是不合理的群众"盲目舆论"。陈独秀在《反抗舆论的勇气》一文中指出:"舆论就是群众心理底表现,群众心理是盲目的,所以舆论也是盲目的,古今来这种盲目的舆论,合理的固然成就过事功,不合理的也造过许多罪恶。反抗舆论比造成舆论更重要而却更难,投合群众心理或激起群众恐慌的几句话往往可以造成力量强大的舆论,至于公然反抗舆论便不是一件容易的事了。然而社会底进步或救出社会底危险,都需要有大胆反抗舆论的人,因为盲目的舆论大半是不合理的。此时中国底社会里正缺乏有公然大胆反抗舆论的勇气之人!"①1916年,陈独秀针对"惟已成之社会,惰力极强"的社会现象和问题,提出要"以伟大个人为中枢","敢与社会宣战"②。1917年,陈独秀在反思洪宪帝制时说:"袁世凯要做皇帝,也不是妄想;他实在见得多数民意相信帝制,不相信共和,……说良心话,真心知道共和是什么,脑子里不装着帝制时代旧思想的,能有几人?"③他把矛头指向"民意"的价值。陈独秀在《答李亨嘉》中再次提出了"反抗舆论"的主张,回信阐述了由对德宣战问题引发的关于"民意"和"舆论"等问题:"吾国民偷目前之苟安,无远大之策略,欲以民意决定外交方针,愚所绝对不敢赞同者也。"他对少数与多数之间的矛盾也提出了自己的看法:"若国之大政,必事事少数服从多数,则吾国之恢复帝政,垂辫缠足,罢学校,复科举,一切布旧除新之事,足下能保不为多数赞成乎?"他认为,所谓"代表舆论"只不过是"同流合污、媚俗阿世之卑劣名词"④。正因为如此,陈独秀被誉为五四时期敢于反抗舆论的第一人,体现了他较为独特的舆论观。

(三)后期的阶级舆论观

1920年前后,陈独秀的舆论观从五四运动前主张"国民舆论"转向"阶级舆论"。他虽然也屡次论及反抗舆论,但此时已逐步从阶级的立场展开论述:"共和国里当然要尊重舆论,但舆论每每随多数的或有力的报纸为转移,试问世界各共和国的报纸那一家不受资本家支配?有几家报纸肯帮多数的贫民说话?资本家制造报馆,报馆制造舆论,试问世界上那一个共和国的舆论不是如此?"⑤这里主要从经济层面揭示了舆论的阶级性问题。随后,他在《民主党与共产党》一文中

---

①② 任建树:《陈独秀著作选编》第一卷,上海人民出版社2009年版,第276页。
③④ 同上书,第346页。
⑤ 任建树:《陈独秀著作选编》第二卷,上海人民出版社2009年版,第277—278页。

又从政治层面对舆论进行了分析:"资本和劳动两阶级未消灭以前,他两阶级底感情利害全然不同,从那里去找全民意?除非把全国民都化为资本家或都化为劳动者才真有全民意这件东西存在,不然无论在何国家里,都只有阶级意党派意,绝对没有全民意。"①至此,阶级舆论逐渐取代国民舆论和反抗舆论,成为陈独秀新的舆论观。

三、创造舆论:新中国成立初期中国共产党人的舆论观及其舆论发展新态势

"创造舆论"与西方传播学的"议程设置"理论和中国新闻界提倡的"新闻策划"意思相近。在中国共产党领导人中,毛泽东最早提出"创造舆论"的观点。他的创造舆论观主要包括三个方面:一是如何创造舆论;二是创造什么样的舆论;三是为什么要创造舆论。

(一)如何创造舆论:"创造正当之舆论"

早在湖南领导农民自治运动期间,毛泽东就对报刊如何创造舆论做出了积极的指导,要求报刊善于"立在社会之前,创造正当之舆论,而纳人事于轨物"②。毛泽东强调了报纸在"创造舆论"中的先导作用,同时,在方法论上强调如何创造舆论,要求把创造正当性的舆论放在第一位,把人和事纳入舆论管理和监督的范畴。

(二)创造什么样的舆论:"人民的舆论"

1949年中华人民共和国成立之际,美国政府发表了白皮书,表达了坚决反共反华的态度。他们想当然地认为自己的态度是采纳了中国和世界的舆论,中国共产党却无视所谓中外舆论而一意孤行。为此,毛泽东在《为什么要讨论白皮书?》一文中据理力争,严正反驳道:"艾奇逊们对于舆论的看法,混淆了反动派的舆论和人民的舆论。对于人民的舆论,艾奇逊们什么也不能'感应',他们都是瞎子和聋子。"③毛泽东将舆论分为"人民的舆论"和"反动派的舆论"。人民舆论的创造主体是人民,反动派舆论的创造主体自然是反动派。到1955年5月,毛泽

---

① 任建树:《陈独秀著作选编》第二卷,上海人民出版社2009年版,第312—313页。
② 松本君平、休曼、徐宝璜、邵飘萍:《新闻文存》,中国新闻出版社1987年版,第286页。
③ 《毛泽东选集》第四卷,人民出版社1991年版,第1502页。

东在《驳"舆论一律"》中提出"舆论一律"和"舆论不一律"的观点,即"在人民内部,是允许舆论不一律的",但在对待敌人时"不但舆论一律,而且法律也一律"①。在创造舆论上,要注意分清人民内部矛盾与敌我矛盾之间的区别,在人民内部可以创造不同的舆论,可以就不同观点自由地发表和开展讨论,而对待敌人要创造一致对外的相同舆论,进行针锋相对的斗争。

(三)为什么要创造舆论:"夺取政权"

在论及舆论与夺取政权之间的关系时,毛泽东曾经论述了创造舆论的作用。他在1959—1960年学习苏联《政治经济学》教科书小组上指出:"首先制造舆论,夺取政权,然后解决所有制问题,再大大发展生产力,这是一般规律。"②毛泽东认为,创造舆论有利于统一思想、凝聚人心、团结一致、攻坚克难,取得一个又一个胜利。在党的八届十中全会和十二中全会上,毛泽东两次提到创造舆论对夺取政权的必要性。他指出:"凡是要推翻一个政权,总要先造成舆论,总要先做意识形态方面的工作。革命的阶级是这样,反革命的阶级也是这样。"全会期间,毛泽东还对李德生等领导干部说:"我们共产党人闹革命,几十年来,就是靠造舆论。不然的话,怎么能拉起红军、八路军、新四军、解放军,搞那么多的队伍。不做群众工作,你没有群众,也就没有军队,没有党,没有无产阶级政权。"③由此可见,中国共产党在领导无产阶级和人民群众成功夺取政权的过程中,创造舆论所发挥的宣传者、鼓动者和组织者的重要作用毋庸置疑,这显然是中国革命取得成功的经验所在。

四、舆论引导:改革开放后中国共产党人的舆论观及其舆论发展新机遇

虽然舆论本身在客观上具有潜在的导向性,但是舆论往往不是自动就可以实现转向和引导的,而需要发挥人的主观能动性对舆论施加积极的或消极的干预。是否进行引导,以及如何引导舆论,使其朝着人们期待的方向发展,是舆论引导主体面临的主要工作任务。改革开放后,中国共产党人的舆论观主要体现在舆论宣传、舆论导向、舆论引导这几个循序渐进的发展过程之中。

---

① 中共中央文献研究室:《毛泽东年谱(1949—1976)》第二卷,中央文献出版社2013年版,第390页。
② 中共中央文献研究室:《毛泽东文集》第八卷,人民出版社1999年版,第132页。
③ 董保存:《毛泽东为何、如何选中了李德生》,《党史博览》2011年第12期。

（一）舆论宣传观

改革开放的总设计师邓小平非常重视舆论宣传工作。1979年11月2日，他在中央党政军机关副部长以上干部会上作报告，讲到人民日报评论员文章引起波澜的事情时指出："我们的宣传教育工作是很重要的，也有很大的成绩。但是，最近在有些问题的宣传上，确有考虑不周和片面性的地方，使我们下面工作的同志遇到一些困难。举例来说，《人民日报》对上访问题发表过两篇文章，时间相隔不久。第一篇是9月17日，文章一出去，上访人员呼噜呼噜地都上来了；第二篇是10月22日，文章把道理讲清楚了，上访人员很快就减少了。这说明什么呢？说明单单是报纸的舆论就可以发生这样大的影响。"①这段讲话中虽然没有直接提出"舆论引导"的概念，但实际上说的就是舆论引导的道理。

（二）舆论导向观

如果说在中国共产党舆论观的发展历程中邓小平是间接认同并阐述了舆论导向及其作用，那么直接阐述舆论导向作用的则是江泽民。江泽民在1989年11月28日由中央宣传部举办的省报总编辑新闻工作研讨班上首次谈到"舆论导向"的问题："新闻宣传一旦出了大问题，舆论工具不掌握在真正的马克思主义者手中，不按照党和人民的意志、利益进行舆论导向，会带来多么严重的危害和巨大的损失。"②这是他第一次提出"舆论导向"的重大命题，在构建中国共产党系统性的舆论观的过程中有着重要意义。1994年1月24日，江泽民在全国宣传思想工作会议上指出："正确引导舆论，是党的宣传思想战线非常重要的工作……舆论导向正确，人心凝聚，精神振奋；舆论导向失误，后果严重。"③1996年9月26日，江泽民在视察人民日报社时再次强调"舆论导向"的重要性："舆论导向正确，是党和人民之福；舆论导向错误，是党和人民之祸。"④这就是江泽民关于舆论导向"福祸论"的著名论断，也是江泽民的舆论导向观。

---

① 《邓小平与人民日报——写在邓小平同志诞辰100周年之际》，《人民日报》2004年8月18日第5版。
② 江泽民：《关于党的新闻工作的几个问题——在新闻工作研讨班上的讲话提纲》，《求是》1990年第5期。
③ 中国新闻年鉴杂志社：《中国新闻年鉴(1995)》，中国新闻年鉴杂志社1995年版，第4页。
④ 《江泽民总书记视察人民日报社》，《人民日报》1996年9月27日第1版。

(三) 舆论引导观

胡锦涛担任党的总书记之后,进一步强化了舆论导向的作用和功能。2002年1月11日,胡锦涛在全国宣传部长会议上强调:"一定要坚持新闻工作的党性原则,坚持团结稳定鼓劲、正面宣传为主的方针,牢牢把握正确的舆论导向,努力营造昂扬向上、团结奋进、开拓创新的良好氛围。"①

我们认为,舆论导向潜在价值和功能的发现与阐发,为舆论引导观的生成提供了前提和基础。这种过渡意味着以客观性为主要特征的舆论导向,逐渐被以主观性为能动因素的舆论引导牵引和驱动,其结果便是主观性与客观性的有机整合和统一,标志着中国共产党新闻执政理念的一次新的调适、拓展与飞跃,为党的舆论观开辟了新的腾挪空间与发展境界②。

在中国共产党舆论观发展史上,以胡锦涛同志为总书记的中央领导集体将舆论引导作为一个特有的、固定的新词推向社会,推向大众。2002年1月11日,胡锦涛在全国宣传部长会议上指出:"要尊重舆论宣传的规律,讲究舆论宣传的艺术,不断提高舆论引导的水平和效果。"③这是舆论引导首次被提出,其内涵和外延得到了进一步拓展和丰富,包含主动作为、顺势而为等意蕴。新媒体时代,面对网络上汹涌不断的舆论之势,既要敢于和善于进行适时"疏"与"导"式的化解,也要能够积极而有效地进行干预式的引导。2008年6月20日,胡锦涛在视察人民日报社发表重要讲话时多次强调:"不断改革创新,增强舆论引导的针对性和实效性。""加强主流媒体建设和新兴媒体建设,形成舆论引导新格局。""要把提高舆论引导能力放在突出位置,进行深入研究,拿出切实措施,取得新的成效。""舆论引导正确,利党利国利民;舆论引导错误,误党误国误民。"④此即著名的舆论引导"利误论"思想。这一系列重要论述构成了胡锦涛的舆论引导观。

正如一位学者所阐述的,"福祸论"强调的新闻舆论问题是"舆论导向","利误论"强调的新闻舆论问题是"舆论引导",两者的侧重点显然是有所区别的⑤。

---

①③《胡锦涛在全国宣传部长会议上强调 围绕中心服务大局 高度重视并切实做好统一思想的工作》,《人民日报》2002年1月12日第1版。

② 沈正赋:《舆论宣传·舆论监督·舆论引导:中国共产党舆论思想发展进路研究》,《新闻与传播评论》2019年第2期。

④ 胡锦涛:《在人民日报社考察工作时的讲话》,人民出版社2008年版,第4—6页。

⑤ 樊亚平、刘静:《舆论宣传·舆论导向·舆论引导——新时期中共新闻舆论思想的历史演进》,《兰州大学学报(社会科学版)》2011年第4期。

概而言之，从舆论宣传、舆论导向到舆论引导，体现了中国共产党人舆论观的不断发展和完善的历程。

五、舆论斗争：新时代中国共产党人的舆论观及其舆论发展新格局与新挑战

开展舆论斗争也是争夺传播话语权、间接引导社会舆论的一种手段与方法。马克思恩格斯在党报党刊理论中就把报刊视为"能够以同等的武器同自己的敌人作斗争的第一个阵地"①。列宁在论述党报党刊的党性原则时，要求从阶级实质上来认识和把握媒体的阶级属性和与之相随相伴的斗争属性、监督属性。毛泽东也说过："应该把报纸拿在自己手里，作为组织一切工作的一个武器。"②

虽然在社会主义建设时期有很长一段时间不再提及"斗争"二字，但是并不意味着中国共产党人放弃了斗争，尤其在意识形态领域进行舆论斗争这根弦绝不能放松。新时代，舆论斗争的领域主要表现在两个方面。

（一）在互联网上开展舆论斗争

新媒体时代，互联网成为人们工作和生活中不可或缺的信息交流工具和场域。然而，网络上的海量信息汹涌澎湃，各种观点纷纭复杂、莫衷一是。有的网民或舆论领袖虽没有主观恶意，却造成一时谣言四起，舆论混乱，新闻反转现象频发，事实真相被遮蔽；有的就属于典型的恶意为之，甚至受到敌对势力的蛊惑，颠倒黑白、散布虚假信息，宣扬历史虚无主义，恶搞英雄人物和先进模范人物，兜售扭曲的、腐朽的价值观和人生观。对于这些错误的舆论，中国共产党人必须敢于和善于与之作斗争，让正确的舆论占领舆论制高点和主流思想阵地。2013年8月19日，习近平总书记在全国宣传思想工作会议上指出："坚持正面宣传为主，决不意味着放弃舆论斗争。敌对势力在那里极力宣扬所谓的'普世价值'。这些人是真的要说什么'普世价值'吗？根本不是，他们是挂羊头卖狗肉，目的就是要同我们争夺阵地、争夺人心、争夺群众，最终推翻中国共产党领导和中国社会主义制度。""要深入开展网上舆论斗争，严密防范和抑制网上攻击渗透行为，组织力量对错误思想观点进行批驳。要依法加强网络社会管理，加强网络新技

---

① 《马克思恩格斯全集》第39卷，人民出版社1974年版，第336页。
② 中共中央文献研究室：《毛泽东文集》第三卷，人民出版社1996年版，第111页。

术新应用的管理,确保互联网可管可控,使我们的网络空间清朗起来。"①阵地在意识形态工作中的重要性显而易见,因此,必须牢固树立阵地意识,强化和巩固阵地意识。习近平总书记强调:"阵地是意识形态工作的基本依托。人在哪里,新闻舆论阵地就应该在哪里。"②"互联网已经成为舆论斗争的主战场。""在互联网这个战场上,我们能否顶得住、打得赢,直接关系我国意识形态安全和政权安全。""根据形势发展需要,我看要把网上舆论工作作为宣传思想工作的重中之重来抓。"③新时代,习近平总书记之所以再次提出舆论斗争的要求,是与我们所处的历史方位和社会现实背景密切相关。互联网上的舆论斗争虽然是一条"看不见的战线",线上和台后却时刻上演着一幕幕刀光剑影、你死我活的意识形态争夺战。

(二)在国际传播中开展舆论斗争

新时代,中国面临复杂而又严峻的国际形势,在国际舆论传播中长期存在"有理说不出"、"说了传不开"、西强我弱的被动局面,西方一直主导着国际传播的话语权,在意识形态领域对中国形成打压之势,一些国家习惯于戴着有色眼镜看待中国的发展和崛起,在政治上持有意识形态偏见,利用他们手中掌握的网络霸权,捏造一些不利于中国的所谓事实,肆意丑化中国形象,恶毒攻击中国共产党的领导和社会主义制度,极力阻挠中国和平发展的进程。因此,在国际传播中的舆论斗争就是争夺国际舆论主导权、国际话语领导权。2021年5月31日,习近平在中共中央政治局第三十次集体学习时强调:"党的十八大以来,我们大力推动国际传播守正创新,理顺内宣外宣体制,打造具有国际影响力的媒体集群,积极推动中华文化走出去,有效开展国际舆论引导和舆论斗争,初步构建起多主体、立体式的大外宣格局,我国国际话语权和影响力显著提升,同时也面临着新的形势和任务。""要讲究舆论斗争的策略和艺术,提升重大问题对外发声能力。"④面对日益严峻的国际政治形势和国际传播形势,我们要坚决开展舆论斗争,绝不能让西方的不良舆论在国际传播舞台上为所欲为,任意贬损和破坏中国国家形象。

---

① 中共中央文献研究室:《习近平关于社会主义文化建设论述摘编》,中央文献出版社2017年版,第27、29—30页。
② 同上书,第45—46页。
③ 同上书,第28—29页。
④ 《习近平在中共中央政治局第三十次集体学习时强调 加强和改进国际传播工作 展示真实立体全面的中国》,《人民日报》2021年6月2日第1版。

六、结　　语

在中国共产党一百年的发展进程中,历代中国共产党人中的先进代表和卓越领导人,高度重视舆论在思想传播中的作用和价值,充分发挥新闻媒体在承载舆论、传播舆论和塑造舆论上的作用,在不同历史时期相继高举"反抗舆论""创造舆论""舆论引导""舆论斗争"的一面面思想之旗,生动勾勒出中国社会主义革命、建设、改革和发展的伟大实践进程,深刻描绘出一幅中国共产党舆论观形成和发展的壮丽理论图景,并逐渐凝固成中国共产党新闻舆论思想史中的历史丰碑和打上精神烙印的社会记忆。

百年中国共产党的形象建构*

王智丽　张涛甫**

【摘要】 中国共产党在百年历史进程中的形象构建，大致可以分为四个时期：新民主主义革命时期，中国共产党通过政治名称的确立、价值理念的站位和完备的组织传播体系，在国内迅速赢得民心，在国际上实现了以少胜多的对外传播；社会主义革命和建设时期，中国共产党改变了革命斗争形象，转而在治国理政和管党治党过程中，在国内树立起清廉自律的人民政党形象，在国际上建构独立自主、自力更生的对外形象；改革开放和社会主义现代化建设新时期，中国共产党开创形象建构的新局面，从战略高度进行形象设计，树立对内改革和对外开放的政党形象；中国特色社会主义新时代，中国共产党从"事关党的荣辱兴衰、生死存亡"的高度来认识党的形象问题，通过强化思想建设建构党的执政为民形象，通过全面从严治党重塑强党形象。中国共产党在四个时期的形象建构，既有绵延一贯的理念、战略，也有与时俱进的策略和章法。

【关键词】 中国共产党；政党形象；政治传播；新时代

中国共产党是一个依靠强大信念、价值观驱动的政党组织，是对其自身的道义和作为有甚高要求的意识形态型政党。中国共产党追求至高的政治正义和伦理价值，同时注重在实践中进行理论和制度创新。中国共产党把马克思主义理论与中国实际相结合，让"主义"和"问题"紧密互动，形成符合中国实际的理论、道路和制度。中国共产党具有高度的价值自觉和行动自觉，对其自身形象的要求甚高，对其自身形象的定位和构建并非流于短期、表面、局部，而是带有战略

---

* 本文原刊于《济南大学学报（社会科学版）》2022年第1期。本文系国家社会科学基金重点项目"中国特色新闻学话语体系建构研究"（项目编号：2019AZD046）、教育部重大攻关项目"习近平总书记关于新闻工作的重要论述研究"（项目编号：18JZD004）、上海市哲学社会科学规划青年课题"新媒体环境下中国共产党的形象建构与传播路径探究"（项目编号：2019EZZ001）的阶段性成果。

** 王智丽，同济大学艺术与传媒学院助理教授，同济大学中国话语与国际传播研究中心副主任。张涛甫，教育部"长江学者"特聘教授，复旦大学新闻学院院长。

性,富有远见,具有系统性。中国共产党对其自身形象具有极高的自省、自律要求,不满足于他人、外人眼里的观感和评价,不满足于自身形象的外部性"他塑",更主动寻求组织形象的"自塑"。"党的形象是党的全部理论和实践外在的、整体的表现。"①中国共产党的形象既是历史形象和现实形象的统一,也是理论表述、意识形态宣示与实践作为的统一。习近平指出:"党的形象和威望、党的创造力凝聚力战斗力不仅直接关系党的命运,而且直接关系国家的命运、人民的命运、民族的命运。"②2021年是中国共产党百年诞辰。在这一重要历史节点,我们从百年长周期来观察中国共产党的形象构建,并探讨中国共产党在不同历史阶段的形象战略与策略安排,从历史的纵贯线和时代横切面的维度,考量中国共产党形象构建的历史脉络和行动机制。

一、新民主主义革命时期中国共产党形象建构

新民主主义革命时期,中国共产党经过艰苦卓绝的斗争,以惊人的意志和顽强的斗争精神,不断壮大,最终取得新民主主义革命的胜利。这是中国共产党以卓越的能力和牺牲精神赢得民心,进而成功构建良好形象的关键时期。中国共产党的形象建构是与革命事业的成功推进、中国人民群众的认可和拥护持续增长密不可分的。据不完全统计,自1911年武昌起义至1913年年底,国内新成立的公开团体有682个,其中,政治类团体有312个,仅上海一地就有99个之多。在众多政治力量中,新生的中国共产党看上去是如此势单力薄,"除了信仰几乎一无所有"③。在这个时期,中国共产党在生存环境极度恶劣、共产国际并不看好的情势下逆境求生,赢得广大人民群众的认同和拥护,粉碎了国民党反革命力量的暴力"围剿"和舆论打压。究竟是怎样与众不同的特质使得这个新生政党在与现代中国各种政治力量的反复较量中脱颖而出?是什么推动这个百年大党始终走在时代前列,成为中国人民和中华民族的主心骨?是什么促成了中国共产党形象的成功构建?

(一)政治名称与价值理念:中国共产党形象的初步生成

第一,政党名称由来和形象标识的确立。一个政党的形象建构的第一步就

---

① 中共中央党校:《执政党建设若干问题研究》,中共中央党校出版社2004年版,第146页。
② 中共中央文献研究室:《十八大以来重要文献选编(中)》,中央文献出版社2016年版,第92页。
③ 任仲平:《恢宏史诗的力量之源——论弘扬伟大建党精神》,《人民日报》2021年7月20日第1版。

是确定一个名称。这个名称要简单、好记，便于传播，这样才能高效地发挥它的识别功能和传播功能，尽快被社会公众记住。中国共产党的早期组织名称有多种表述，如上海早期组织为"社会共产党"①。"南陈北李，相约建党"，"共产党"的确定与陈独秀、李大钊、张申府有关。据张申府回忆："关于党的名称叫什么，是叫社会党，还是叫共产党，陈独秀自己不能决定，就写信给我，并要我告诉李守常（即李大钊）。信写得很长，主要讲创党的事，信中说：'这件事情在北大只有你和守常可以谈（大意如此）'……当时建党究竟叫什么名字，这没有确定，征求我们的意见。我和守常研究，就叫共产党。"②最早使用"中国共产党"一词的是蔡和森。1920年9月16日，他在从法国寄给毛泽东的信件中指出：我们应该"明目张胆地成立一个中国共产党"。"中国共产党"真正被确定为中国共产党的名称，是在党的一大上。《中国共产党第一个纲领》规定"我们的党定名为'中国共产党'"，标志着一个区别于其他政治流派的、以马克思列宁主义为行动指针、以实现共产主义为奋斗目标的先进政党的正式诞生。毛泽东在党的六届七中全会中首次提出，"关于党名，党外许多人主张我们改，但改了一定不好，把自己的形象搞坏了"。这是中国共产党首次明确提出党的形象这一概念，体现了党的领导人对维护党的形象的重视程度③。

"符号体系是组织结构的最明显的表示——它们反映了使得组织能顺利发挥功能的无意识的、被当然接受的规则体系。"④一个崭新的政治力量出现于现代中国政治舞台，需要借助多种传播手段向世人宣示自身的理念和主张，因而需要用简洁、有冲击力的标识昭示其存在感。名称、党徽、旗帜、服装等，都是标识党组织形象的载体。建党初期，受俄共影响，中国共产党常用俄共（布）苏维埃旗帜或用马克思、列宁的画像。在第一次国共合作期间，甚至用过国民党的"青天白日旗"。中国共产党真正亮出自己的第一面旗帜，是在1927年9月的秋收起义上。秋收起义部队整编为工农革命军第一军第一师，毛泽东意识到须打出一面工农革命军的旗帜，随后便启动了制定旗帜的工作⑤。据何长工回忆："第一师成立后，我和杨立三同志负责筹办部队的印章、旗帜。这样，我们第一次打起

---

① 中共中央党史研究室：《中国共产党历史（第一卷）（1921—1949）（上册）》，中共党史出版社2011年版，第59页。

② 中共中央党史资料征集委员会：《共产主义小组（上）》，中共党史资料出版社1987年版，第330页。

③ 史翠芬：《抗日战争时期中国共产党形象建设研究》，《法制与社会》2019年第16期。

④ [美] 丹尼斯·K. 姆贝：《组织中的传播和权力：话语、意识形态和统治》，陈德民、陶庆、薛梅译，中国社会科学出版社2000年版，第22页。

⑤ 黎明泽：《新民主主义革命时期党的政治品牌建构研究》，《探求》2016年第6期。

了工农革命军的红旗。"①这面旗帜由一块鲜红色的布制作而成,在中央位置用黄色线缝成一个大五角星,大五角星的中心是象征工农的镰刀和斧头,旗杆套用白色的布制成,上面写着"工农革命军第一军第一师"的字眼。这种以红布为底、以斧和镰为标志的红旗,大体框定了党旗和党徽的基本范式。此后至1942年,党徽有过镰刀、斧头图案,也有过镰刀、锤头图案。1945年党的七大,把党旗的基本框架改为红色旗面、黄色铁锤和镰刀组成的图案。此后,中共中央曾多次对党徽的构图做了微调。1996年9月21日,中央办公厅印发《中国共产党党旗党徽制作和使用的若干规定》,对党旗党徽的性质、规格、式样、制作和使用等都作了明确规定。党旗党徽由此有了统一的规范。党徽是由镰刀和锤头组成的图案,党旗是旗面绣有金黄色党徽图案的红旗②。

  第二,价值理念的站位。中国共产党是有鲜明意识形态特质、具有强烈价值观关怀、有乌托邦精神气质的政党。中国共产党的政党形象并不是与生俱来的,而是在长期奋斗中,使其价值契合广大人民的期盼,得到人民的认同,获得政治合法性。1925年12月5日,毛泽东在为《政治周报》创刊号撰写的发刊理由中指出:"为什么要革命?为了使中华民族得到解放,为了实现人民的统治,为了使人民得到经济的幸福。"③毛泽东在1939年2月20日致张闻天的一封信中,第一次提出了"为人民服务"的概念。在1942年发表的《在延安文艺座谈会上的讲话》中,他第一次公开使用"为人民服务"这一提法。1944年,他在张思德追悼会上的讲演中,进一步阐述了"为人民服务"的思想。党的七大政治报告正式提出将"全心全意为人民服务"作为党的根本宗旨。党的七大党章中,明确提出"中国共产党人必须具有全心全意为中国人民服务的精神"④。1945年,毛泽东去重庆谈判时,为《大公报》题词"为人民服务",向国统区的人们宣示中国共产党的价值观。随着新民主主义革命的胜利,中国共产党把"为人民服务"的价值理念推向全国。及至社会主义制度的建立,这种价值理念成为全社会的共同认知。

(二) 成功的组织传播

  中国共产党通过完善组织传播体制,创新组织传播渠道,建起一整套有效的

---

① 何长工:《难忘的岁月》,人民出版社1982年版,第36页。
② 黎明泽:《新民主主义革命时期党的政治品牌建构研究》,《探求》2016年第6期。
③ 中共中央文献研究室:《毛泽东文集》第一卷,人民出版社1993年版,第21页。
④ 中共中央文献研究室、中央档案馆:《建党以来重要文献选编(1921—1949)(第22册)》,中央文献出版社2011年版,第535页。

政党形象传播体系。党的一大选举产生的中央局明确李达负责宣传工作[①]。1921年11月发布的《中国共产党中央局通告》明确党中央设有"中央宣传部"[②],主任为李达,负责向各级党组织和党员传递党的"政治信息"。中国共产党的组织传播方式主要包括四种方式。

一是组织会议传播。组织会议传播是统一全党思想、形成全党共识的及时、有效方式。在新民主主义革命时期,中国共产党每在关键时刻,总是通过召开政治会议,或纠正错误政治路线,或强化政治共识。例如,1927年8月7日在汉口召开的"八七会议",纠正了以陈独秀为代表的右倾机会主义路线,确定实行土地革命、武装反抗国民党反动派的总方针。1935年1月召开的遵义会议,纠正了王明"左"倾教条主义路线,确立以毛泽东同志为核心的新中央领导集体。1945年召开的党的七大,确立毛泽东思想为党的指导思想,实现了党在思想上、政治上和组织上的团结和统一。

二是组织文件传播。这里的组织文件既包括党的重大会议形成的会议文件,也包括在重大事件、重要活动或重要时刻中出台的文件。党的每次重大会议都会形成决议,将党的政策主张、路线方针制度化。每次重大活动或重要时刻,都会发布通告、决议等,阐明政治主张,传播政治理念,形塑政党形象,引发广大群众的关注,进而赢得群众的政治认同[③]。

三是政治媒体传播。建党初期,在上海创办了党的第一个机关报《向导》周报;土地革命战争时期,创办了《解放》《共产党人》等刊物,进而创办《解放日报》《新华日报》等,陆续建立新华通讯社、创建党的广播电台。中国共产党在生存环境极其恶劣、传播资源极度有限的条件下,能将有限的传播资源极致化使用,实现政治传播的有效、精准落地。

四是政治教育传播。政治社会化离不开教育的同步加持,充分利用学校这种组织化机制,将政治理念、知识精准传播给目标受众,教育群众、组织群众,使受制于中国落后政治条件和教育禀赋的群众基础,利用组织化的教育机制,完成政治社会化过程,将政治理念、知识播种到民众心中,从而赢取民众的支持和拥护。1921年8月,毛泽东、何叔衡等在长沙创立了党的第一所干部学校——湖南自修大学;1924—1926年间,彭湃、毛泽东先后主持广州农民运动讲习所的工

[①] 王健英:《中国共产党组织史资料汇编——领导机构沿革和成员名录》,红旗出版社1983年版,第83页。

[②] 中共中央宣传部:《中国共产党宣传工作简史(上册)》,人民出版社2022年版,第21页。

[③] 黎明泽:《新民主主义革命时期党的政治品牌建构研究》,《探求》2016年第6期。

作;后来,在苏区、抗日根据地、解放区,中国共产党均大力兴办人民教育和干部教育事业,建立具有中国特色的新民主主义教育体系,广泛传播党的政策主张和政治方略。通过组织传播这一有效传播方式,中国共产党不断争取广大群众对自身政治立场的支持和拥护,政党形象逐步概念化和固化,并且深入民心①。

(三) 以少胜多的对外传播

中国共产党早年形象的建构是在极其严峻的传播环境下展开的。当初,虽然得到共产国际的指导和帮助,但在整个国际舆论环境中,中国共产党的形象长时间遭到误解,甚至污名化。据埃德加·斯诺所言:"多年来关于共产党的暴行的恐怖故事层出不穷地充斥于中国那些领津贴的本国报纸和外国报纸。"斯诺是访问毛泽东的第一位外国新闻记者,当年他访问中国的时候,报上又一次盛传毛泽东的死讯。"相当一个时期以来,竟没有一个非共产党观察家能够有把握地、准确地、或是用亲身调查过的事实解答这些问题。这是中国唯一值得采访的消息。""在这里我所要做的,只是把我和共产党员同在一起的日子所看到、所听到而且所学习的一切,作一番公平的、客观的无党派之见的报告。"②中国共产党在极端困难的国际舆论环境中,常能抓住极为难得的对外传播机会,突破国内舆论和国际舆论的包围,向国际社会发出真实声音。延安时期的对外传播即是成功的例证。走进中国共产党的真实世界,斯诺所看到的一切与他在国际舆论所获知的情况大相径庭,他发现毛泽东对于当前世界政治惊人地熟悉。"毛泽东和他的夫人住在两间窑洞里,四壁简陋,空无所有,只挂了一些地图。毛氏夫妇的主要奢侈品是一顶蚊帐。除此之外,毛泽东的生活和红军的一般战士没有什么两样。做了十年红军领袖,千百次的没收了地主、官僚和税吏的财产,他所有的财物却依然是一卷铺盖,几件随身衣物。"③斯诺的系列报道在英美世界激起强烈反响,有力改变了西方主流舆论中中国共产党的负面形象。

二、社会主义革命和建设时期
中国共产党形象建构

新中国成立后,中国共产党从领导人民为夺取全国政权而奋斗的党,成为领

---

① 黎明泽:《新民主主义革命时期党的政治品牌建构研究》,《探求》2016 年第 6 期。
② [美] 埃德加·斯诺:《西行漫记》,董乐山译,生活·读书·新知三联书店 1979 年版,第 6—7 页。
③ 同上书,第 65—67 页。

导人民掌握全国政权并长期执政的党。中国共产党团结带领中国人民,自力更生、发愤图强,进行社会主义革命,消灭在中国延续几千年的封建剥削压迫制度,确立社会主义基本制度,推进社会主义建设,战胜帝国主义、霸权主义的颠覆破坏和武装挑衅,实现了中华民族有史以来最为广泛而深刻的社会变革,实现了一穷二白、人口众多的东方大国大步迈进社会主义社会的伟大飞跃,为实现中华民族伟大复兴奠定了根本政治前提和制度基础。在这个阶段,中国共产党改变了战争年代的革命形象、斗争形象,转而在治国理政和管党治党的过程中在国内外树立起一种崭新的政党形象。

(一) 新国家,新政党:展示崭新的执政能力

新中国成立后,中国共产党要在国民党旧政权丢下的烂摊子上建立一个全新的社会主义国家。对于中国共产党而言,这是全新的挑战,更是一场艰苦卓绝的"赶考"之路。新环境,新使命,考验中国共产党的执政能力。毛泽东领导的中国共产党,依据新民主主义革命胜利所创造的向社会主义过渡的经济政治条件,采取社会主义工业化和社会主义改造并举的方针,实行逐步改造生产资料所有制的具体政策,从理论和实践上完成了在中国这个占世界人口近四分之一的经济文化落后的大国中建立社会主义制度的艰难任务①。

中国共产党坚持实事求是的方针路线,不唯本本,在实践中进行理论创新和制度变革,充分展示了中国共产党在社会主义道路探索和制度建设中的轴心作用。塞缪尔·亨廷顿认为,适应性与组织和程序的制度化程度相关,"组织和程序的适应性越强,其制度化的程度越高;反之,适应性越差,越刻板,其制度化程度就越低"②。中国共产党自建立之日起就要面对不断变动的外部政治、社会、经济、文化环境,以及内部组织和思想的不断变动,并且外部环境与内部环境存在一定程度的"共振"现象。为有效应对内外部环境的变动,政党需要保持和提升其适应性。通过建设一个崭新的社会主义中国,树立执政党的新形象。

中国共产党是领导中国走上现代化道路的核心领导力量。林尚立在讨论中国社会主义国家建设时提出,"共产党主导中国社会主义国家建设,而中国社会主义国家建设需要政党主导",这是"中国现代化发展的基本政治逻辑"③。郭定平认

---

① 李君如:《马克思主义中国化思想史》,福建人民出版社 2020 年版,第 348 页。
② [美] 塞缪尔·P. 亨廷顿:《变化社会中的政治秩序》,王冠华、刘为等译,上海人民出版社 2008 年版,第 10—11 页。
③ 林尚立:《当代中国政治:基础与发展》,中国大百科全书出版社 2017 年版,第 110 页。

为,"政党不仅具有代表功能,更重要的是具有治理功能,可以实现利益表达和利益聚合,主导政策制定和政策执行;政党在国家治理中居于中心地位,发挥核心作用,整个国家治理体系以政党为中轴而构建,整个国家治理过程由政党主导而展开"①。杨光斌提出国家建设与制度变迁的"政党中心论",认为以中国为代表的很多发展中国家面对国家危机都走上了政党主导制度变迁的道路,党要直接管理政治、经济、社会和文化事务,"'没有共产党就没有新中国'是中国民族国家建设和制度变迁历程的真实写照"②。

(二) 刀刃向内,塑造清廉自律的人民政党形象

中国共产党赢得国家政权后,时刻秉持执政为民的初心,发扬党内民主,勇于开展批评与自我批评,刀刃向内,塑造清正廉洁的执政形象。1951年12月,中国共产党发布《关于实行精兵简政、增产节约、反对贪污、反对浪费和反对官僚主义的决定的通知》,要求必须大张旗鼓地发动一切工作人员和有关的群众进行学习,号召坦白和检举,并由主要负责同志亲自督促和检查。必须揭发一切贪污行为,按其情节轻重,进行程度不等的处理,从警告、调职、撤职、开除党籍、判处各种徒刑,直至枪决。典型的贪污犯,必须动员群众进行公审,依法治罪③。严审刘青山、张子善贪污盗窃国家资财案件,在全国产生极大的社会影响,维护了中国共产党的廉洁形象。

(三) 独立自主、自力更生的对外形象

新中国成立后,中国共产党领导全国人民在一穷二白的基础上建设新国家,在国际社会中也面临极为艰难的处境。中国共产党采取"另起炉灶""打扫干净屋子再请客"的处理对外关系的方针,取消了帝国主义的在华特权,要求在平等、互利、互相尊重领土主权的前提下同各国各党建立新的外交关系。同时,中国共产党明确反对把自己的意志强加于人,反对侵犯和干涉他国他党内政。

因受西方国家意识形态围剿和冷战影响,中国共产党的形象被西方国家严重污名化。面对西方国家政治、经济、文化、外交等全方位的封锁和制裁,中国共产党奉行独立自主、自力更生的方针,坚持做好自己的事情,坚定走自己的道路,

---

① 郭定平:《政党中心的国家治理:中国的经验》,《政治学研究》2019年第3期。
② 杨光斌:《制度变迁的路径及其社会科学价值》,载邓正来:《中国社会科学辑刊(2009年6月夏季卷)》,复旦大学出版社2009年版,第12—32页。
③ 中央档案馆、中共中央文献研究室:《中共中央文件选集(1949年10月—1966年5月)(第7册)》,人民出版社2013年版,第346页。

向国际社会提出和平共处五项原则："互相尊重主权和领土完整、互不侵犯、互不干涉内政、平等互利、和平共处。"赢得国际社会中正义力量的支持，不断打开外交"朋友圈"，特别是得到了第三世界国家和地区的广泛支持和响应。从1956年到1966年，中国共产党先后与美国霸权主义、苏联大国沙文主义展开斗争，积极应对中印边界冲突。自20世纪60年代中期开始，中国反霸权主义斗争的重心逐步转向援越抗美，中国有力支援越南民族解放战争直到取得完全胜利。援越抗美和抗美援朝一样，大大提升了中国共产党在国际上的影响力和知名度。中国共产党坚决反对霸权主义、支持民族国家争取独立的斗争，这一反霸扶弱的形象得到了国际社会的广泛认可。

三、改革开放和社会主义现代化建设新时期中国共产党形象建构

改革开放是在中国共产党带领中国人民进行社会主义道路探索经历了曲折之后的低位困境下起步的。1978年12月18日至22日召开的党的十一届三中全会是一次具有伟大历史转折意义的会议。会议作出将全党工作重心进行转移和实行"对内改革、对外开放"的战略决策，开启了中国改革开放和社会主义现代化建设的伟大征程，正确地解决了党和国家该向何处去的重大现实问题。随着波澜壮阔的改革开放的推进，中国共产党形象始终被视为一项关乎全局的重大理论问题和实践工程，开创中国共产党形象建设的新局面。

（一）以改革开放重建政治合法性

改革开放是在社会存在和社会意识两个面向上互动前行的。社会走向开放，社会意识渐渐得以松动。这种松动的社会意识一边解构原先板结的社会认同，一边孕育新的社会认同。原先"大一统"的社会认同被渐渐蚕食、解构。"大一统"的社会认同是权威主义的、自上而下的、封闭性的。改革开放打破了这种自上而下的、封闭的社会认同，取而代之的是多元化的社会意识。主流意识形态变化的速度滞后于社会意识形态的"野蛮生长"。虽然主流意识形态存在极大的惯性，并以惯有的方式和常规运转，但其合法性效度业已式微。在开放的社会空间里，社会意识形态鸠占鹊巢，致使主流意识形态处于"空转"状态。究其原因在于，面对外部性变化，主流意识形态弹性不足，未能及时应对社会的深刻变化，不能主导社会认同的议程设置，致使社会认同离心化。改革开放后，随着市场化和

全球化进程的深入推进,中国媒体结构发生了根本性的转变,铁板一块的媒体结构渐渐被多样化的媒体结构替代,媒体不能全方位为主流意识形态代言了,多种声音进入媒体空间,媒体制造共识的功能弱化。尤其是互联网的全面普及,深广地解构了由传统媒体主宰的社会认同空间,稀释了主流意识形态的传播效度。

面对外部性巨变,主流意识形态没有放弃努力。这种努力表现在两个方面。

第一,不失时机地释放意识形态的活性,使其顺应社会变革的要求。郑永年认为,任何一种意识形态都必须具有保守和改革现实的功能。如果只有防守的功能,意识形态就会渐渐失去其论证现实合理性的有效性,因为现实一直处于变化之中,社会的要求也处于不断变化之中。因此,意识形态如果要随现实的变化而不失去其有效性,就要有通过解释现实的不合理性而去改变现实的功能①。执政党一直努力对意识形态进行一些"增量改革"②。通过改革,让主流意识形态不至于滞后。诸如"三个代表""科学发展观"等话语表述,均表现出主流意识形态顺势而为的积极姿态,与时俱进的意识形态及时跟进,加固执政合法性,凝聚最广大的社会认同,为改革提供思想支撑和社会意识基础。

第二,努力在多元化的社会意识包围中保持主流意识形态的话语权。主流意识形态的合法性遭遇来自社会意识形态的大面积稀释。这是不争的事实,但并不意味着主流意识形态放弃制造社会认同的努力;恰恰相反,面对异质意识形态的强劲冲击,主流意识形态逆水行舟,负重前行,努力掌控主流话语权。凭借优越的执政资源和媒介话语资源,主流意识形态坚守宣传主战场,为社会认同"护盘"③。

(二) 邓小平对中国共产党形象的战略设计

作为改革开放的总设计师,邓小平反复强调树立改革开放形象的重要性。他在与当时中央有关负责同志谈话时提出:"中国一定要有一个具有改革开放形象的领导集体","无论如何要给国际上、给人民一个改革开放的形象"。只有树立改革开放形象,才能符合人民期盼改革的诉求,消除党和人民之间的隔阂,增强人民对党和政府的信心。"如果我们摆一个阵容,使人民感到是一个僵化的班子,保守的班子,或者人民认为是个平平庸庸体现不出中国前途的班子,将来闹事的情形就还会很多很多,那就真正要永无宁日。"④如何树立改革开放的形象?

---

① 郑永年:《再塑意识形态》,东方出版社2016年版,第17页。
② 同上书,第7页。
③ 张涛甫:《传播格局转型与新宣传》,《现代传播(中国传媒大学学报)》2017年第7期。
④ 邓小平:《邓小平文选》第三卷,人民出版社1993年版,第296页。

概括来说在于以下两点。一是"要多做几件有利于改革开放的事情"。因为"人民是看实际的"。往往一个政党形象的好与坏在更多时候不取决于政党说了什么,而看在现实中具体做了什么。新一代中央领导集体要"扎扎实实做几件事情","真正干出几个实绩,来取信于民"。例如,制定未来发展战略规划,采取有力措施,争取比较满意的经济发展速度,保证发展能够持续、有后劲,经济发展不滑坡。除了要做使人民满意、高兴的事情外,也要注意避免不利于党的形象的事情发生。邓小平特别强调,要坚决反对腐败,加强反腐力度。对于腐败、贪污、受贿等违法乱纪案件,必须按照法律法规,该如何处理就如何处理,不管是谁都要受到法律的制裁,并且及时向人民公布案件处理情况。二是要有宽阔的胸襟,更大胆地推进改革开放。所谓宽阔的胸襟,就是眼光不狭隘、思想不局促①。

(三)开放的对外形象

改革开放初期,中国共产党面临的国际环境甚为不利。一是因为在西方主导的国际政治和舆论环境下,以美国为代表的西方国家出于意识形态的偏见,对中国共产党采取敌视、孤立和封锁的政策;二是源于中国共产党长期自我封闭,影响了自身国际形象的正向构建。同时,中国在探索社会主义发展道路时出现曲折和坎坷,加剧了国际社会对中国的误解和疑虑。

为了争取国际舆论和世界人民对中国改革开放事业的理解和支持,邓小平作为中国改革开放的总设计师,审时度势,在外交政策方面做了重大调整,重塑国际形象。20 世纪 80 年代中期,邓小平在几次与外国政要和友人的会谈中,反复地指出"和平问题"和"发展问题"是当时国际上两大主题。1984 年 5 月 29 日,邓小平在会见巴西总统菲格雷多时就谈道:"现在世界上问题很多,有两个比较突出。一是和平问题。现在有核武器,一旦发生战争,核武器就会给人类带来巨大的损失。要争取和平就必须反对霸权主义,反对强权政治。二是南北问题。这个问题在目前十分突出。发达国家越来越富,相对的是发展中国家越来越穷。南北问题不解决,就会对世界经济的发展带来障碍。"②党的十三大的报告中正式将这一判断概括为"和平与发展是当代世界的主题"。

在与西方国家和政党交往的过程中,中国共产党超越社会制度和意识形态的分歧,强调求同存异,和平共处;在与周边邻国和政党交往的过程中,中国共产

---

① 谈思嘉:《邓小平对中国共产党形象建设的科学谋画》,《上海党史与党建》2019 年第 8 期。
② 邓小平:《邓小平文选》第三卷,人民出版社 1993 年版,第 56 页。

党抛开历史的恩怨,与多国达成睦邻友好关系,为改革开放创造了和平安宁的周边环境;在与亚非拉广大发展中国家和政党交往的过程中,中国共产党永远站在第三世界一边,不称霸、不扛旗、不当头,通过加强与第三世界的团结和合作,共同摆脱贫困。此外,还积极参与国际组织,开展多边外交,在各领域的国际性事务中取得了重大突破和进展。中国共产党逐步摆脱自我设限、自我封闭的外交局面,在独立自主的外交政策的指导下,在国际舞台上塑造了一个良好的政党形象。

四、中国特色社会主义新时代中国共产党形象建构

党的十八大以来,执政党从"事关党的荣辱兴衰、生死存亡"的高度来认识党的形象问题,指出"党的形象和威望、党的创造力凝聚力战斗力不仅直接关系党的命运,而且直接关系国家的命运、人民的命运、民族的命运"[1],将党的形象建设的破题之举定位于"四个全面"战略布局和"五位一体"总体布局之中,并以此推动党的形象建设进入新的发展阶段,充分反映了中国共产党具有建构自身良好形象的认识自觉和行动自觉。

(一)强化思想建设,建构党的执政为民形象

中国共产党是意识形态性政党,对组织的思想、信念和德性要求甚高。思想上建党,是中国共产党的精神传统。党的十八大之后,执政党从新的时代要求高度,重申党的精神、信仰问题。2012年11月7日,在十八届中共中央政治局第一次集体学习时,习近平总书记指出,"没有理想信念,理想信念不坚定,精神上就会'缺钙',就会得'软骨病'。现实生活中,一些党员、干部出这样那样的问题,说到底是信仰迷茫、精神迷失"[2]。为解决党员缺少精神之"钙"、思想滑坡的问题,党中央开展了一系列信仰淬炼和"补钙"行动。先后开展了党的群众路线教育实践活动、"三严三实"专题教育活动、"两学一做"学习教育、"不忘初心、牢记使命"主题教育等组织化思想建设工作。党的十九大报告提出,思想建设是党的基础性建设,坚定理想信念则是党的思想建设的首要任务[3]。

---

[1] 中共中央文献研究室:《十八大以来重要文献选编(中)》,中央文献出版社2016年版,第92页。
[2] 习近平:《习近平谈治国理政》第一卷,外文出版社2018年版,第15页。
[3] 习近平:《决胜全面建成小康社会 夺取新时代中国特色社会主义伟大胜利——在中国共产党第十九次全国代表大会上的报告》,人民出版社2017年版,第63页。

（二）从严治党，重塑强党形象

中国特色社会主义新时代中国共产党所处的环境和所面临的任务，决定了中国共产党必须进一步加强党的建设，全面从严管党、从严治党。"勇于自我革命，从严管党治党，是我们党最鲜明的品格。"①"管党治党不仅关系党的前途命运，而且关系国家和民族的前途命运，必须以更大的决心、更大的勇气、更大的气力抓紧抓好。"②习近平在中共十八届四中全会第二次全体会议上的讲话中指出，当前党内领导干部队伍中存在的突出问题是，"一些人无视党的政治纪律和政治规矩，为了自己的所谓仕途，为了自己的所谓影响力，搞任人唯亲、排斥异己的有之，搞团团伙伙、拉帮结派的有之，搞匿名诬告、制造谣言的有之，搞收买人心、拉动选票的有之，搞封官许愿、弹冠相庆的有之，搞自行其是、阳奉阴违的有之，搞尾大不掉、妄议中央的也有之，如此等等"③。这些问题严重侵蚀了党内政治生态和党的形象。

党的十八大以来，党中央不断加强政治建设、思想建设、组织建设、作风建设、纪律建设、制度建设和反腐败斗争，在思想、作风和实践中落实自我革命精神，整顿领导干部队伍，以维护党的先进性和纯洁性。以习近平同志为核心的党中央以壮士断腕的决心和信心开展反腐败斗争，坚持反腐败无禁区、全覆盖、零容忍。坚定不移"打虎""拍蝇""猎狐"，查处大量的贪污腐败、违法违纪案件，着力构建不敢腐、不能腐、不想腐的有效机制，逐渐夺取反腐败斗争的压倒性胜利，建立廉洁型政府。在2014年10月8日党的群众路线教育实践活动总结大会上，习近平总书记第一次提出"全面推进从严治党"的要求。2014年12月，在江苏调研时，习近平总书记提出了"协调推进全面建成小康社会、全面深化改革、全面依法治国、全面从严治党，推动改革开放和社会主义现代化建设迈上新台阶"④。将此前的"三个全面"上升到"四个全面"，新增了"全面从严治党"，将全面从严治党上升到国家发展战略的高度予以强调。

（三）扩大世界政党"朋友圈"

党的十八大以来，党中央聚焦坚持和平发展、促进民族复兴这条主线，作出

---

① 习近平：《决胜全面建成小康社会　夺取新时代中国特色社会主义伟大胜利——在中国共产党第十九次全国代表大会上的报告》，人民出版社2017年版，第26页。
② 《高举中国特色社会主义伟大旗帜　为决胜全面小康社会实现中国梦而奋斗》，《人民日报》2017年7月28日第1版。
③ 习近平：《论坚持党对一切工作的领导》，中央文献出版社2019年版，第80页。
④ 中共中央文献研究室：《十八大以来重要文献选编（中）》，中央文献出版社2016年版，第247页。

一系列关于党的对外工作的重大论断,不断深化党际交往,在交流中做好中国共产党形象的大文章,面向国际社会宣介中国梦、"两个一百年"奋斗目标、"五位一体"总体布局、"四个全面"战略布局等国家发展战略,传播中国坚持和平发展、加强全球治理、推动构建以合作共赢为核心的新型国际关系、打造人类命运共同体等外交主张;同时,超越意识形态界限和制度壁垒,通过高层论坛对话、政党培训等渠道,深化同各国政党和政党组织之间的交流往来。通过一系列党际交往实践,让世界各国政党、政治组织能够接触中国共产党、了解中国共产党,增加互信、消除误解,在全球建构并维护中国共产党的良好形象。中国共产党同160个国家和地区的600多个政党和政治组织保持着经常性联系,形成了全方位、多渠道、宽领域、深层次的政党外交格局。2017年11月,中国共产党与世界政党高层对话会在北京举办,这是中国共产党首次主动搭建与全球各国政党高层对话的高端平台。据统计,120个国家200个政党和政治组织领导人积极报名参加,共商共议、平等交流,旨在推动世界各国政党一道携手并肩担负起构建人类命运共同体、引领人民建设美好世界的重要责任。

五、结　　语

中国共产党在百年历史进程中的形象构建,是一个自觉的组织化努力过程,是现代意义的"内圣外王"政治,有其独特的价值理念支撑,也有明确的战略构想,更有扎实的实践作为。在这个过程中,每个时代的形象构建都是一个特别复杂的系统工程,涉及的关联变量均甚复杂,因时代语境不同,目标、资源、条件和目标受众期待各有分殊,中国共产党的形象战略、内涵和操作方式也不尽相同。既有绵延一贯的理念和策略,也有与时俱进、移步换景的章法和变奏。百年大党在理念上不变的是:天下为公,一切为民。无论是作为领导人民为夺取全国政权而奋斗的党,还是作为领导人民掌握全国政权并长期执政的党,出发点和归宿点都是为了人民。正是把高远的价值理念和道义追求内化于心、外显于行,成就了中国共产党百年大党的形象。

中国共产党党报党刊发行模式的百年历程与经验启示[*]

吴 锋[**]

【摘要】 党的报刊发行是为实现党媒信息触达而构建的传输网络系统。党利用报刊发行网络实现对党员的思想教育、组织管理及舆论动员,进而达到推动工作的目标。中国共产党自建立起就致力于构建党的报刊发行体系,伴随着党的发展壮大而不断完善,形成了独具中国特色的党报党刊发行体系。

【关键词】 党报党刊;发行模式;历程与经验

党的报刊发行是为实现党报"信息触达"而构建的传输网络系统。在世界共产主义运动史上,共产党的组织领导活动与党的报刊发行相伴而行。党利用报刊发行网络实现对党员的思想教育、组织管理和舆论动员,进而达到推动工作的目标。因此,党的报刊发行网络建设关乎党的生存与发展,关乎党的组织传播网络构建,作用重大。中国共产党自建立起就致力于构建报刊发行网络,伴随着党的发展壮大而不断完善,形成了独具中国特色的党报党刊发行体系。百年来党的报刊发行体系建设及衍变历程,主要经历了四个阶段:建党至新中国成立前,是党的报刊发行体系的艰难探索和初步确立时期;新中国成立到改革开放前,是报刊"邮发合一"体系的确立时期;改革开放后至2011年,是报刊发行多元渠道并存和繁荣发展时期;2012年至今,是报刊发行智能化与人机协作的确立时期。建党百年来,中国共产党报刊发行体系的网络建设规模之巨、覆盖范围之广、模式演变之快、适应能力之强,在世界政党报刊发行史上颇为罕见、堪称典范。回顾中国共产党党报党刊发行模式的嬗变轨迹,总结经验教训,对改进党的报刊发行工作具有重大的理论和现实意义。

---

[*] 本文原刊于《青年记者》2021年第12期,略有改动。
[**] 吴锋,西安交通大学新闻与新媒体学院党委副书记、教授、博士生导师。

一、建党至新中国成立前：党的报刊发行体系的艰难探索和初步确立

从1921年中国共产党创立到1949年新中国成立前的28年间，党在新民主主义革命时期的主要任务是推翻帝国主义、封建主义和官僚资本主义的反动统治，建立革命政权。这就迫切需要利用党的报刊发行网络来传播党的主张，广泛动员社会力量。这一时期的基本背景是党面临复杂严峻的革命斗争环境，但党在共产国际的指导下克服了诸多难以想象的困难，迅速组建了强大的报刊发行队伍和领导体系，确立了党报党刊发行的指导思想、管理构架和方针政策，建立了以革命根据地为核心、覆盖全国城乡的发行网络，为我们党从武装起义到局部执政再到解放全国提供了强大的组织传播保障和舆论引导支撑。这一时期基本确立了党的报刊发行体系的核心框架，其基本理念和管理模式大多延续至今。

缘于特殊的社会环境，新民主主义革命时期党的报刊发行主要有秘密和公开两套发行体系。两套发行体系存在并行交叉，在新民主主义革命前中期以秘密发行为主，在新民主主义革命中后期公开发行系统覆盖范围逐步扩大。

所谓秘密发行，是指因革命斗争环境恶劣而采取地下秘密发行党报的非常规发行模式。党的报刊发行活动受到各种反动势力的高压监管和严密封锁，随时面临被查封或停刊的风险，因而在敌对势力异常强大的背景下很难使用公共发行渠道。建党之初，在共产国际的资助和指导下，中国共产党依托党的组织体系开发了一套独特的秘密发行系统，借助党的秘密交通站将党报党刊随党的政策文件一起发送至全国，形成了党"机要"通信的雏形。建党初期，党的报刊绝大多数是秘密发行。1920年11月7日，中共发起组创办了《共产党》月刊，是中国共产党历史上的第一份党刊。它通过党内秘密发行网络送至各地中共早期组织。虽然该刊仅发行了6期，但发行量高达5 000份[①]，是各地中共早期组织的必读材料，也是建党初期影响最大的刊物。特别是依托该刊发行渠道初步建成了秘密发行网络，为白色恐怖环境下党媒发行工作积累了宝贵经验。但秘密发行工作风险极大，也受到统治者的残酷迫害。"二七惨案"中，《真报》编辑施洋在惨案发生后被捕，壮烈牺牲，是为中国共产党党报党刊发行工作牺牲的

---

① 马宁：《中国共产党历史上的第一个党刊——〈共产党〉月刊出版发行始末》，《出版发行研究》2017年第10期。

第一名共产党员。

所谓公开发行,是指利用既有的公共发行渠道或自建发行渠道,向党内外公开发行党的报刊。在新民主主义革命时期,党的报刊公开发行殊为不易,主要有两种渠道。一是发挥统一战线机制,抢抓国共合作等有利条件,利用党外发行网络,快速扩大党的报刊发行范围。在第一次国共合作时期,中共中央在上海创办《向导》周报。它从1922年创刊到1927年在武汉停刊,共出版201期。发行范围从初始的上海、北京、广州、长沙等大城市逐步扩展到全国20多个大中城市,还覆盖了少数乡村地区;该刊发行网络还延伸至海外,在巴黎、柏林设置分销处,总发行量最高时达10万份,是中国共产党历史上发行量最大的报刊之一,被誉为第一份"立在舆论指导地位"的中央政治机关刊物[①]。二是在中国共产党掌控的根据地、边区或解放区自建发行渠道,自主公开发行党的报刊。1931年,中华苏维埃共和国在江西瑞金成立后,为宣传党的政策主张,中共中央和苏维埃临时中央政府决定出版机关报《红色中华》,并自建覆盖苏区的发行网络,面向苏区党员群众公开发行,最高发行量近4万份。抗日战争时期,受益于第二次国共合作,党中央在边区领导建立了覆盖城乡、横跨党政军民学的立体发行网络,通过边区邮局、书店、通讯站等渠道使党报党刊发行范围迅速扩大,《新中华报》《边区群众报》等党报发行量均突破1万份,《解放日报》稳定在6 000份左右。在国统区,《新华日报》及其主办的《群众》杂志经国民党政府许可得以公开发行,但受到国民党特务的阻扰和破坏。为绕过官方邮政的检扣,新华日报社自建网点,自办发行。在重庆、成都等大城市,直接雇佣报贩向读者投送和零售报纸;在发行1 000份以上的地区设立分馆,在销售10份以上的社会团体、机关、学校设立分销处,使其发行遍及大半个中国。经多方努力,《新华日报》创刊之初销量就达到2万份,高峰期日发行量达到5万份[②]。

二、新中国成立到改革开放前:报刊 "邮发合一"体系的确立

从1949年新中国成立到1978年改革开放前,是"公有化"党报党刊发行体制占绝对主导的时期。新中国成立后,此前的多样化发行体系已经不适应形势

[①] 徐立波、杨丽宁:《〈向导〉周报对推动第一次国共合作的贡献》,《上海党史与党建》2020年第4期。
[②] 罗戈东:《在反封锁斗争中成长——重庆〈新华日报〉发行工作回忆》,《新闻业务》1965年第9期。

发展的需要。民营报刊发行市场日益萎缩，而党报党刊的发行规模迅速扩大，发行范围遍及全国，发行网络日益健全。为适应中国发展计划经济的需要，中国全面引入苏联的报刊发行模式，对党报党刊的发行机制做了重大调整，构建了"邮发合一"体系。

一是对旧有的报刊发行体制进行公有化改造。对国民党报刊发行队伍，进行思想政治教育后直接纳入国有发行系统。对各报社自行组建的私营发行队伍，采取"公私合营"或"赎买"等方式，引导其向公有化发展。对分散性的民间报贩、报商等群体，采取"互助合作"等方式，逐步纳入国有发行系统。对由帮会头子或流氓控制的"派报工会"，则依法予以打击、惩处或解散。经过三年多努力，到1953年，原来的多样化发行体制被国有制性质的发行体系代替。

二是确立全国统一的"邮发合一"体系。1950年元旦，国家邮电部邮政总局成立后，国家新闻总署发布文件规定：全国报刊发行业务统一交由邮局承担，各地报刊社原有发行队伍调归邮局领导，列入邮电编制。1950年2月13日，邮政总局率先与人民日报社签订报纸发行工作协议。到1952年，覆盖全国的"邮发合一"体系宣告完成。与此同时，中央对新华书店和邮局发行的业务范围做了划转调整，原新华书店的报刊发行业务转至邮局，原邮局的图书发行业务划归新华书店。自此，报刊和图书两大发行业务彻底分开，不再交叉经营。

三是确立计划管理导向的报刊发行运作机制。新中国成立前，报刊发行遵循市场化的运行机制，零售发行占比较高，订阅方式也十分灵活，可以破订。为建立健全计划发行模式，1952年后，邮局在报刊发行中全面推行计划发行和预订制度，中央或地方报纸的发行数量、范围等经中央宣传部核定后，不能加印或突破预订的计划数量。自1955年起，全国报刊零售市场份额急剧减少，报刊订阅占比迅速提升。1958年，经中共中央协调，全国报刊发行资费实现了统一。"文化大革命"期间，报刊零售市场仅剩"两报一刊"（《人民日报》《解放军报》《红旗》）和本地党报，零售市场报刊销量大幅减少。由于发行体制僵化，读者订阅的积极性大为减退，党报党刊发行量出现下滑。

三、改革开放后至2011年：报刊发行多元渠道并存和繁荣发展

1978年，党中央确立改革开放战略决策后，中国共产党党报党刊发行体制机制再次发生重大转型，党报党刊发行迎来了新的黄金发展期。

第一，发行体制改革深入推进。党报党刊发行体制改革的核心是破除大一统的"邮发合一"体制，引入商品经济和市场经济理念，鼓励大胆探索和市场竞争，形成多样化的发行模式。首先是调解邮局和报刊社的利益关系，恢复了报刊社的自办发行权。由于"邮发合一"体制导致报刊生产链条中采编印刷和发行业务的分离，加上邮局发行服务意识不强，报刊投递错漏差错较多，并且难以保障投递时效，一些地方的党报送达读者时已经变成"旧报"，这使得邮局和报刊社的矛盾冲突日益尖锐化。1985年，洛阳日报社率先脱离邮局发行体系，在市区自建发行站、重建发行线路，确保每天第一时间将报纸送至读者手中，极大地提升了发行的时效性，开新时期自办发行之先河，受到各界的肯定。此后，天津日报社、广州日报社等一大批党报社相继组建自办发行队伍。1992年，天津日报社发起组建全国报纸自办发行协会，推动越来越多的党报党刊走上自办发行道路。其次是调解邮局和个体发行商的利益关系，承认"二渠道"的合法性，个体与民营发行商的市场主体地位得到认可。在一些大中城市，有的报刊社为节约报刊发行成本，按照分级代理模式，直接将报刊以批发形式销售给个体报贩或报商，由民营机构建设发行网络和发行终端。一大批党报党刊走上了零售摊位，培育了庞大的城市报刊零售和批发市场，恢复了报刊零售的市场地位。

第二，报刊发行领域对外资开放。以全球化视野推动党报党刊发行的市场化改革，体现了中国共产党的战略自信。2003年中国加入世界贸易组织，承诺第一年开放报刊零售市场，第三年进一步开放报刊批发市场。同年，中国政府颁布《外商投资图书、报纸、期刊分销企业管理办法》和《出版物市场管理规定》，允许外资进入中国开展报刊发行渠道建设，表明中国将党报党刊发行业务对外资开放的鲜明态度。此后，世界著名发行商德国贝塔斯曼集团登陆中国发行市场。

第三，党报党刊发行的市场化探路。长期以来，大多数党报党刊仍然依靠同级党委宣传部发文件，施行强制性的摊派发行，但随着发行体制改革的深化，传统的党报党刊发行如何与市场深入融合对接，成为越来越紧迫的难题。在改革开放前沿地区，广州市委机关报《广州日报》率先打破党报依靠党委发文件强制订阅的政策框架，通过建立报刊连锁店及"早茶营销"策略，成为广州乃至华南地区发行量最大的报纸，并且私费订阅超过80%，成为私费订阅占比最高的党报。2007年，广州日报报业集团控股的粤传媒在深圳证券交易所正式挂牌，成为中小板首家上市传媒概念股。《广州日报》发行经营的历程表明，党报完全可以破除单纯依靠组织强制摊派发行的窠臼，成为能够经受市场机制检验的畅销报。

四、2012年至今：报刊发行智能化与人机协作体系的确立

科学技术是推动媒体经营变革的重要因素，党报党刊发行亦不例外。大数据、算法推荐等科技应用的重大突破，从根本上改变了传媒的生态环境，"两微一端"等新型移动媒体快速崛起，受众的信息接受习惯发生了明显变化，党报党刊发行的外部环境再次发生重大变化。

第一，传统纸媒发行市场下滑态势已经难以逆转。由于移动智能媒体的替代效应愈发明显，中国传统纸媒发行市场以每年约8%的速度递减。2020年，受新冠疫情、报刊零售涨价、报刊亭整顿等因素影响，纸媒发行出现了大约20%的锐减。其中，晚报、都市报、晨报等市场化报纸发行市场下滑态势尤为显著，零售发行量大幅萎缩，订阅量也大不如前。党报党刊虽然受到党和政府的大力支持，发行量总体保持稳定，但其有效阅读率和传阅率大幅下滑。尽管如此，我们认为，纸媒党报党刊具有权威品牌可信度高、版面议程设置特色鲜明、深度报道影响力大等优势，在可以预见的时期内还不会消亡。在这种背景下，相当一部分报刊社裁撤自办发行队伍，转而回归邮发渠道。少部分党报党刊发行队伍大胆对接电子商务市场需求，转型升级为物流配送系统，在快消品、生鲜品配送等领域显示出强大的经营活力。

第二，移动智能媒体及算法推荐逐渐成为主流发行方式。自2012年起，大数据、区块链和新一代人工智能技术迭代不断加速，助推移动智能媒体大发展，报刊发行方式也随之发生了巨变：智能媒体构建传者与受众的聚合平台，推动发行网络走向虚拟化；算法推荐技术助推发行服务走向智能化；利用读者阅读行为大数据（点赞、转发、评论等）分析技术，使得发行效果监测更为精准。创立于2012年的今日头条客户端发展异常迅猛，不到六年时间就成长为用户量最大的新闻资讯客户端。特别是其研发的算法推荐引擎技术，依托海量的新闻大数据平台，依据受众的性别、地理区位和阅读习惯等属性，打造"个性化阅读"新场景，实现了"精准推荐"发行，在根本上颠覆了传统的纸媒发行业态[1]。2019年，由中央宣传部主管的"学习强国"平台上线，它包含PC端、手机客户端和电视端等多个形态，涵盖各地党报党刊的优质内容，融思想性、新闻性、综合性、服务性等优

---

[1] 吴锋：《发达国家"算法新闻"的理论缘起、最新进展及行业影响》，《编辑之友》2018年第5期。

势于一炉,已经成为数千万党员干部获取新闻资讯的重要渠道。此外,短视频、人工智能主播等新技术的出现,推动党报党刊发行走上视听轨道①,发行方式进一步多样化。

概言之,人工智能时代,党的报刊发行系统呈现出智能化特色鲜明、人机协作的优势。一方面,新型移动智能媒体的普及率、渗透力和影响力不断彰显,党报党刊发行智能化水平将持续提升。另一方面,传统纸媒党报党刊发行系统在相当长的时期内将持续存在,发行中的人力资源投入仍然不可忽视。因此,党报党刊发行中的人机协作是未来的一大趋势。

五、百年来中国共产党党报党刊发行的经验启示

回顾中国共产党党报党刊发行的百年历程,目的是总结党报党刊发行的基本规律,从中获得符合历史趋势的经验启示,但也要吸取教训,为今后的党报党刊发行工作提供良好的借鉴和参照。

第一,明确党报党刊发行工作的职能定位和重要价值。从党报党刊百年发行历程中可以发现,发行工作与党的建设事业相伴而行,是党的宣传事业中极为重要的组成部分。党的报刊发行系统是党媒信息传播的具体承担者,是党的声音得以广泛传播的物质保障,也是动员群众、教育党员干部的有效载体。早在1921年,党的一大在通过的一项决议中就明确要求:"每个地方组织均有权出版地方的通报、日报、周刊、传单和通告。"②延安时期,中共中央多次发出通知或指示,强调各级党委"要有专门的运输机关与运输掩护部队,要把运输文化粮食看得比运输背负弹药还重要"③。毛泽东要求所有的机关、工厂、学校、连队都可以也应该重视和支持报刊发行,将其当作自己组织工作、教育群众、发动群众积极性的武器。因此,党不仅要加强对党报党刊内容采编工作的领导,而且必须加强对发行工作的领导,唯有牢牢掌握对报刊发行渠道和终端的控制权和领导权,才能确保党的报刊发行及时高效,才能最大限度地争取舆论支持。

第二,遵循党报党刊发行工作的基本规律和主要原则。党报党刊发行有其

---

① 吴锋、刘昭希:《人工智能主播历史沿革、应用现状及行业影响》,《西南民族大学学报(人文社会科学版)》2021年第5期。

② 中共中央文献研究室、中央档案馆:《建党以来重要文献选编(1921—1949)(第1册)》,中央文献出版社2011年版,第4—5页。

③ 中共中央党校党史教研室:《中共党史参考资料(四)[抗日战争时期(上)]》,人民出版社1979年版,第199页。

特殊的运行规律，发行工作必须遵循这些基本规律和主要原则。回顾党的报刊发行百年历史，我们发现影响发行工作的因素是多方面的，其中，最重要的有三大因素。一是政治因素。党报姓党，党的报刊发行工作必须讲政治、遵循政治活动的基本规律，报刊发行服务和服从于党的中心工作，服务和服从于党的建设，党的工作需要就是党报党刊发行的目标。这是党的报刊发行工作的首要原则。二是经济因素。党的报刊发行工作必须遵循基本的经济规律，不能违反商品经济的基本原则，不宜大范围赠送。1931年中央苏区创办《红色中华》时，在首期报头下明确规定"收报费铜元一枚"。1941年《解放日报》创刊时延续了《红色中华》传统，在报头位置标明零售和订阅价格："本期零售1角，每月3元，半年16元，全年30元。"《解放日报》从创刊开始连续三期在报头左侧公布《本报发行科启事》，指出"一律须现款交易，恕不记账或赠送"①。在经济条件极为困难的革命斗争年代，党报党刊尚且明确要求发行要按经济规律办，今天更应该继承这一传统。三是科技因素。党报党刊发行受到先进科学技术的显著影响，必须遵循科技变革的基本规律。当发生重大科技迭代时，党的报刊发行系统势必发生巨变。延安时期，由于广播技术的出现，党中央及时调整发行战略，适当减少了《解放日报》的印刷数量，极大地节约了发行成本。

第三，党的报刊发行的重点是追求影响力和有效发行。受共产国际及苏联报刊发行模式的影响，历史上曾片面强调党报党刊发行数量，导致发行浪费。实际上，早在党的一大之后，党内就有李汉俊等同志对党的政治机关报发行过多提出过"不同意见"，但未引起足够重视。中央苏区时期也出现了"出版物很多，群众的文化程度很低，对于各种报纸根本没有看，甚至负责人都没有看，徒徒花费心力、钱财，而没有作用"等问题②。吸取这些问题的教训后，延安时期党的报刊发行开始注重追求发行质量和实际效果。延安时期党中央对《解放日报》的发行量一直实施严格的控制，该报大多数时候的发行量仅为6 000份左右，每区县仅有2份订阅计划，有的报纸还要求回收再传阅，大多数基层党组织只能轮流传阅。《解放日报》虽然发行量小，但传阅率高、影响力大，在党的报刊发行史上享有崇高的声誉。改革开放后，中国一度形成"中央-省级-地市-区县"四级党委机关报模式，基层党委和企业事业单位认为党委下达的订报计划数量过多，名目繁多的订报费令基层苦不堪言。更重要的是，大量党报党刊未经阅读就直接被送

---

① 解放日报社发行科：《本报发行科启事》，《解放日报》1941年5月16日。
② 江西省文化厅革命文化史料征集工作委员会、福建省文化厅革命文化史料征集工作委员会：《中央苏区革命文化史料汇编》，江西人民出版社1994年版，第149页。

至废品收购站,这种现象值得警惕。因此,2003年,中共中央开展县级党报专项治理工作,停办了大多数县级党报。但目前党报党刊过多过滥问题仍未得到根本化解,还需进一步根治。特别是在智能媒体高度发达的新时代,党报党刊发行后的阅读率、传阅率等如何,有多少比例的党报党刊无效发行,是否要进一步削减纸质版发行量,都有待进行深入细致的调查研究。

第四,不断改进党对报刊发行工作的领导,尊重基层创造力。党的报刊发行工作离不开党的领导,党对报刊发行工作的领导应着眼于宏观导向管理,在微观层面要尊重基层的自主权。例如,新中国成立初期,"邮发合一"体制有利于集中力量办大事,有利于形成全国统一的发行网络,但采用行政命令方式将全国所有报社的发行业务全部划转至邮局,在很大程度上剥夺了报社的发行自主权,抑制了报社的经营活力。改革开放后,邮政与报社发行各自走上专业发展道路。中国报纸和期刊达1.1万多种,不同报刊社的实际情况千差万别。今后的党报党刊发行改革必须尊重各报刊社的实际情况,尊重市场化的协商和选择机制,容纳多样化的发行方式,避免"一刀切"。

陈望道新闻思想的形成及其时代价值

黄　鑫*

【摘要】 陈望道的新闻思想历经中国社会形态变革、文化思潮运动、中国共产党建立和发展等重大时期，以及马克思主义在中国落地生根、茁壮成长的关键阶段。梳理陈望道新闻思想，对于研究马克思主义在中国的传播有重要的历史和现实意义。

【关键词】 陈望道；新闻思想；马克思主义；传播

一、国内外相关研究

陈望道相关研究大致可以分为三个阶段。第一阶段（1931—2003），研究数量与成果呈相对稳定的态势，多集中于语法、修辞学，在《语文学习》《语文论丛》《复旦学报》《中国语文》等48种期刊上发表文章78篇，其中，语言写作文章15篇，其他60余篇均为关于《共产党宣言》及相关纪念和传记（多为非学术研究类）。第二阶段（2004—2012），出现了两个研究高峰：第一个高峰出现在2005—2007年，《共产党宣言》相关研究论文16篇，修辞、写作类学术论文31篇，而后减产；2010—2012年又是一个研究的上升期，值得一提的是，在这一阶段，"索绪尔及相关理论"和"新闻"关键词进入有关陈望道思想研究的学术视野。第三阶段（2013年至今），以"陈望道"为研究对象的学术研究迅速回升，2021年达到历史研究峰值。仅在中国知网（CNKI）数据库中统计，在此期间以"陈望道"为主题的各类研究文章共计411篇，其中，学术期刊269篇，学位论文27篇（硕士26篇，博士1篇），报纸文章44篇，另有图书、会议研究成果3种。

从图1中可以看出，《共产党宣言》、全译本、中译本、马克思主义、《新青年》等有关中国共产党早期思想传播及实践的研究超过半数，另外较多研究集中于修辞学。作为马克思主义思想宣传先驱者，陈望道新闻思想根植于中国厚土，对

---

* 黄鑫，复旦大学新闻学院博士研究生。

中国共产党马克思主义事业传播和中国新闻事业的发展有重大影响,值得学习者深耕细研,挖掘其理论价值与现实意义。

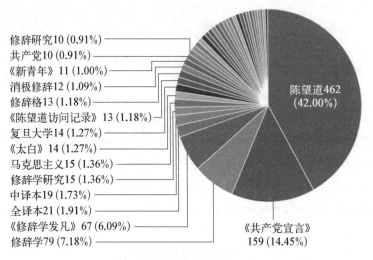

图 1　陈望道相关研究主题分布(1982—2023)①

二、陈望道新闻思想的确立

陈望道早年抱着实业救国的理想准备赴欧美留学,后在之江大学攻读英语和数学,1915—1919 年留学日本,先在日本东亚高等学校进修日语,又在早稻田大学、东洋大学、中央大学和东京物理专科学校学习,从中央大学法科毕业,因而有着较为扎实的文科和理科基础,他的第一篇学术论文是一篇数学论文《论述四种定理型式之间的关系》。融会贯通、文理并重的学习理念是陈望道新闻思想的基础。陈望道熟练掌握英语、日语等外语作为学习工具,重视逻辑和科学的研究方法,奠定了陈望道的语言学研究基础,也是他具备国际化新闻传播思路的起点。

在日本留学时期,陈望道积极投入当时的各项政治活动。他曾说:"有鉴于辛亥革命的失败,因此非常关心当时的政治。"②基于爱国热忱,他在日本与留日同学一起参加反对袁世凯接受日本二十一条卖国条约和反对洪宪帝制的运动,并开始接触马克思主义新思潮,逐渐认识到救国不单纯是兴办实业,还必须进行

---

① 数据来源 CNKI 数据总库。
② 陈望道 1952 年履历表,复旦大学档案馆。

社会革命。与此同时,陈望道结识了日本早期社会主义者河上肇、山川均等人。1917年俄国十月革命取得伟大胜利,陈望道在日本和河上肇、山川均等积极开展十月革命的宣传和马列主义的传播活动,热烈向往十月革命的道路①。坚持马克思主义,是陈望道各类学术研究的理论依据,是他翻译《共产党宣言》的思想初衷,也是中国共产党一直以来在新闻传播思想上的根本价值导向。

(一)"一师风潮"

1919年夏天,陈望道回国途经杭州,被时任浙江第一师范学校校长经亨颐亲自邀请前去任教。五四运动时期,陈望道与夏丏尊、刘大白、李次九四位语文教员并称"四大金刚"②。他们提倡新文学、白话文,传授注音字母、出版汉语丛书,反对旧文学、文言文,从文化角度号召思想解放。同时,陈望道支持并参与创办学校进步刊物。其中,思想清新、言论犀利的《浙江新潮》和被誉为"五四时期浙江的一颗明星"的《浙江第一师范校友会十日刊》影响最大。1919年11月,陈望道的学生施存统在《浙江新潮》上发表了反封建《非孝》一文,在反动政府中引起轩然大波。当局教育厅责令开除作者,将陈望道等四位语文教员解职,免除校长经亨颐职务,解散浙江第一师范学校。1920年3月29日,大批军警进驻学校、封锁校园,操场上抗议的学生惨遭血腥镇压,引发了震惊全国的"一师风潮"。

此次流血事件后,陈望道坚决不愿再留校任教。作为早期马克思主义倡导者,他意识到虽然文学革命触动了封建的思想文化,但要真正解决中国问题,必须进行社会改革。在此期间,他刊出的《扰乱与进化》(1919年3月)、《我之新旧战争观》(1919年5月)、《改造社会的两种方法》(1920年1月)等文章,以及由他翻译的《唯物史观的解释》(1920年1月),均反映了陈望道已经明确认识到,改革社会必须有更高的辨别的准绳,那便是马克思主义。

(二)《共产党宣言》的翻译与出版

1848年2月21日,马克思和恩格斯所著的《共产党宣言》德文单行本问世,成为科学社会主义的第一个纲领性文献。《共产党宣言》为全世界无产阶级和劳动人民矗立起一座自由解放的精神丰碑,更是中国先进知识分子探索前进道路

---

① 陈望道1952年履历表,复旦大学档案馆。
② 陈振新、昂俞暄:《望道先生的望慕之道——专访陈望道之子陈振新教授》,《档案春秋》2016年第7期。

的灯塔。在《共产党宣言》全本翻译前，梁启超、李大钊、张闻天、李汉俊等都引用、介绍过相关内容和片段。1920年2月，陈独秀从天津抵达上海，呼之欲出的中国共产党迫切需要中文全本《共产党宣言》作为中国无产阶级政党学说的基础和革命斗争的理论指南。时任上海《民国日报》社经理邵力子认为，精通外语、汉语功底深厚、具有马克思主义理论基础的陈望道是最佳人选，"能承担此任者，非杭州的陈望道莫属"。1920年3月，陈望道秘密回到家乡义乌分水塘村，参照《共产党宣言》英文版和日文版着手翻译工作，并于4月最终完成。

在文本实践上，陈望道更正了一些日文版勘误。例如，英文版的"Danish languages"，日文版译为"和蘭の諸語"①，陈望道更正为"丹麦各国底语言"。他还对日文版的漏译进行了补充。尤为重要的是，陈望道版《共产党宣言》输出了一批影响深远的、能够代表中国共产党党性和精神的专属概念。例如，在"In proportion as the bourgeoisie, i.e., capital, is developed, in the same proportion is the proletariat, the modern working — class, developed, a class of labourers"（英文版）②段落中，日文翻译为"斯くて紳士閥即ち資本が發達するに從ひ、同じ比例に於て平民即ち近代の勞動階級も亦發達せり"，陈望道译为"无产阶级（就是近代劳动阶级）跟着有产阶级（就是资本）照同一的比例发达了"，将"紳士閥"译为"无产阶级"。还有"无产者""土地革命""阶级斗争"等沿用至今的专有名词。《共产党宣言》尾句"全世界无产者，联合起来！"震撼人心，在后来的革命实践乃至今日影响广泛而深远。

在历史意义上，《共产党宣言》中文首译版的问世，直接推动了马克思主义在中国传播，使共产主义真正来到中国，催化了中国共产党的创建，引领大批革命青年走上马克思主义道路，最终领导中国共产党和中国人民走向胜利、发展的光明道路③。

---

① 幸德秋水、堺利彦译：《共产党宣言》刊登于《平民新闻》1904年11月13日。
② 1888年，《共产党宣言》英文版由恩格斯指定赛米尔·穆尔译，并由恩格斯编注并作序。
③ 1936年，毛泽东在同埃德加·斯诺谈话中说："有三本书特别深地铭刻在我的心中，建立起我对马克思主义的信仰。我一旦接受了马克思主义是对历史的正确解释以后，我对马克思主义的信仰就没有动摇过。这三本书是：《共产党宣言》，陈望道译，这是中文出版的第一本马克思主义的书。"邓小平在1992年南方谈话中说："我的入门老师是《共产党宣言》……马克思主义是打不倒的。打不倒，并不是因为大本子多，而是因为马克思主义的真理颠扑不灭。"习近平多次讲述陈望道"真理味道非常甜"的故事。2020年6月27日，习近平给复旦大学《共产党宣言》展示馆党员志愿服务队全体队员回信："100年前，陈望道同志翻译了首个中文全译本《共产党宣言》，为引导大批有志之士树立共产主义远大理想、投身民族解放振兴事业发挥了重要作用。"

(三) 上海马克思主义研究会的成立

1920年3月,李大钊组织发起的北京大学马克思学说研究会成立。1920年4月,陈望道带着《共产党宣言》的中文译稿来到上海。5月,俄共(布)远东局海参崴(符拉迪沃斯托克)分局代表维经斯基一行抵达上海,与陈独秀、陈望道等人反复座谈后认为,要根本改造社会制度,有研究马克思主义的必要,有组织中国共产党的必要。陈独秀倡议,鉴于当前工人运动急需理论指导,先成立一个马克思主义研究会。"马克思主义研究会是对外的公开名称,内部叫共产党,有组织机构,有书记,陈独秀就是书记。陈独秀、李汉俊和我(陈望道)等是研究会的核心,我还当了三个月的劳工部长(也叫工会部长)。"①上海马克思主义研究会的主要成员有李达、李汉俊、邵力子、施存统、沈玄庐、戴季陶、杨明斋等人,主要任务是学习研究和宣传马克思主义。1920年下半年陈独秀应邀去广州任广东省教育委员会委员长,上海马克思主义研究会由陈望道任代理书记。陈望道带领成员组织工会、编印刊物和创办学校:先后组织了纺织工会、邮电工会和印刷工会,用口头宣传的方式为工人阶级宣传马克思主义思想;创办业余学校,将政治性的内容结合到教学中去;创办工人刊物,如《劳动界》、《共产党》月刊等,并亲自撰写文章,启发工人阶级的阶级觉悟,促进工人阶级的团结,推动工人运动的发展。

1920年8月,马克思主义研究会在上海环龙路老渔阳里2号陈独秀寓所召开会议,决定成立上海中共早期组织(又称中共发起组),推选陈独秀为党的书记。上海马克思主义研究会的成立,与李大钊发起成立北京大学马克思学说研究会相互呼应,既为建党做了理论上、思想上的准备,也为建党做了组织上的准备。

三、陈望道新闻写作与办刊实践

(一) 编撰《新青年》等革命刊物,宣传革命思想

1920年5月,陈望道接受陈独秀的邀请担任《新青年》编辑。同年12月,陈独秀到广州任职,委托陈望道主持《新青年》刊物的编辑工作。陈独秀于1920年12月26日给胡适、高一涵写信:"弟今晚即上船赴粤,此间事情已布置了当。

---

① 宁树藩、丁淦林:《关于上海马克思主义研究会活动的回忆——陈望道同志生前谈话纪录》,《复旦学报(社会科学版)》1980年第3期。

《新青年》编辑部事有陈望道君可负责。"后来,陈望道从三益里(邵力子家)迁至老渔阳里2号(陈独秀家),与李汉俊、李达等一起将《新青年》作为上海中共早期组织宣传马克思主义的重要阵地,译介了大量革命论著,开辟了《俄罗斯研究》等介绍苏维埃俄国的变化和成就专栏,《新青年》编辑部后来也成为党的机关所在地。

在此期间,陈望道还协助出版工人刊物《劳动界》,向工人群众宣传通俗的马克思主义基本知识,揭露资本家对工人的压迫和剥削,启发教育工人阶级组织为争取自身的解放而斗争。

(二)创办《太白》杂志,推动新文化运动

1934年9月,在鲁迅的支持下,陈望道创办了《太白》杂志。"太白",一是象征太白星,即启明星,渴望胜利黎明;二是提倡大众语言,让大众说得出、听得懂、看得明白、写得顺手。杂志发表了《关于大众语文学的建设》《大众语论》《这一次白话和文言的论战》等进步文章,抨击旧制度。创刊号上首次提出"科学小品"的名词并就此开辟专栏,刊登了克士(周建人)的《白果树》、贾祖璋的《萤火虫》、薰宇的《半间楼闲话》、顾均正的《昨天在那里》等倡导科学文明、反对封建迷信的小品文。

1920—1923年,陈望道还在《民国日报》的副刊《觉悟》和他自己主编的《妇女评论》上,发表了许多宣传新思想、新道德,提倡新文学、白话文,倡导妇女解放和主张社会改革的文章,对推动新文化运动的继续发展有十分积极的影响[①]。

(三)开办大江书铺,出版进步书籍

1928年下半年,陈望道筹建的大江书铺开业。书铺具有杂志社和出版社功能,办有《大江》月刊,并出版进步书刊,比如鲁迅译的卢那察尔斯基的《艺术论》、法捷耶夫的《毁灭》、沈端先(夏衍)译的高尔基的《母亲》等。大江书铺活跃在上海书业界,宣传马克思主义著作,介绍先进的科学文艺理论,成为推动左翼文艺运动的一个重要据点。

(四)提出写作文法与文风要求

陈望道在语言学领域研究成果丰硕,他所阐明的修辞文法并不只适用于文学领域,随着时代的变化也扩展到新闻写作中。在经典著作《修辞学发凡》中,陈

---

① 邓明以:《陈望道传略》,《文献》1981年第2期。

望道常以《红楼梦》《儒林外史》等经典文学作品为例,而进入学术研究中后期,陈望道也将文法写作要求迁移至新闻写作领域。例如,1961年在复旦大学语言研究室的研讨讲话中,陈望道讲到"文法的稳定性",以《人民日报》刊登的社论《新年献词》为例,来讲文法要根据具体情况恰当运用"简""繁"的写作技巧。

关于文风的问题,陈望道多次在各类会议上加以强调。1958年6月5日,《语文知识》6月号总第74期发表《建立新型的文风》一文。陈望道明确提出,新型的文风,在内容方面要有较高的思想性和科学性,在表现方面要做以下四个方面的事:一要学点逻辑,让我们说话说得更有条理些;二要学点辩证法,让我们说话说得更为切合实际、更为辩证些;三要学点文法,使文字组织更合乎逻辑,更加精密;四要学点修辞学,力求文字能够准确、周密、鲜明、生动,例如"百花齐放,百家争鸣""人人为我,我为人人"等口号从文字看来就极为生动有力。

陈望道还注重研究方法的科学性,提出研究文学和语言文字要用到自然科学,例如数学对文科研究的帮助。他说:"我们语文工作的有些部门还未和科学通声气,的确也是事实。就说文法学罢,别人早已在应用函数概念,运用科学方法了。"①

四、陈望道新闻思想的特点

(一)新闻思想与国家命运共振

在陈望道新闻教育职业生涯中,在复旦大学新闻系的从教经历无疑是最浓墨重彩的一笔。他主持新闻系系务后,将"好学力行"定为系铭以勉励师生。在培养学生目标上,陈望道强调学生要坚持真理,支持学生的民主运动,掩护地下党员的活动。1943年,最初由复旦大学地下党组织开办的"新闻晚会"得到陈望道的支持。党组织通过这种形式讨论时事,举办学术讲座,团结广大群众。"新闻晚会"的主题有"新闻与政治""中国将向何处去""蒋介石停战的真相""我们的出路何在"等,直至解放共举办过116次。1945年,陈望道筹办"新闻馆",复旦大学师生和部分党组织成员在此秘密收听延安新华广播电台,阅读新华社新闻稿,并通过"新闻晚会"和党领导的群众团体等渠道,把党的声音传播出去。战火中的复旦大学被称为"夏坝中的延安"。

在反内战、反暴行的爱国民主运动中,复旦大学新闻学系学生是一支站在斗

---

① 陈望道(署名雪帆):《建立新型的文风》,《语文知识》1958年第6期。

争最前列的活跃力量,时任新闻学系系主任的陈望道常暗中予以保护。1947年5月29日,陈望道以新闻学系系主任身份前往公济医院,慰问该系在"五二六事件"中受伤的张希文、杜数绪等学生。1949年1月,复旦大学18名学生被国民党当局特刑庭以"匪谍嫌疑"羁押。28日,陈望道至上海市警察局蓬莱分局,数次要求面见上海市市长吴国桢,迫使国民党当局同意交保获释。对于国民党当局保送大批特务报考新闻学系、试图混入新闻学系进行破坏的行径,陈望道通过甄别考试等方式拒绝接收。1949年2月,陈望道出任师生员工应变委员会副主席,在白色恐怖之下积极领导护校斗争后被列入国民党特务暗杀名单,被迫避居于新闻学系副教授舒宗侨家中直至上海解放。

在20世纪20年代创办的新闻教育高校中,复旦大学是唯一坚持办学不曾中断新闻教育的高校。复旦大学新闻学系能够成为办学历史最长、社会影响最大并成为名副其实的"天下记者家",陈望道厥功至伟①。他所坚持的新闻教育与中国革命同呼吸,与国家共命运,代表了新闻教育者最赤诚的师者仁心。

(二)马克思主义思想贯穿始终

陈望道是中国最早接受、传播马克思主义思想的先驱者。在他的日常教学中,马克思主义思想贯穿始终,千方百计创造条件让学生接触到马列主义思想。抗战时期,在国民党统治区,复旦大学新闻学系图书馆仍藏有马列主义的著作,这些书也成为很多后来成为共产党人的青年人第一次接触到马列主义、毛泽东思想的源泉。1945年9月,陈望道将"哲学原理"和"方法论"确定为新闻学系的必修课,并增加唯物主义和辩证法的内容,旨在培养学生树立科学的、正确的世界观②。

在学术研究上,陈望道多次表明,用以指导和形成自己新闻思想的理论基础是马克思主义的辩证唯物理论。在写作《修辞学发凡》时,他说:"我曾努力想运用马克思主义思想作指导。我接受马克思主义是在'五四'之前,那时学习辩证法的条件不如今天,还有人反对形式逻辑的辩证法,否定形式逻辑的辩证法,而我是肯定的。当时对马克思主义的学习虽不很彻底,不过我的得益还是在这方面。'五四'以后,'古今派'与'中外派'不能合在一起,而《发凡》却将二者合在一起了,其中得到马克思主义的帮助较多。因此,如果说这本书还有一些可取的地

---

①② 黄瑚:《陈望道与复旦大学新闻教育》,《共产党宣言》与中共百年研讨会讲话稿,2021年11月6日。

方,则是运用了马克思主义观点的缘故。"

在高校新闻教育中坚持、统一马克思主义思想观点并指导教学实践,是中国新闻教育延续至今的鲜明特色。陈望道为中国赓续至今的马克思主义思想指导下的新闻教育打下了坚实的基础,也为当今新闻教育事业作出了积极贡献。

(三) 重视马克思主义舆论宣传

除任职于复旦大学外,陈望道还在多所学校任职,任职期间均支持或直接参与办刊办报,注重教育的同时注重舆论宣传工作。

1919年,陈望道任浙江第一师范学校语文主任教员,出版《浙江省立第一师范学校校友会十日刊》《浙江新潮》。其中,《浙江新潮》被誉为五四运动时期"浙江的一颗明星",也是浙江最早受十月革命影响、宣传社会主义的刊物。它在创刊词中提出知识分子中有觉悟的人应"投身到劳动界中和劳动者联合一致","以谋求人类生活的幸福和进步"。在创刊号上还转载了日本《赤》杂志的一幅"社会新路线"图,指出社会改造的方向终将走向"布尔塞维克"。

1923年,陈望道任上海大学中国文学系系主任、教务长、代理校务主任、校刊编辑主任,鼓励学生发文办刊、介绍外国文学。彼时学术研究十分活跃,仅研究文艺的学术团体就有青凤文学会、湖波文艺研究会、春风文学会、春雷文学社等。

1935年9月,陈望道任桂林广西师专中文系系主任并创办校刊《月牙》,亲手绘制杂志标识。标识图案以简单的红色线条勾画成一弯眉月和几颗星星,眉月若镰刀,似农民拿起枪杆,像是党徽的一部分,寓意深远。这本刊物由师生通力合作,刊登的文章往往切合实际问题,对学生了解和分析国内外形势很有启发,如《最近的中日关系》《中国妇女解放问题》等。陈望道的演讲稿《怎样负起文化运动的责任》发表在第2期上。《月牙》先后出版了几期专辑,比如1936年3月出版的"抗日专号"、1936年5月出版的"反文言文专号"。除《月牙》外,陈望道还亲自指导创办并命名了《普罗密修士》壁报,借用古希腊神话隐喻抗拒强暴、为人类幸福不惜牺牲的英雄精神。当时的广西师专正在进行一场关于中国社会性质问题的论战。陈望道建议在壁报上刊登一则"中国社会性质问题研究专刊"征文启事。启事一出,稿件纷纷而来。广西师专一时间成了壁报的海洋,被国内外称为"马克思主义的革命堡垒"[①]。

[①] 集体:《创办〈月牙〉与壁报》,《广西日报》2019年10月22日。

（四）主张理论与实践并重，博识而专长

陈望道谈记者素养，要求学生除了熟悉新闻业务之外，最好还掌握一门专长。陈望道任职期间的复旦大学新闻学系是四年学分制，1945 年秋季前规定 136 个学分即可毕业，之后因增加课程，改为 146 个学分。一、二年级按照学生兴趣分设文史哲组、财政金融组、政治外交组。学生除必修专业课程"新闻编辑""评论练习""时事研究""中文新闻写作""速记学"等外，还可根据分组要求选修其他课程。在 1935 年新闻事业机关与新闻教育机关之联系座谈会上，陈望道致辞："现在中国新闻教育机关急需解决的问题似乎有两个：一个是如何充实教学的设备与内容，使有志新闻事业的青年更能学以致用。二是如何与新闻事业机关取得更密切之联系，使学与用更不至于脱节。筹建新闻馆是想尝试解决第一个问题的一部分，以为解决第二个问题的基础。……我们切望能与新闻事业机关合作，能够以形影似的亲密关系开辟自己的前途，谋求人群的幸福。"①

在师资力量上，陈望道组织聘任新闻业界人员兼任教师，早在 1924 年 9 月文艺讲座中便开设"新闻纸学讲座"，邀请千叶龟雄、佐佐木茂索担任讲师②。在复旦大学任教期间，陈望道长期聘任知名记者，比如陆诒、萧乾、原《申报》主笔赵君豪、《大公报》总主笔王芸生等兼任课教师。同时，陈望道十分看重新闻学系学生的专业实践，加强实习，恢复"复新通讯社"并亲自任社长。通讯社下设编辑、采访、总务等部门，由新闻学系学生轮流参加实习。

五、陈望道新闻思想的当代价值

（一）将马克思主义作为新闻思想的根基

以何种价值观指导新闻事业是新闻学教育研究的核心命题。习近平总书记多次提出"要牢牢坚持马克思主义新闻观"的要求，强调"新闻观是新闻舆论工作的灵魂。新闻研究者、从业人员和新闻院校的师生都要从思想上解决好'为了谁、依靠谁、我是谁'的问题。陈望道作为中国最早传播马克思主义的先行者之一，在治学研究中始终坚持马克思主义思想，其学术导向奠定了后来新闻教育发展的价值基础。当代新闻教育事业应当秉承陈望道的新闻教育思想，加强党的

---

① 陈光磊、陈振新：《追望大道：陈望道画传》，复旦大学出版社 2020 年版，第 156 页。
② 陈望道（署名平沙）：《觉悟》（《民国日报》副刊）1924 年第 9 期。

最新理论成果教育,将马克思主义理论教育贯穿于新闻实践当中,教育学生扎根社会实际,倾听群众声音,自觉以马克思主义基本立场指导新闻活动。同时,强化理论引领,培养学生树立历史唯物主义和辩证唯物主义的观点,从而在新闻舆论工作中坚持马克思主义新闻观。

(二) 运用马克思主义科学研究方法

梳理陈望道新闻思想的构成不难发现,其思想脉络清晰,贯彻实践始终。第一,陈望道新闻思想的出发点来源于学习和实践,在学习中掌握外语等研究工具和科学的研究方法,学习初衷源自社会历史所提供的现实问题。他终其一生选择、坚持的马克思主义是具有坚实的理论基础和解释力的,是可以被实践反复验证的。第二,从日本归国后的陈望道开展了大量的新闻宣传活动和新闻教育实践,作为写作者、编辑、教员、学校管理者,参与了既包含新闻业务又涵盖新闻教育的双重新闻实践,发表、译介了多部国内外学术专著和论文,其新闻思想的实施极具说服力和代表性。可以说,陈望道新闻思想的实践过程也是中国主流新闻思潮形成的过程。第三,关于新闻本体的研究,陈望道在价值导向、编辑思路、文法文风、宣传路径等各个环节都有较为清晰的学术论述。虽然关于写作等内容本体论部分多归类于修辞学和语文写作,但透过现象看本质,从中可以探究其对新闻写作的认知和要求。

理论阐析篇

新民主主义革命时期马克思主义新闻观中国化的理论创新

张品良　唐　雷*

【摘要】 马克思主义新闻观是马克思主义的重要组成部分。马克思主义传播到中国后,就开启了马克思主义新闻观中国化的历程。中国共产党成立后,将马克思主义新闻观与中国国情相结合,催生了马克思主义新闻观中国化的萌生;苏区时期进行了马克思主义新闻观中国化理论的初始探索;延安时期,党在提出马克思主义中国化的基础上,促使马克思主义新闻观中国化理论创新走向成熟。

【关键词】 新民主主义革命时期;马克思主义新闻观中国化;理论创新

一、引　言

中国共产党历史进程中的重要节点,往往是马克思主义中国化理论创新的历史机遇,马克思主义新闻观中国化正是在对这些机遇的把握中实现了伟大飞跃。新民主主义革命时期是中国共产党推进马克思主义新闻观中国化极为重要的历史时期,形成了一整套马克思主义新闻观中国化的理论体系,成为马克思主义新闻理论的重要组成部分,为中国共产党新闻思想的形成奠定了坚实的基础。

关于新民主主义革命时期马克思主义新闻观中国化的研究,学界的研究成果主要集中在以下维度。一是对马克思主义新闻观中国化演进脉络的梳理。邓绍根和丁丽琼梳理了马克思主义新闻观的百年演进历程,认为马克思主义新闻观在新民主主义革命时期的探索中逐步成形[①]。周宇豪分析了马克思主义中国化传播话语体系百年变迁的逻辑纹理[②]。季为民等从学术图谱、演进轨迹、历史

---

* 张品良,江西财经大学二级教授,博士生导师。唐雷,中共江西省委党校党史党建教研部副教授。
① 邓绍根、丁丽琼:《中国共产党百年进程中马克思主义新闻观的创新发展》,《新闻大学》2021年第6期。
② 周宇豪:《马克思主义中国化传播话语体系百年变迁逻辑纹理》,《青年记者》2021年第12期。

逻辑和实践逻辑等角度，综述了中国共产党新闻理论的百年发展历程，认为新民主主义革命时期关于新闻政策和通讯事业建设的探索成为推进中国共产党领导下的新闻宣传体制建构发展的重要基础[1]。二是对马克思主义新闻观中国化历史经验的总结。郑保卫和王青着重研究了《新青年》创办与改组和延安《解放日报》改版，总结了革命时期马克思主义新闻事业改革及其历史经验[2]。谢昕忻从百年马克思主义新闻观中国化理论话语的建构逻辑总结其历史经验，认为革命时期马克思主义新闻观中国化理论话语与其他时期一致，具有始终彰显时代主题、紧密结合实践需要的重要历史经验[3]。三是对马克思主义新闻观中国化理论贡献的提炼。郑保卫以党的主要代表人物为主要角度来概括革命时期马克思主义新闻观的特征，认为毛泽东在革命时期对党报的性质、任务、功能的论述，以及提出"政治家办报"等，为马克思主义新闻观中国化做出了开创性贡献[4]。黄瑚和徐蓓蓓主要从中国共产党党报的角度总结革命时期马克思主义新闻观中国化的历史贡献，认为集中在农村办报和全党办报两个方面[5]。

综上所述，现有研究成果围绕马克思主义新闻观的基本内涵、演进逻辑、代表人物、发展经验、历史贡献等展开论述，为进一步研究提供了重要参考。同时，既有研究也有一些不足和可以完善的地方。首先，对于马克思主义新闻观中国化的演进，学者们普遍偏向于恪守脉络的连续性，努力在研究中通过史料建构起马克思主义新闻观在中国演进承前启后、不曾中断的接续特征，使得研究成果在保证纵向畅通中对一些重大理论成果的阐释用力不足。其次，学者们多从百年党史的维度梳理马克思主义新闻观中国化，或将马克思主义新闻观中国化置于百年党史中去考量。这种大历史观的研究视角非常有利于从"望远镜"的宏阔视角把握马克思主义新闻观的主题、主线，从主流本质的角度理解其重要地位和历史贡献，但从马克思主义新闻观的交叉学科属性来看，在新闻传播具体问题的审视上缺乏清晰感、立体感和透彻感。因此，本研究结合马克思主义学科和新闻传播学科的研究范式，结合百年党史的"望远镜"研究视角和具体历史刻度的"显微

---

[1] 季为民、叶俊、刘博睿、李斌：《中国共产党新闻理论的百年发展脉络与演进逻辑》，《新闻与传播评论》2021年第4期。

[2] 郑保卫、王青：《中国共产党百年新闻事业重大改革及其历史经验》，《当代传播》2021年第4期。

[3] 谢昕忻：《百年马克思主义新闻观中国化理论话语的建构逻辑与历史经验》，《福州大学学报（哲学社会科学版）》2019年第4期。

[4] 郑保卫：《马克思主义新闻观中国化的历史进程及其理论贡献》，《新闻与传播研究》2018年第2期。

[5] 黄瑚、徐蓓蓓：《革命战争时期中国共产党对马克思主义新闻观的创新性贡献》，《新闻与写作》2018年第10期。

镜"研究视角,将新民主主义革命时期划分为建党前后、苏区时期、延安时期,分别研究马克思主义新闻观在不同阶段的具体演进形态和在不同时空范围中的历史地位,力求建构起多元立体把握马克思主义新闻观中国化演进历程与理论跃升的科学认知。

二、马克思主义新闻观的形成、发展及其中国化

在马克思主义新闻观中,"观"就是"观点""观念"之意,是对某一特定事物的看法、解释和总结。马克思主义新闻观,是指无产阶级革命导师马克思、恩格斯、列宁等在其经典新闻著作中所展示的马克思主义新闻理论,是他们对于新闻现象、新闻活动、新闻规律的根本看法和总结。马克思主义新闻理论传播到中国后,作为一种科学新闻观指导中国无产阶级新闻事业的发展并取得了巨大成就。

马克思主义新闻观的形成同马克思和恩格斯所处时代的经济、政治、文化背景分不开,有其独特的社会语境和理论渊源。19世纪中叶的德国处于资产阶级革命前夜,马克思恩格斯从事新闻工作、萌生革命新闻思想时,正处于德国社会转型时期,传统的封建经济开始解体,资本主义生产力逐步兴起,为马克思主义新闻观的萌生提供了极为有利的社会条件。当时德国普鲁士腐朽政府专制统治加剧,颁布书报检查令,以限制人民的言论出版自由。这就促使马克思开始从事反对封建专制的新闻活动,为争取新闻自由的民主权利进行斗争。1842年,马克思在新闻活动中实现了两大飞跃:一是主编了《莱茵报》,标志着他新闻实践活动的开始;二是写了《评普鲁士最近的书报检查令》专论,阐述了许多新闻思想,标志着他新闻理论研究的启航。马克思恩格斯的新闻活动,始终伴随着无产阶级革命运动,伴随着有声有色的新闻报刊实践。马克思恩格斯的新闻思想经历了从民主报刊思想到工人报刊思想再到党的报刊思想的演进过程。在他们的新闻理论与实践探索中,无产阶级新闻理论体系逐渐形成,成熟的马克思主义新闻观开始确立,集中反映在:一是提出党报是旗帜,是党的思想武器,是党的政治、思想和舆论的重要阵地,党媒的职责与使命就是旗帜鲜明地宣传党的政治主张;二是要求党报必须遵守、宣传党的纲领与策略,按照"党的精神"进行新闻活动,党媒必须在党的领导、组织和监督下开展新闻工作;三是提出必须高度重视"人民报刊"的创办,新闻是人民思想情感的表达者,党报必须代表和维护人民大众的利益,为无产阶级发声,成为人民监督领袖的渠道;四是要求重视新闻舆论

引导功能的发挥,即报纸最大的好处就是它每日都能干预运动,能够成为运动的喉舌。

列宁是马克思主义新闻观忠实的继承者和发展者,他在传承马克思主义新闻观的基础上,结合俄国国情、苏维埃革命运动和社会主义国家建设的经验来创办党报党刊,迈出了马克思主义新闻观苏俄化的一步,将无产阶级新闻事业推向新阶段。同马克思恩格斯一样,列宁的新闻实践活动也极为丰富,他一生中的主要职业就是办报,先后创办、主编、参编过30多种报刊。列宁非常熟练地掌握了新闻宣传的规律,形成了一整套马克思主义新闻观苏俄化的新闻学说,尤其是把马克思主义同世界上第一个社会主义国家的新闻实践相结合,形成了最初的社会主义新闻理论体系,为世界社会主义国家的新闻实践提供了重要指导。列宁的新闻观主要有四个方面。一是提出通过办报加强党组织建设,即报纸不仅是集体的宣传员和集体的鼓动员,而且是集体的组织者。列宁实现了"通过办报建党"的政治愿望。二是明确了无产阶级新闻工作的党性原则。1905年,列宁在《党的组织和党的文学》一文中指出,在阶级社会中,新闻事业是无产阶级事业的重要组成部分,党报应该是各个党组织的机关报,新闻工作必须讲党性。三是阐述了新闻出版自由及其实质问题。列宁在马克思主义新闻自由观的基础上进行了更深入的探索,认为新闻自由是人类社会进步、文明发展的成果。他还认为,在阶级社会中,没有超阶级的所谓新闻自由。四是在一国先取得社会主义胜利的情况下,积极探索社会主义新闻事业的发展规律,开创了马克思主义新闻观苏俄化的社会主义新闻实践模式。

马克思主义新闻理论传播到中国后,就有了马克思主义新闻观中国化的探索问题。中国化是指以中国的国情为研究对象,在学习中外历史遗产、继承传统优秀文化、总结中国成功经验的基础上,运用科学方法进行理论和实践创新,进而得出能指导与解决中国实际问题的理论。马克思主义新闻观中国化是指中国共产党人把马克思主义新闻理论同中国的新闻实际、中华优秀传统文化相结合,把党的新闻实践经验和历史经验上升为马克思主义新闻理论的创新过程,从而形成马克思主义新闻观中国化的理论体系。马克思主义新闻观中国化有两个维度:一是指把马克思主义新闻理论同中国的新闻实际结合起来,用马克思主义新闻理论认识、指导和解决中国革命、建设和改革各个历史时期的新闻实践问题;二是指中国共产党人将中国革命、建设和改革中丰富的新闻实践经验上升为新的新闻理论形态,不断赋予马克思主义新闻观以鲜明的中国风格和中国气派,使其焕发出新的生命力,形成马克思主义新闻观中国化的理论创新创造成果,以丰富和发展马克思主义新闻理论,成为马克思主义新闻理论宝库中新的思想之源。

三、建党前后:马克思主义新闻观中国化的孕育与萌生

马克思主义在中国早期传播过程中,一些进步的理论家和报刊编辑者(如梁启超、马君武、朱执信、孙中山等)起了重要的推动作用,他们相继在自己或海外华人创办的报刊上译介马克思主义著作片段,成为将马克思主义引进中国的一批先行者。1902年10月,资产阶级改良派代表梁启超在他主编的《新民丛报》上,用了大量篇幅介绍马克思主义著作章节。资产阶级革命派代表朱执信,在同盟会机关报《民报》上相继发表系列文章,介绍了《共产党宣言》《资本论》等著作的部分内容。1911年,民主主义革命先驱孙中山领导发动了辛亥革命,中国资产阶级登上了历史舞台。孙中山非常推崇马克思主义,多次在讲话中高度评价马克思主义学说。五四运动爆发后,中国先进知识分子开始编译出版马克思主义著作。天津进步团体觉悟社创办的《觉悟》刊物上,就登载了《家庭、私有制和国家的起源》《费尔巴哈论》等译文。1918—1919年,《新青年》出版了宣传马克思列宁主义的专号(第6卷),传播马克思主义。1920年11月7日《共产党》创刊,首次在中国大地上树起了"共产党"的大旗,相继刊发了陈独秀、李达、李汉俊、袁振英等翻译的马克思列宁主义文章。与此同时,介绍马克思列宁主义经典著作的图书多有出版发行,大大促进了马克思主义在中国的传播。例如,1920年8月,陈望道翻译的《共产党宣言》,以"社会主义研究社"的名义出版。这是中国出版的第一部中文全译版马克思主义著作,成为中国马克思主义传播史上的一座丰碑,被称为"红色中华第一书"。

建党前,中国马克思主义传播呈现出以下特点:一是马克思主义著作引进传播经历了晚清、北洋政府、国民政府统治几个时期,决定了马克思主义传播主体的多样性与复杂性;二是这一时期的传播者缺乏马克思主义原著的系统学习,更没有运用马克思主义解决中国实际问题的经验,他们译介马克思主义著作时,往往凭个人立场来选译内容,因而缺乏系统全面的理论体系的引进出版传播;三是马克思主义是无产阶级解放人类的思想武器,反动势力视其为洪水猛兽,必然会对传播者进行迫害摧残,对马克思主义著作进行围剿,以阻止其在中国的出版传播。

1921年7月中国共产党成立后,郑重地把马克思主义写在自己的旗帜上,标志着中国马克思主义传播进入一个全新的历史阶段,也说明中国共产党自觉运用马克思主义新闻观指导中国无产阶级新闻实践的开始。中国共产党非常重视马克思主义宣传。《中国共产党第一个决议》中指出:"每个地方组织均有权出版地方的通报、日报、周刊、传单和通告。不论中央或地方出版的一切出版物,其出版工作均应受党员的领导。"①这是中国共产党成立后首次对新闻宣传工作做出的具体要求与规定。党的一大后,上海成立了中国共产党的第一个出版机构"人民出版社","人民"两字充分表达了中国共产党为人民谋幸福的初心使命。人民出版社成立后立即计划组织出版《马克思全书》(15种)和《列宁全书》(14种)。1922年7月党的二大召开,大会通过的《中国共产党第二次全国代表大会宣言》决定中国共产党加入共产国际。在共产国际派来的马林代表的指导下,中国共产党出版了机关报《向导》(1922年9月13日创刊,蔡和森任主编),作为武器宣传马克思主义和中国共产党的政治主张,促进中国民族革命运动的开展,产生了巨大的影响。1925年1月党的四大召开,突出强调了党的新闻宣传工作的重要性。2月,印发党的四大通过的《对于宣传工作之议决案》指出,"党的教育宣传还未切实,致使党的理论基础常常动摇不定","我们在群众中的政治宣传,常常不能深入"②,强调要在知识分子中加强马克思主义宣传,强化党媒《向导》《新青年》的传播力度。1926年12月6日,列宁的新闻代表著作《党的组织和党的文学》的部分译文在《中国青年》(第6卷第19期)上刊载,使马克思主义新闻理论得以在中国初步传播。

中国共产党成立后,马克思主义在中国的传播转为有组织、有计划、有目的进行的时期,涌现出陈独秀、李大钊、瞿秋白、恽代英、蔡和森、毛泽东、周恩来等党的优秀新闻宣传代表,他们是中国无产阶级的政治家、革命家和宣传家,同时是建党初期马克思主义传播的重要代表人物。这一时期,中国共产党在吸取多次失败教训的基础上,取得了认识上的新突破,开始把马克思主义同中国革命的新闻实际相结合,使马克思主义新闻观中国化初现雏形。1922年2月12日,中国共产党创始人之一李大钊,在北京大学新闻记者同志会上发表《给新闻界开一个新纪元》。他说:"我以为新闻事业,是一种活的社会事业","新闻是现在新的、活的、社会状况的写真。历史是过去、旧的、社会状况的写真。现在的新闻,就是

---

① 中共中央宣传部办公厅、中央档案馆编研部:《中国共产党宣传工作文献选编(1915—1937)》,学习出版社1996年版,第325页。

② 同上书,第619—620页。

将来的历史。"①李大钊在演讲中阐释的道理主要有三个方面。一是新闻的本质是社会生活的真实反映,脱离社会生活的新闻是不可能产生的。这个新闻观充分体现了马克思主义唯物主义的思想观点。二是提出新闻与历史的关系问题。他用唯物辩证法的观点进行分析,认为记者要用新闻来考察记录事实,力求了解社会真相,而对社会事实真相的记录,就会成为将来的历史,它们之间存在因果效应。三是新闻必须针对现实社会状况进行报道,理论知识是死的,但若能灵活地运用理论,做到理论联系实际,它就变成了鲜活有用的东西。马克思主义新闻理论必须与中国具体新闻实践相结合,才能发挥指导作用。李大钊的这些新闻思想,无疑是中国共产党人关于马克思主义新闻观中国化的前瞻性思考,对之后马克思主义新闻观中国化的探索具有重要的指导意义。1925年7月,恽代英在《怎样做一个宣传家》一文中强调了党的报刊宣传的重要作用。他说:"我们怎样改造世界呢?我们靠宣传工作,靠一张嘴、一支笔,宣传那些应当要求改造世界的人起来学我们一同改造世界;我们要宣传到使勇敢的人起来帮助我们宣传,我们要宣传到怯弱的人都了解而赞助我们的主张,我们要宣传到一切被压迫的人们都联合起来,多数向来为统治阶级作爪牙效劳奔走的人们都对于统治阶级倒戈相向,于是,统治阶级便土崩瓦解的倒下来了。"②恽代英充分肯定了新闻报刊在改造世界中的重要性,为办好革命报刊提供了思想指导。1925年第一次国共合作期间,毛泽东承担了中国国民党中央机关刊物《政治周报》的创编任务。他在发刊理由词中写道:"为什么出版《政治周报》?为了革命。为什么要革命?为了使中华民族得到解放,为了实现人民的统治,为了使人民得到经济的幸福。"③他连续用四个"请看事实"来阐述在革命斗争中反攻敌人的方法应该是在报纸上多用"事实"说话,而不是依靠缥缈无力的议论和辩论④。

综上,建党初期,马克思主义新闻理论传入中国时间不长,中国无产阶级新闻事业刚刚萌芽。由中国共产党先进分子组成的早期新闻宣传群体,开始在中国革命的新闻实践中把马克思主义新闻理论同中国革命新闻实际相结合,逐渐萌生了马克思主义新闻观中国化的初始意识。这一时期,中国革命得到列宁及

---

① 北京广播学院新闻系:《中国报刊广播文集(四)》,内部编印,1980年版,第8—10页。
② 林之达:《中国共产党宣传史》,四川人民出版社1990年版,第206—207页。
③ 《毛泽东新闻工作文选》,新华出版社1983年版,第3页。
④ 谢昕忻:《百年马克思主义新闻观中国化理论话语的建构逻辑与历史经验》,《福州大学学报(哲学社会科学版)》2019年第4期。

共产国际的指导,对于中国共产党成立及探寻革命道路起到了重要的推动作用。但我们也必须看到,中国共产党早期在还没有完全掌握马克思主义理论和缺少革命经验的情况下,主要还是通过复制苏俄新闻宣传模式和列宁新闻理论来推进中国革命新闻宣传工作。例如,党的一大通过的《中国共产党第一个决议》中提出一切出版物"均应受中央执行委员会或临时中央执行委员会的监督"[①],就同列宁写的《加入共产国际的条件》(1920)中提到的"一切定期和不定期的报刊""应该完全服从党中央委员会"[②]的内容相同,这就决定了难以深入推进马克思主义新闻观中国化的实现。

四、苏区时期:马克思主义新闻观中国化的初探与淬炼

大革命失败后,中国共产党领导发动了南昌起义、广州起义等一系列城市武装起义,但都以失败告终。以毛泽东为代表的中国共产党人经过深刻反思,逐渐认识到必须把马克思主义同中国革命的具体实际相结合的重要性和必要性。1927年10月,毛泽东率部进入井冈山创建第一个农村革命根据地,开启了中国革命道路的新航程,迈出了马克思主义中国化的新步伐。在对中国革命新道路的探索中,毛泽东逐渐得出一个结论:在中国革命从城市转向农村时,如果看不到农民作为革命同盟者积极的一面,不去用马克思主义将他们的头脑武装起来,就无法团结和凝聚这股革命的强大力量。为此,毛泽东从深入农村调查和分析农民问题开始,到经过武装斗争问题的总结,再到对土地问题的思考,逻辑地推引出中国革命必须坚持走农村路线,动员农民进行土地革命,开展武装斗争,建立革命政权,不断发展农村革命根据地,进而波浪式地向前推进,以星火燎原之势,逐步扩大红色区域范围,最后实现以农村包围城市,夺取全国革命的胜利。中国革命开始了伟大转折,革命的重点从"城市中心论"转入农村。

众所周知,马克思主义是工人阶级的世界观和方法论,马克思主义的传播对象主要是工人和城市知识分子,《共产党宣言》明确发出"全世界无产者,联合起来"的号召。1919年的《共产国际对全世界无产者的宣言》也明确号召:"共产主义的旗帜已经引导无产阶级取得头几次伟大胜利,我们号召全世界各国男女工

---

① 中共中央文献研究室、中央档案馆:《建党以来重要文献选编(1921—1949)》(第1册),中央文献出版社2011年版,第4页。
② 《列宁选集》第四卷,人民出版社1972年版,第311页。

人在共产主义旗帜下联合起来。"①毛泽东走了一条马克思主义中国化的道路,成为在中国农民中积极推进马克思主义的创造者。从马克思主义新闻观中国化的视角来看,这是伟大的探索与创新。马克思主义传播的农民转向,真正在革命实践中开启了马克思主义新闻观中国化的航程。为了动员农民,扩大中国共产党的政治影响力,中国共产党和红军创造了众多有针对性、创造性、鼓动性和策略性的新闻宣传手段和路径,极大地推动了苏区党的新闻宣传工作的开展,取得了显著成效,在中国新闻传播史上写下了浓墨重彩的一笔。

作为科学世界观和方法论的马克思主义理论,来自社会实践,是社会存在的反映与总结。因此,马克思主义要随着实践的变化而发展创新,并在实践的淬炼中证明探索的真理性,这是马克思主义的本质要求。苏区时期,以毛泽东为代表的中国共产党人,将马克思主义同中国革命的新闻实践相结合,促成马克思主义新闻观中国化理论升华与实践尝试。毛泽东在这一时期写下了多篇马克思主义新闻观中国化的经典著作。例如,《红军宣传工作问题》(1929)提出要反对主观主义,要求实事求是地运用马克思主义。这是中国共产党第一次将主观主义作为一种错误思想来纠正,成为中国化的先导。毛泽东提出,红军的宣传工作是红军的第一个重大工作,"宣传要切合群众的斗争情绪","到一个地方,要有适合那个地方的宣传口号和鼓动口号"②。这里强调在地化、本土化的宣传策略,就是提倡中国化的传播。他还提出了"党指挥枪""思想建党"重要观点,突出了军事宣传的党性原则。《普遍地举办〈时事简报〉》(1931)提出要结合中国革命的实际来进行新闻宣传,突出了本土化的新闻实践,即面对中国农民受众的特点,"(新闻)字数每条不得超过四十字,每期不得超过四百字"③,"不会写本地的土话,也要用十分浅白的普通话"④,目的是要让农民"一看就明白"。这倡导的就是"新闻中国化"。针对此,毛泽东创造了游击式新闻宣传方式,要求红军"左手拿传单、右手拿枪弹","红军的打仗,不是单纯地为了打仗而打仗,而是为了宣传群众、组织群众、武装群众"⑤。"我们的战术就是游击的战术。大要说来是:'分兵以发动群众,集中以应付敌人'",要用"'很短的时间,很好的方法,发动很大的群

---

① 戴隆斌:《国际共产主义运动历史文献(第29卷)(共产国际第一次代表大会文献)》,中央编译出版社2012年版,第28页。
② 《毛泽东新闻工作文选》,新华出版社1983年版,第18—19页。
③ 同上书,第31页。
④ 同上书,第29页。
⑤ 《毛泽东选集》第一卷,人民出版社1991年版,第86页。

众.'这种战术正如打网,要随时打开,又要随时收拢。打开以争取群众,收拢以应付敌人"①。《调查工作》(1930)提出"没有调查,没有发言权"②,"中国革命斗争的胜利要靠中国同志了解中国情况"③。这是一种不唯书、不唯上、只唯实的精神,要求深入实际、深入群众了解真实情况,提出要"反对本本主义"。毛泽东说:"马克思主义的'本本'是要学习的,但是必须同我国的实际情况相结合。我们需要'本本',但是一定要纠正脱离实际情况的本本主义。"④毛泽东在《〈兴国调查〉前言》中写道:"实际政策的决定,一定要根据具体情况,坐在房子里面想象的东西,和看到的粗枝大叶的书面报告上写着的东西,决不是具体的情况。倘若根据'想当然'或不合实际的报告来决定政策,那是危险的。"⑤上述都是新闻宣传中国化的典型表述,就是要追求实事求是、求真务实。这是新闻活动的基本规律,即要求新闻工作者一切从实际出发,从事实出发,做到主观认识与客观实际的一致性。毛泽东上述几篇文章是马克思主义新闻观中国化历程中最具代表性的开拓性著作,具有里程碑的意义,其中"中国化"的新闻思想经受了实践的淬炼,在中国共产党新闻思想发展中具有重要的牵引价值。

综上,苏区时期是马克思主义新闻观中国化的起始语境,真正开启了马克思主义新闻理论同中国革命新闻实践相结合的航程。

五、延安时期:马克思主义新闻观中国化的成熟与飞跃

延安时期,相对稳定的敌后环境为中国共产党新闻事业的发展繁荣提供了良好的时空域。中国无产阶级新闻事业进入一个快速发展的新阶段,马克思主义新闻观中国化逐步成熟,完成理论上的伟大跃升。

从理论创新看,马克思主义新闻观中国化的实现,最重要的衡量标准是在理论上取得重大突破,形成特色鲜明的马克思主义新闻观中国化的系列理论创新成果。延安时期,新闻理论和新闻实践创新都有重大突破,集中体现在毛泽东写的《〈共产党人〉发刊词》《〈中国工人〉发刊词》《反对党八股》《在〈解放日报〉改版

---

① 《毛泽东选集》第一卷,人民出版社1991年版,第104页。
② 同上书,第109页。
③ 同上书,第115页。
④ 同上书,第111—112页。
⑤ 中共中央文献研究室:《毛泽东文集》第一卷,人民出版社1993年版,第254页。

座谈会上的讲话》《增强报刊宣传的党性》《在延安文艺座谈会上的讲话》《对晋绥日报编辑人员的谈话》等文章中。1941年延安中央研究院设立了新闻研究室，开始系统研究中国共产党的新闻宣传理论，取得了丰硕的研究成果。1942年《解放日报》改版，报上辟出《新闻通讯》专栏，党中央领导群体和宣传骨干在专栏发表了30余篇新闻理论探讨文章，系统阐述了马克思主义新闻观中国化的问题。其中的代表篇章有博古的《党报记者要注意些什么》、陆定一的《我们对于新闻学的基本观点》、胡乔木的《人人要学会写新闻》、陶铸的《关于部队的报纸工作》等，极大地丰富和发展了马克思主义新闻观中国化的内容。党的新闻工作者在坚持马克思主义新闻理论的基础上，全面论述了中国新闻事业的中国化、大众化和民族化的问题，以及"全党办报""群众办报"、新闻的本源与真实性、党报的喉舌功能等一系列新闻中国化的理论与实践问题，揭示了党的新闻工作独特的规律性，为推进马克思主义新闻观中国化打下了坚实的理论基础。

延安时期马克思主义新闻观中国化的理论创新成果，主要集中于毛泽东的经典著作当中。1938年10月，党的六届六中全会召开，实现了党的工作重心的战略转移，以毛泽东为代表的中国共产党人提出了"马克思主义中国化"的命题。这使毛泽东在苏区时期提出的马克思主义必须中国化的思想实现了从观念到概念再到理论的跃升转变，从而催生出一系列马克思主义新闻观中国化的创新成果。毛泽东说："马克思列宁主义的伟大力量，就在于它是和各个国家具体的革命实践相联系的。对于中国共产党说来，就是要学会把马克思列宁主义的理论应用于中国的具体的环境。成为伟大中华民族的一部分而和这个民族血肉相连的共产党员，离开中国特点来谈马克思主义，只是抽象的空洞的马克思主义。因此，使马克思主义在中国具体化，使之在其每一表现中带着必须有的中国的特性，即是说，按照中国的特点去应用它，成为全党亟待了解并亟须解决的问题。"[①]1940年1月，毛泽东发表了《新民主主义论》，标志着马克思主义中国化的发展与成熟，极大地促进了马克思主义新闻观中国化的深入发展。文中提出的新民主主义革命文化理论，彰显了中国共产党人的文化自觉和文化自信，意味着从建党到延安时期马克思主义新闻观中国化理论开始走向系统化与科学化。1942年2月，毛泽东在延安干部大会上作了《反对党八股》的演说，在全党中引起巨大震动，这是一篇具有重要理论价值的马克思主义新闻观中国化的文献。毛泽东说："'离开中国特点来谈马克思主义，只是抽象的空洞的马克思主义。'这就是说，必须反对

---

① 《毛泽东选集》第二卷，人民出版社1991年版，第534页。

空谈马克思主义;在中国生活的共产党员,必须联系中国的革命实际来研究马克思主义。"①"共产党员如果真想做宣传,就要看对象,就要想一想自己的文章、演说、谈话、写字是给什么人看、给什么人听的,否则就等于下决心不要人看,不要人听……做宣传工作的人,对于自己的宣传对象没有调查,没有研究,没有分析,乱讲一顿,是万万不行的。"②马克思主义新闻宣传不看对象,其理论就不可能同中国革命具体新闻实际相结合,也就不可能实现马克思主义新闻观中国化。1948年4月2日,毛泽东东渡黄河、途经晋绥解放区会见《晋绥日报》工作人员时,发表了《对晋绥日报编辑人员的谈话》。这是新民主主义革命时期毛泽东唯一同党报编辑人员的集体谈话。在谈话中,毛泽东提出新闻为人民办报的观点,即"我们的报纸也要靠大家来办,靠全体人民群众来办,靠全党来办,而不能只靠少数人关起门来办"③。"马克思列宁主义的基本原则,就是要使群众认识自己的利益,并且团结起来,为自己的利益而奋斗。报纸的作用和力量,就在它能使党的纲领路线、方针政策,工作任务和工作方法,最迅速最广泛地同群众见面。"④"报纸工作人员为了教育群众,首先要向群众学习。"⑤《对晋绥日报编辑人员的谈话》是毛泽东新闻思想的集大成,是马克思主义新闻观中国化一次最集中最精彩的表述。

从实践创新看,马克思主义新闻观中国化在新闻宣传实践中逐渐走向成熟。在马克思主义新闻观中国化理论指导下,为了呼应"马克思主义中国化"的命题,1942年《解放日报》实行改版。1941年5月19日,毛泽东在延安高级干部会议上作的《改造我们的学习》报告中指出:"中国共产党的二十年,就是马克思列宁主义的普遍真理和中国革命的具体实践日益结合的二十年。"⑥他特别强调了在学习马克思主义时两种互相对立的态度。一种是主观主义的态度,"对周围环境不作系统的周密的研究,单凭主观热情去工作,对于中国今天的面目若明若暗"⑦。"只有打倒了主观主义,马克思列宁主义的真理才会抬头,党性才会巩固,革命才会胜利。"⑧另一种是马克思列宁主义的态度,即实事求是的态度。"'实事'就是

---

① 《毛泽东选集》第三卷,人民出版社1991年版,第844页。
② 同上书,第836—837页。
③ 《毛泽东新闻工作文选》,新华出版社1983年版,第150页。
④ 同上书,第149页。
⑤ 同上书,第151页。
⑥ 《毛泽东选集》第三卷,人民出版社1991年版,第795页。
⑦ 同上书,第799页。
⑧ 同上书,第800页。

客观存在着的一切事物,'是'就是客观事物的内部联系,即规律性,'求'就是我们去研究","这是一个共产党员起码应该具备的态度"①。从此,实事求是成为衡量是非的基本尺度,在中国共产党思想史上产生了深远影响。然而,当时负责党的新闻工作的干部一开始并没有认识到它的重大意义,党报竟然没有刊载或重点报道这篇报告。针对此类问题,1942年,毛泽东在中央党校开学典礼和延安干部大会上分别作了《整顿党的作风》和《反对党八股》报告,拉开了延安整风运动的序幕,目的就是要推进马克思主义中国化。

《解放日报》是在原《新中华报》和《今日新闻》合并的基础上创办的(创办于1941年5月16日),是中共中央机关报(博古为第一任社长)。由于当时中国共产党缺乏办大型党报的经验,加上受到党内"左"倾错误思想的影响,起初《解放日报》办得并不理想,不能很好地把马克思主义新闻理论同中国革命的具体实际结合起来,不能及时关注与反映党的方针政策和根据地群众斗争的实践。初办的《解放日报》走的是国际大报办报套路,报上少有反映陕甘宁边区的新闻,致使报纸脱离群众、脱离实际,未能尽到"真正战斗的党的机关报"的职责。因此,党中央决定对《解放日报》进行改版,毛泽东亲自领导了此项工作。在延安整风运动的基础上,1942年3月16日,中共中央宣传部下发《为改造党报的通知》,吹响了党报改革的号角。《为改造党报的通知》指出:"报纸的主要任务就是要宣传党的政策,贯彻党的政策,反映党的工作,反映群众生活,要这样做,才是名符其实的党报,如果报纸只是或者以极大篇幅为国内外通讯社登载消息,那末这样的报纸是党性不强,不过为别人的通讯社充当义务的宣传员而已,这样的报纸是不能完成党的任务的。"②1942年3月31日,毛泽东在《解放日报》改版座谈会上发表重要讲话,提出要在整顿三风的基础上,使"党报成为真正的党报"。1942年4月1日,《解放日报》发表了《致读者》改版社论,检讨了以往工作,总结了经验教训,并阐述党报工作必须做到"四性"(党性、群众性、组织性、战斗性),提出改版的目的就是要使报纸成为一张"真正战斗的党的机关报"。之后,毛泽东马克思主义中国化的经典文章均刊载在《解放日报》上。《解放日报》刊发的《本报创刊一千期》社论写道:"我们的重要经验,一言以蔽之,就是'全党办报'四个字。"③可见,《解放日报》改版实际上就是延安整风运动在党的新闻工作中的具体体现,

---

① 《毛泽东选集》第三卷,人民出版社1991年版,第801页。
② 中国社会科学院新闻研究所:《中国共产党新闻工作文件汇编(上卷)》,新华出版社1980年版,第126页。
③ 同上书,第66—67页。

是延安整风运动的一个组成部分，也是"马克思主义中国化"命题在党报实践中的贯彻落实。《解放日报》改版是中国共产党新闻宣传史上的一座里程碑，是马克思主义新闻观中国化走向成熟的重要标志。

六、结　语

新民主主义革命时期，马克思主义新闻观中国化遵循了一般事物的成长历程，经过了孕育、萌生、探索、形成、成熟发展的理论创新历程。具体来看，主要有三个阶段，即引进传播马克思主义新闻理论，到将马克思主义新闻理论与中国革命新闻实际结合来指导中国无产阶级的新闻实践，再到将中国共产党的新闻思想历史经验上升为马克思主义新闻理论、形成中国特色新闻理论。在这个过程中，以毛泽东为代表的中国共产党人在同党内错误路线的坚决斗争中，推动马克思主义新闻观中国化从萌芽发展到成熟成形。正是在马克思主义新闻观中国化理论的正确指导下，中国无产阶级新闻事业取得了巨大成就。新民主主义革命时期马克思主义新闻观中国化的理论创新成果，是中国乃至世界无产阶级新闻理论的重要宝藏，是中国共产党对马克思主义新闻理论的巨大贡献。从探索过程中可知，只有坚持把马克思主义新闻理论同中国新闻实际、同中华优秀传统文化相结合，不断发展和丰富马克思主义新闻理论，使马克思主义新闻观中国化向前发展，党的新闻事业才能不断获得新的发展。

新民主主义革命时期马克思主义新闻观中国化实践积累了丰富经验，对于新时代推进马克思主义新闻观中国化有着重要启示。一是马克思主义新闻观中国化必须坚持同中国国情相结合。马克思主义新闻理论只有在中国社会土壤中扎根，才能枝繁叶茂、开花结果，才会显示出强大的理论生命力。二是马克思主义新闻观中国化必须践行以人民为中心的价值取向。人民群众是历史的创造者，马克思主义新闻观中国化最大的智慧蕴藏在广大人民群众当中，只有不断地从人民群众的社会实践中吸取营养，马克思主义新闻理论才能不断得到发展与丰富。三是马克思主义新闻观中国化必须同具体受众相对接，做到为群众所喜闻乐见。马克思主义真理是平凡朴素的，马克思主义新闻观中国化必然要做到将抽象深奥的理论具体化。推进新时代马克思主义新闻观中国化应将抽象话语转化成通俗话语，使高深的马克思主义理论"飞入寻常百姓家"。

基于知识考古学的新民主主义革命时期新闻党性话语考察

宋　佳[*]

【摘要】 本研究采用新闻党性话语主要指称一种近代以来相较于具体新闻报道的广义上的新闻党性的话语整体，即党的新闻机构、新闻活动、新闻工作者及其目标原则、行为方式等一整套新闻关于党性的话语陈述与话语实践。新民主主义革命时期，新闻党性话语主要体现在文本形塑（"作为党报第一生命的党性"）、实践形塑（"全党办报，群众办报"）、文风形塑（"反对党八股"）三个方面。本研究认为，新闻党性话语的本质是阶级性，是在与西方自由主义和国民党新闻话语的斗争中，在与彼时政治话语、党报理论话语、经济话语、文化话语等的互文中建构起来的。

【关键词】 知识考古；新闻党性；新闻话语

当今中国，无论是在党的思想、组织、作风、制度建设等党建工作中，还是在文艺、哲学社会科学、新闻舆论、宣传思想等意识形态工作中，"党性"一词频频出现，乃至构成了一个庞大的党性语料库，凝聚着中国思想政治领域所具有的纷繁复杂的内涵与外延。究竟何谓党性？这一看似简单的话语符号却因其本身的抽象化和运用场域的广泛性而难以得到具象、清晰的表达。

新民主主义革命时期是中国共产党建构党媒党性理念与话语的起点。追本溯源，回到中国共产党建构党性话语的原点，有助于为当代新闻舆论工作的党性观的合法性存在与科学性履践提供学理支撑和理论资源。本研究主要从一种话语是被建构起来的知识现象的角度出发，借用福柯的知识考古学方法，尽可能还原新民主主义革命时期党报党性的构建全貌，为新闻党性研究提供一个新的视角。

---

[*] 宋佳，复旦大学新闻学院博士研究生。

一、新闻党性话语

新闻党性话语指一种具有特定范畴的知识,一种被建构起来的话语体系,"党""性""新闻"的话语建构是构成这一知识的合法性基础,"党性"与"新闻的党性"是这一知识得以建构的核心元素。

在中国古代典籍里,"党"最早作中国农村的民户编织单位和基层治理单位,逐渐引申出"家乡"的含义;之后,在《论语》《史记》的发展下逐渐演变为带有贬义的"狭隘利益集团"的代名词,等同于"团伙""朋党"之类,并很快沦为正义的对立面;直到孙中山组建同盟会之后,真正有了"政党"之意。西方"party"的语义流变大抵也经历了与中国相似的"祛恶"过程。"性"之内涵在中国传统文化中经历了"性命""天地之性""人性"的流变。近代以降,随着西方文化与社会自然科学知识的传入和冲击,中国古代汉语中的"性"发生了现代化转向,其中增加的"质性"作为一种事物内部统一的抽象的质的本性,可以被人规定和学习的意义成为本研究"性"的核心意义。"新闻"则从"新"与"闻"的组合逐渐发展到近代以来对新闻的科学定义。本研究中的"新闻"主要取其广义上的内涵,即把新闻作为一个具有代表性的符号,代表在特定语境、特定时代下新闻事业、新闻工作、新闻制度、新闻媒介生态环境等的统称。由此,"新闻党性"的出现是中国"党"与西方"party"产生现代政党内涵、"性"具有"体悟之理"意蕴的结果,还是一种现代广义"新闻"概念产生的结果。这种"党""性"和"新闻"之意形成了近代以来"新闻党性"的合法性基础,与之互为话语,相互支援。

"党性"有哲学和政治两个方面的特殊内涵。列宁的一段话"马克思和恩格斯在哲学上自始至终都是有党性的,他们善于发现一切'最新'流派背弃唯物主义以及纵容唯心主义和信仰主义的倾向"①,将党性引入哲学领域,表明哲学上的党性与否实际上仅用于区分哲学两大基本派系之间的矛盾对立,是评价和区分哲学体系的根本标准。而政治上的党性,即政党的党性:一方面,强调与相对立的党派进行斗争,以维护该党的利益;另一方面,强调自己是某一阶级的代表,须以维护本阶级共同利益为最大使命,一言以蔽之,就是阶级性的集中表现,所代表的阶级不同,其坚持的党性自然各不相同。本研究讨论的新闻党性既包括哲学党性的内涵,也包括政治党性的内涵,并在坚持哲学党性的基础上重点关注

---

① 列宁:《唯物主义和经验批判主义》,人民出版社1960年版,第340页。

其表现在政治党性上的意义变化。

基于此,本研究讨论的新民主主义革命时期新闻党性话语指中国共产党的新闻机构、新闻活动、新闻工作者及其目标原则、行为方式等一整套新闻关于党性的话语陈述与话语实践。由于党性话语的建构过程始终与社会关系的转换和时间的体验紧密关联,因此,新闻党性不可能脱离这些外在力量而独立存在。相反,新闻党性就是在各种权力的博弈与调节中,在各种话语秩序的相互影响中,建构了自己的身份与地位。

二、新民主主义革命时期的新闻党性话语

新民主主义革命时期的新闻党性话语主要是在革命的逻辑下建构起来的,同时也是马克思主义新闻话语进入中国的第一次独立尝试。

(一) 作为党报第一生命的党性:基于文本话语的形塑

"党性是党报的第一生命"是 1948 年 11 月 23 日新华社中原总分社在《办好党的报纸和通讯社》中提出的,把党性放在决定党报生命的位置上进行强调,是对新民主主义革命时期党报党性话语不断深化的建构过程的科学总结。党的一大通过的《中国共产党第一个决议》中明确表示,"不论中央或地方出版的一切出版物……均应受党员的领导……均不得刊登违背党的原则、政策和决议的文章"[①],从宣传内容和接受领导两个方面确定了党报与党之间的隶属关系,党报的党性就是无条件坚决与党保持一致。第一次国共合作期间,在中国共产党还没有自己的军事武装力量的情况下,报刊实际上就是与反革命斗争的武器,而党性决定了报刊到底是挫伤敌人的锐器还是隔靴搔痒的钝器。大革命失败后,当党的宣传工作被迫向地下转移后,一方面,进一步严格要求党报作为党的一个领导机关必须始终代表党的集体意见;另一方面,继续提高党报的地位,认为"左手拿传单、右手拿枪弹才可以打倒敌人"[②]。1931 年《关于党的建设问题决议案》更加明确地指出,党报不仅是领导全党进行斗争的最重要的武器,更是使广大群众能够团结于党的政治周围的最重要的武器[③]。1938 年张闻天在《关于抗日民族统一

---

① 中国社会科学院新闻研究所:《中国共产党新闻工作文件汇编(上卷)》,新华出版社1980年版,第1页。
② 窦其文:《毛泽东新闻思想研究》,中国新闻出版社1986年版,第61页。
③ 中共中央文献研究室、中央档案馆:《建党以来重要文献选编(1921—1949)(第 8 册)》,中央文献出版社 2011 年版,第 636 页。

战线与党的组织问题》中指出,党性不是驻留在口号上,而必须落实在实际行动中。不仅第一次将党性概念化,而且赋予党报党性话语以实践意义。抗日战争时期围绕党的抗日政策进行英勇斗争的《新华日报》、《群众》周刊、《晋察冀日报》、《新中华报》,以及冒镝当锋积极从事党的报刊活动的夏衍、范长江、恽逸群、张友渔、胡愈之等党员,无疑都是践行新闻党性、落实新闻党性的具体表现。

此后,随着陈云的《党的支部》、刘少奇的《论共产党员的修养》等文对中国共产党党性的认识进一步深化,党的新闻事业有了新的转向。1939年10月4日,毛泽东指出,我们需要一份与一般党报相区别的专门党报,以"帮助建设一个全国范围的、广大群众性的、思想上政治上组织上完全巩固的布尔什维克化的中国共产党"①。这份党报即是面向党内发行的《共产党人》,从而在党报与党的建设这一伟大工程之间建立了亲密的关系。此时的党报已经不是有无党性的问题,而是党性强不强、彻不彻底的问题。例如毛泽东多次在讲话中批评《解放日报》党性不强,促使《解放日报》在1942年改版。可以说,党性成为党报的第一生命是党的各项文件与政策启动后的必然结果。

(二) 全党办报,群众办报:基于办报实践的形塑

"话语既是一种表现形式,也是一个行为形式。"②"全党办报,群众办报"是中国共产党新闻党性话语建构的又一理论成果,也是中国共产党党报实践具体的行动经验。1940年一篇纪念《新中华报》新刊两周年的社论指出该报过去两年能成为民族解放事业中的一支强大武器,离不开全国读者的拥护和支持,进而列举了读者为该报提供意见和批评、提供真实的稿件、参与帮助报纸的发行工作、自发组织农村或工厂学校的读者会、参加由该报组织发动的一系列群众运动(如援助反汪罢工工友运动)等该报与群众始终保持密切互动的具体表现。随着1941年5月《解放日报》与新华社、延安新华广播电台形成报社、通讯社、广播三位一体的新闻传播与宣传格局,党的各级各类报刊均取得发展。20世纪40年代后,党的新闻报刊网络进一步扩大,形成了从中央到边区、分区再到县乡村,从政治建设到经济军事再到社会文化建设的横纵交叉、全面覆盖的传播体系。同时,为了进一步扩大通讯网络,丰富新闻素材的渠道,更多报刊开始组织建立自己庞大的通讯员网络和读报组。

---

① 《毛泽东选集》第二卷,人民出版社1991年版,第602页。
② [英]诺曼·费尔克拉夫:《话语与社会变迁》,殷晓蓉译,华夏出版社2003年版,第59页。

1948年，毛泽东在《对晋绥日报编辑人员的谈话》中首次把"全体群众"与"全党"放在一起，提出了"全党办报，群众办报"的基本要求。"全党办报，群众办报"的实践活动起码包含以下几层意思：一是从数量规模上要求全体党员和人民群众共同参与到报刊活动中；二是从办的方式上要求党报活动不仅是创办与写作的过程，还包括阅读、发行、宣传党报等各项工作；三是从组织关系上尽可能广泛吸纳党外人员和群众。

（三）反对党八股：作为话语的文风

如果说党的政策纲领是从宏观上对媒介整体党性进行规制，那么反对文风上脱离实际、脱离群众的党八股就是从微观上保证报刊上每字每句的内容都具有党性。"文风不是小事"，文风与学风相关联，同时也是党风的表现。从这个意义上来说，文风具有话语的属性。"党八股"一词最早出现在党的刊物上，源于1932年11月张闻天在中国共产党苏区中央局机关刊物《斗争》上发表的《论我们的宣传鼓动》，其中多次使用"党八股"以批评中央苏区宣传鼓动工作中存在的狭隘、抽象、死板的问题。1942年2月8日《反对党八股》的报告使毛泽东成为系统阐释"反对党八股"思想的第一人。在报告中，毛泽东论述了党八股的历史、阶级根源和八大罪状，对其进行彻底清算。党八股反映在新闻宣传领域，即成为"假、大、空"的代名词。在对报刊上虚假、吹嘘或浮夸调头的检视与革新中，党逐渐开始了生动活泼、新鲜具体、拥有鲜明中国特性与民族风格的文风建设。

三、新民主主义革命时期新闻党性的话语构成分析

福柯与所有结构主义者一样，都把语言放在视野的中心，但又不同于符号学家、语言学家把语言本身的形式结构作为思考的重心，而主要认为语言与社会因素之间的关联性才更为重要。笔者旨从关系整体的角度出发，把中国革命时期新闻党性作为一个陈述的整体，探讨其背后共同隶属的话语形式，以及其得以产生的话语秩序空间和历史前提。

（一）新闻党性：话语斗争的场域

虽然新民主主义革命时期新闻党性的话语表征较之马克思恩格斯和列宁的表述有了更丰富的内涵与中国特色，但在其意义与价值日渐丰富的背后，新闻党

性的话语形式并没有发生改变,仍然是"无产阶级的"、"马克思主义的"、"接受党的领导"。它的文化合理性建构主要通过二元对立的陈述框架实现。

一方面,中国共产党新闻党性与国民党新闻党性相对立。1932年,胡梦华在《人民评论》上发表的一篇文章明确提出国民党的"特殊党性",并在随后的一篇文章中将其完善,认为其特殊性主要体现在党的"服役性""革命性""全民性"和"平等自由性"①四个方面。在新闻业方面,1928年2月国民党机关报《中央日报》在上海创刊,表示"一切言论,自以本党之主义政策为依据"②。同年6月,国民党党中央颁布《设置党报条例》《指导党报条例》和《补助党报条例》三个条例,对党报设置、领导体制、宣传内容和组织纪律作出详细的规定,提出党报必须"站在本党立场""完全服从所属各级党部之命令"等明确要求。从这些规定中不难看出,国民党对新闻的党性要求与中国共产党基本大同小异,但是国民党建构的党性观是超阶级的,其"党德/党化教育"实际上就是通过强制性手段给人们灌输封建道德观念和国民党党义,从而实现一党专制之根本鹄的,这就与中国共产党的党性大异其趣了。

另一方面,马克思主义新闻党性话语与新闻专业主义话语相对立。这主要体现在以下几个方面。

第一,坚持党对新闻媒体的领导和媒体的独立性与自主性。1942年《解放日报》发表的文章《党与党报》指出,如果报刊不受党的领导和意志影响,以独立的姿态从事办报活动,记者编辑完全有可以依据自身情感好恶、个人喜厌挑选、采编新闻的自由权利,那么这样的报刊一定"党性不强""闹独立性""出乱子"。这否定了报纸的独立性。

第二,党和人民的耳目喉舌。中国共产党的耳目喉舌论反对新闻媒体作为第四权力或一种独立机构能够独立行使政治监督权并绝对维护社会公平秩序。例如,《解放日报》曾批评西方新闻界的"无冕之王"毫无尊严可言:他"好像是自由的,其实,他的自由绝对不能超出他的雇佣者所容许的范围,是受到严格的限制的"③。之后,又将其称为一种主观主义、宗派主义和报阀的思想④。

第三,政治立场与专业技能的先后问题。一言以蔽之,是政治第一还是技术

---

① 胡梦华:《中国国民党的党性(上)、(下)》,《人民评论(北平1931)》1932年5月23日、1932年6月6日。
② 何应钦:《〈中央日报〉发刊词》,《中央日报》1928年2月1日。
③ 《给党报的记者和通讯员》,《解放日报》1942年11月17日。
④ 《政治与技术》,《解放日报》1943年6月10日。

第一。在西方自由主义观念的支配下,新闻记者的行业技能、知识水平是评判新闻媒体优劣的第一标准。《解放日报》曾发表文章批评这种"技术第一政治第二"的错误性,明确提出"党报和党报记者必须首先有一个正确的政治立场,并在这个前提条件下再去追求进步"。

(二)阶级性与新闻党性话语生产

第二次国内革命战争时期,中共中央机关报《红旗日报》在1930年8月刊发《我们的任务》一文,首次指出在当下阶级社会,"报纸是一种阶级斗争的工具",将"阶级"的概念引入公共话语视野。1933年,中共中央机关报《斗争》在《关于我们的报纸》一文中强调,"我们的报纸是革命的报纸,是工农民主专政的报纸,是阶级斗争的有力的武器"①。革命战争年代党的领导人,如瞿秋白、毛泽东、张闻天、周恩来等,往往身兼数职,既作为无产阶级革命领袖,又担任党报党刊的重要负责人与参与者。这些都体现出新闻党性与阶级性的密切关系。可以说,新闻媒体的阶级性不仅是中国革命时期中国共产党新闻党性观的核心,也是客观存在的事实,更是马克思主义新闻党性话语中一个非常重要的话语陈述。

然而,资产阶级和封建阶级的围堵攻击,以及革命年代在党内"左"倾冒险主义领导人的影响下阶级话语的扩大化,致使新闻党性话语面临信任危机。我们一旦放弃对"新闻具有阶级属性"的认知基础,从理论上就极易落入其他阶级的话语圈层里。有人认为西方"淡化党性"的提议是一种超前,是新闻事业经过专制主义、政党报刊阶段后的第三个阶段,而此时中国才刚刚处于第二阶段。这种观念实际上是主动放弃阶级立场转而掉入资本主义话语秩序里的典型表现。

(三)互文性:新闻党性话语的生产原则

新闻党性话语不仅是文本的生产,受到马克思主义新闻观话语的规约,而且会受到一定时空内话语实践与陈述规则的影响。它作为一个话语群,呈现出每代人不同的生产过程和主体特征。我们有必要从新闻党性话语的生成着手,探讨其漫长的生成过程。

英国语言学家费尔克拉夫认为,在话语的生产进程中存在互文性关系,即文本与其他文本之间存在或融合、吸收,或矛盾、对抗的关系。克里斯多娃对互文性有一段很精准的描述,指出互文性是将历史(社会)插入文本之中,将文本插入

---

① 《关于我们的报纸》,《斗争》1933年12月20日。

历史当中。福柯认为，一个时代的知识型就是由所有互文性的话语实践所共同构成的。

互文性理论无疑为话语构成分析提供了一个好的视角。新闻党性话语的生成是一个历史的、复杂的过程，各种因素（如政治的、经济的、文化的）都以文本或非文本的方式进入其中，与新闻党性话语汇合，这种汇合铸就了新闻党性越来越丰富的理论内核。

首先，政治话语对新闻党性话语生产的影响。政治话语主要指政治环境、任务、目标、文本及由此建构的意义。这些意义成为某种规则，以潜移默化的方式影响和框定新闻党性话语的建构与生产。

一方面，政治文化秩序作为一种政治话语规制新闻党性的构建与发展。"民族独立，人民解放"是中国革命时期的时代命题、政治课题与文化学母题，铺就了中国共产党带领国人进行新民主主义革命的底色。新闻党性理念和话语的形成、发展、成熟与演化过程就是在这一背景下展开的。新民主主义革命时期中国共产党最重要的政治任务是反帝反封建。这实际上是根据中国半殖民地半封建的社会性质对马克思资本主义批判话语的变体。基于消灭资产阶级的阶级斗争话语也因为中国革命对象的复杂性与广泛性而转化为二元对立的敌我话语，"敌人"被建构成除了资本家、贵族之外，还有地主、土豪等整个剥削阶级，"我们"则成为无关财产、工作、职务，只要"参加革命"的共同体。这两个概念非常频繁地出现在当时党的新闻工作指导文件中，恰恰说明新民主主义革命话语范式始终作为一种政治权力规训着新闻话语的建构。

另一方面，政治性文本主要以"文件""讲话""通告"等形式出现，其中，与新闻党性话语最为密切的政治性文本就是党章。以《中国共产党章程》为例，党章的制定与修正过程也是政治话语对新闻党性影响的过程。党的二大第一次明确提出彻底反帝反封建的民主革命纲领，党的五大第一次提出"民主集中制"，党的七大首次确定毛泽东思想为党的指导思想，这些修正与发展引起的党性变化，成为当时新闻话语形成的大背景，参与了新闻党性话语的生产。

其次，新闻话语体系对新闻党性话语生产的影响。新民主主义革命时期新闻党性不仅受到新闻理论话语的制约，还受到新民主主义革命时期整个报界的主导性话语模式的规制。中国共产党党报理论是新闻党性话语建构的价值遵循，而整个报界的话语主导模式潜在地规定了新闻党性话语的话语秩序，二者的入场共同构成了影响新闻党性话语生产的一股强大的力量场，在新闻党性话语的生成过程中起着重要的互构与互动作用。

从历时的角度,革命时期中国共产党的新闻党性话语滥觞于马克思列宁主义党报理论。马克思在稿件中描述东西方关系时使用过部分"西方中心论"的词汇,这是出于生存的需要,也说明在"以西方为中心"的价值观念和话语系统占据绝对统治地位的社会背景下,马克思有时也不得不将西方某些词汇纳入自己的话语系统之中,以建构并发展自身的理论。马克思恩格斯在论证《新莱茵报》的使命时指出它是"针对当权者孜孜不倦的揭露者""无处不在的眼睛",无疑也受到西方新闻理论话语的影响。从共时的角度,新民主主义革命时期,"政治功利主义"的话语模式成为整个新闻界的主流,它与晚清时期、辛亥革命时期、五四时期新闻的启蒙话语模式不同,不仅转换了精英立场,而且对话语客体的态度发生了从俯视到主动争取、迎合的改变。基于此,新闻党性话语与人民性、组织性、战斗性话语实现互文性建构。

最后,其他话语对新闻党性话语的影响。党的一大提出"消灭资本家私有制,没收机器、土地、厂房和半成品等生产资料,归社会共有",第一次以经济纲领的形式作为一个政党未来的战略方针和行动路线,具有划时代的意义。而从此刻开始,要求任何党的出版物不能刊载违背党的方针、政策和决定的文章,实际上要求党的出版物要以无产阶级推翻资产阶级、消灭生产资料私有制、由劳动阶级重建国家等为传播宣传命题,"无产阶级重建国家"话语成为革命时期新闻党性话语的顶层主题。此后,"自力更生""平均分配""减租减息""交租交息""集中经济力量供给战争"等经济话语都对中国共产党新闻宣传话语体系产生了显著影响。同时,革命文化,尤其是红色文化话语,也影响着新闻党性话语的生成,例如"井冈山精神""长征精神""延安精神"等均是中国共产党当时在思想精神上的旗帜和在新闻宣传上的价值取向。

四、余　　论

本研究采取福柯知识考古学的研究视角,从新闻党性成为中国人人熟知、人人应用的术语入手,回到新民主主义革命时期新闻党性话语的建构场景中,认为虽然新闻党性话语滥觞于马克思列宁主义,并被党性在哲学上的唯物主义和政治上的阶级性力量规约,但新民主主义革命时期的社会秩序和知识型赋予了无产阶级新闻党性话语以新表述与新内涵,创造出新的话语变体。中国革命时期新闻党性话语在"传统与现代""西方与本土"的冲突与交融的语境中呈现出互文化、现实化、抽象化、理论化的走向,同时通过与政治、媒介、文化、经济等话语的互文确定了自身的定位与边界。

从知识考古学的视角出发,我们不难看出新闻党性是一个抽象的、能指较强而所指较弱的概念,具有广阔的可阐释空间和包容性,在不同的政治经济文化框架中具有不同的所指。新民主主义革命时期的社会秩序决定了新闻党性话语突出的政治性。随着时代的发展,人民性、时代性、社会性、创新性、真理性等的加入,无疑使新闻党性在不断自省与净化的过程中从一个政治概念变成一个科学概念。因此,既不能用新闻党性话语构建之初其价值内涵理解当下的党性原则,也不能脱离革命背景批评新闻党性的政治化取向。但无论如何,弱化党性、去党性的主张都应该被严肃对待。正如列宁所言,"非党性无非是对饱食者政党、统治者政党、剥削者政党采取的态度的一种虚伪、隐蔽和消极的表现"[①]。

[①]《列宁全集》第12卷,人民出版社2017年版,第127—128页。

历程与体系：中国特色社会主义媒体社会责任简论*

包国强　黄　诚**

【摘要】　中国特色社会主义媒体社会责任体系是马克思主义新闻观中的重要内容。从毛泽东到习近平，中国共产党对媒体社会责任的认识不断深化，不断发展进步，最终形成体系，极大地丰富了马克思主义新闻观的理论与内涵。本研究提出新时代中国特色社会主义媒体社会责任体系包括价值体系（新闻价值体系、宣传价值体系、公益价值体系）、传播体系、监督体系三大体系，并解析了媒体社会责任的内容。在中国特色社会主义进入新时代的大背景下，媒体是社会现象反映的窗口，也是国家政策法规传达的传播载体，是社会舆论的引导者。一个负责任的媒体，在构建社会主义核心价值观、促进社会全面进步与发展方面有着重要作用。中国特色社会主义媒体社会责任体系的构建及其实践，对媒体更好地履行自身职能和加强国际传播能力建设、打破西方话语权垄断具有重要的理论和实践意义。

【关键词】　中国特色社会主义；媒体社会责任体系；体系构建；国际话语权

社会责任理论[①]风靡全球，无论是企业责任理论还是媒体责任理论，都对中国企业和媒体产生了巨大而深远的影响。媒体社会责任理论是现代资本主义世界最流行的新闻传播理论，强调新闻媒体既享有自由的权利，也负有对社会公众的责任与义务。该理论要求政府既要允许自由发言，还要促进自由空间。社会责任理论基于自由主义传播理论而存在，又超越了自由主义传播理论。

西方媒体责任论自传入中国后，多年来一直垄断该领域的话语权，似乎中国

---

* 本文系国家社会科学重大招标项目"'一带一路'背景下中资企业社会责任形象构建与推进机制研究"（编号：22&ZD319）、上海市哲学社会科学项目"基于高质量发展的上海文化产业数字化转型研究"（编号：2021BXW006）成果。

** 包国强，上海大学新闻传播学院教授，博士生导师。黄诚，复旦大学新闻学院博士后。

① 报刊社会责任的思想出现于20世纪20年代，企业社会责任起源于20世纪30年代，两种理论自成体系。

的媒体就只讲党性而不谈社会责任,似乎中国就没有自己的媒体社会责任理论。其实不然,媒体责任是一个世界性的话题,而非西方世界所独有。中国早已形成自己独特的科学的中国特色社会主义媒体社会责任体系。

媒体作为传播的载体,对社会发展起着重要的作用。媒体的影响深入社会生活的方方面面。履行社会责任是媒体的立身之本。随着互联网媒体的快速发展,媒体的责任问题更为突出[①]。中国共产党一直非常重视媒体社会责任,媒体社会责任体系的构建一直是党对新闻工作建设的一项重要内容。

一、中国特色社会主义媒体社会责任体系的形成

(一)毛泽东的媒体社会责任观

毛泽东新闻思想是中国共产党在长期新闻实践过程中形成的,是对马克思主义新闻观的继承和创新。毛泽东新闻思想强调,新闻工作要坚持党性原则,坚持实事求是,坚持群众路线,注重文风建设。其中,新闻工作的党性原则是最为重要的。毛泽东强调,"抓紧对通讯社及报纸的领导,务使通讯社及报纸的宣传完全符合于党的政策,务使我们的宣传增强党性"[②]。毛泽东主张"政治家办报",认为媒体要增强大局意识,为全党和全国工作大局服务,以确保党的报刊真正坚持党的纲领路线和方针政策,坚持社会主义道路,不偏离政治方向[③]。

媒体工作的性质决定了新闻始终要以广大人民群众为受众。毛泽东认为,"我们的报纸也要靠大家来办,靠全体人民群众来办,靠全党来办,而不能只靠少数人关起门来办"[④]。基于此,中国共产党提出并实行"全党办报,群众办报"的工作方针。所谓"没有调查就没有发言权"[⑤],毛泽东强调新闻工作必须注重深入的调查研究,贯彻"实事求是"[⑥]的思想理念。此外,毛泽东还重视文风建设,主张新闻作品要带有鲜明的中国作风和中国气派,为人民所喜闻乐见。他指出"学风和文风也都是党的作风,都是党风"[⑦],在延安整风运动中"反对党八股以整

[①] 黄诚、包国强:《习近平的媒体社会责任观及其意义》,《中国广播电视学刊》2017 年第 7 期。
[②] 中共中央文献研究室:《毛泽东文集》第二卷,人民出版社 1993 年版,第 454 页。
[③] 郑保卫:《马克思主义新闻观中国化的历史进程及其理论贡献》,《新闻与传播研究》2018 年第 2 期。
[④] 《毛泽东选集》第四卷,人民出版社 1991 年版,第 1319 页。
[⑤] 《毛泽东选集》第三卷,人民出版社 1991 年版,第 791 页。
[⑥] 同上书,第 801 页。
[⑦] 同上书,第 812 页。

顿文风"①就是其中的一项关键内容。

毛泽东新闻思想是马克思主义新闻观中国化的创新与实践,在理论上指导中国新闻工作有序开展,为中国特色社会主义媒体社会责任体系奠定了良好的基础。

(二) 邓小平的媒体社会责任观

在改革开放和社会主义现代化建设新时期,邓小平根据当时中国的社会环境需要,对新闻事业提出了许多指导性意见。邓小平新闻思想是对毛泽东新闻思想的创新发展。

邓小平认为,新闻工作的开展必须坚持党性原则不动摇。关于新时期的新闻工作,坚持党的领导,坚持四项基本原则,就是坚持党性原则的表现②。党刊一定要坚持党的领导,积极宣传四项基本原则,让人民更好地理解其中的内涵,积极宣传党的方针政策,增强思想上的凝聚力,维护政治稳定和社会安定。

邓小平强调,新闻宣传应把工作重点转移到社会主义经济建设上来。新闻工作要服务于"以经济建设为中心"这一发展中国特色社会主义的工作重点,为中国四个现代化建设服务。

邓小平也指出,思想政治工作者不能不考虑自己作品的社会影响,不能不考虑人民的利益和国家的利益。要反对"一切向钱看""把精神产品商品化的倾向"③。新闻工作归根结底是以社会效益为主导的,媒体在新闻工作中要注重社会效益,社会效益是第一位,要树立正确的义利观,坚持社会效益与经济效益相统一④。

(三) 江泽民的媒体社会责任观

在社会主义市场经济体制下,江泽民就新闻工作提出了一些新思想、新观点和新论断,促进了毛泽东和邓小平新闻思想的当代化、系统化,对新世纪中国新闻工作的有序开展与创新发展具有深刻的指导意义。

---

① 《毛泽东选集》第二卷,人民出版社1993年版,第392页。
② 尹韵公:《论邓小平新闻思想的历史方位》,《新闻与传播研究》2004年第3期。
③ 邓小平:《邓小平文选》第三卷,人民出版社1993年版,第43页。
④ 郑保卫:《马克思主义新闻观中国化的历史进程及其理论贡献》,《新闻与传播研究》2018年第2期。

在江泽民新闻思想中,最鲜明的就是"福祸论"的舆论导向观,"舆论导向正确,是党和人民之福;舆论导向错误,是党和人民之祸"①。江泽民高度重视党的新闻舆论工作,并将以"正确的舆论引导人"②列入新时期党的宣传思想工作的指导方针。1996年,他在视察人民日报社时指出,"历史经验反复证明,舆论导向正确与否,对于我们党的成长和壮大,对于人民政权的建立和巩固,对于人民的团结和国家的繁荣富强,具有重要作用"③。舆论导向正确和舆论监督是媒体的职责,媒体要把握好人民群众的关注点,以喜闻乐见的方式展现新闻内容,提高受众的接纳程度。

"喉舌论"是江泽民新闻思想中又一个重要理论④。1989年11月28日,江泽民在会见全国新闻工作研讨班的同志时指出,社会主义的新闻事业作为我们意识形态的重要组成部分,都要遵循为社会主义服务、为人民服务的基本方针⑤,"我们国家的报纸、广播、电视等是党、政府和人民的喉舌"⑥。新闻媒体必须坚持党性原则,坚定不移地宣传社会主义思想,在党和政府的工作中具有重要作用。媒体要为人民服务,在为社会主义发声的同时,要能为人民发声,要能传达出广大人民的意愿和要求。

至此,中国特色社会主义媒体社会责任体系初步形成。

(四)胡锦涛的媒体社会责任观

胡锦涛提出中国共产党在信息化时代开展新闻工作的新方法和新要点,推动了中国特色社会主义媒体社会责任体系的再发展。

胡锦涛认为新闻工作必须坚持党性原则,必须牢牢把握正确的舆论导向。2008年6月20日,胡锦涛在视察人民日报社时强调新闻舆论在意识形态领域中的突出位置,新闻宣传工作对党和国家发展的重要性。胡锦涛在舆论导向上继承和发展了江泽民的"福祸论"舆论导向观,他指出,"舆论引导正确,利党利国利民;舆论引导错误,误党误国误民。要牢固树立政治意识、大局意识、责任意识、

---

① 江泽民:《江泽民文选》第一卷,人民出版社2006年版,第564页。
②③ 同上书,第563—564页。
④ 李建军:《江泽民新闻思想初探》,《新疆师范大学学报(哲学社会科学版)》2003年第1期。
⑤ 中共中央文献研究室:《毛泽东 邓小平 江泽民论世界观人生观价值观》,人民出版社1997年版,第432页。
⑥ 中共中央宣传部新闻局:《中国共产党新闻工作文献选编(1938—1989)》,人民出版社1990年版,第184页。

阵地意识,把坚持正确导向放在新闻宣传工作的首位"①。

胡锦涛提出"坚持以人为本,树立全面、协调、可持续的发展观"②的科学发展观。以人为本是科学发展观的核心,这一重要理念始终贯穿在胡锦涛新闻思想中。胡锦涛强调,"必须坚持以人为本,增强新闻报道的亲和力、吸引力、感染力。坚持以人为本,是做好新闻宣传工作的根本要求"③。他认为,新闻工作的开展要遵循"三贴近"④,即"贴近实际、贴近生活、贴近群众"⑤的工作方针,并倡导新闻界积极开展"走基层、转作风、改文风"⑥的活动。

互联网快速发展,网络媒体的影响力不断扩大,互联网成为公众舆论的新的集散地,舆论引导工作需要运用新思维和新方法。胡锦涛认为,新闻宣传工作要紧跟时代的发展方向,契合信息时代新闻传播的新特点和新趋势。胡锦涛指出,"必须加强主流媒体建设和新兴媒体建设,形成舆论引导新格局"⑦。同时,新闻传播要"统筹国内国际两个方面"⑧,抓好营造良好国际舆论环境,塑造中国良好的国家形象,增强国际传播话语权和影响力⑨。

(五) 习近平的媒体社会责任观

"责任"是习近平治国理政的关键词。党的十八大以来,以习近平同志为核心的党中央领导集体,根据新时代的发展需要,在理论和实践上对党的新闻舆论工作提出了新的要求,并以更广阔的视野和更长远、更深邃、更坚定的目光来思考与把握中国新闻传播行业的发展方向。至此,中国特色社会主义媒体社会责任体系基本形成。

2016 年 2 月 19 日,习近平在党的新闻舆论工作座谈会上提出党的新闻舆论工作必须遵守的 48 字职责使命:"高举旗帜、引领导向,围绕中心、服务大局,团结人民、鼓舞士气,成风化人、凝心聚力,澄清谬误、明辨是非,联接中外、沟通世界"⑩。

---

① 胡锦涛:《在人民日报社考察工作时的讲话》,人民出版社 2008 年版,第 4 页。
② 胡锦涛:《胡锦涛文选》第二卷,人民出版社 2016 年版,第 143 页。
③ 胡锦涛:《在人民日报社考察工作时的讲话》,人民出版社 2008 年版,第 5 页。
④ 胡锦涛:《胡锦涛文选》第二卷,人民出版社 2016 年版,第 72 页。
⑤ 同上书,第 378 页。
⑥《总揽全局 科学发展——以胡锦涛同志为总书记的党中央 2011 年治国理政纪实》,人民出版社 2012 年版,第 39 页。
⑦ 胡锦涛:《在人民日报社考察工作时的讲话》,人民出版社 2008 年版,第 6 页。
⑧ 胡锦涛:《胡锦涛文选》第三卷,人民出版社 2016 年版,第 68 页。
⑨ 郑保卫:《论胡锦涛新闻思想的理论贡献》,《新闻界》2011 年第 3 期。
⑩ 习近平:《习近平谈治国理政》第二卷,外文出版社 2017 年版,第 332 页。

习近平的"职责使命论"深刻地阐释了党的新闻舆论工作的重要意义,体现了党中央对新闻舆论工作的基本定位和明确要求,同时也为新时代党的新闻舆论工作指明了方向①。

"从群众中来,到群众中去"的群众路线是中国共产党开展一切实际工作的基本方法。中国共产党新闻舆论工作的开展,必须始终坚持群众路线不动摇,必须深入贯彻"以人民为中心"的基本准则。习近平强调,"党的新闻舆论媒体的所有工作……都要坚持党性和人民性相统一"②。新闻媒体必须在党的领导下开展工作,新闻报道要坚定不移地落实党的方针政策,推动党和国家各项事业的有序开展。同时,要把满足人民的需求作为报道的出发点和落脚点。新闻报道要与社会热点相结合、与读者兴趣相结合,"把党的理论和路线方针政策变成人民群众的自觉行动,及时把人民群众创造的经验和面临的实际情况反映出来,丰富人民精神世界,增强人民精神力量"③。

习近平十分重视新闻工作者的队伍建设。媒体竞争的关键是人才的竞争。媒体要更专业地承担责任就需要有专业先进的从业人员。优秀专业的新闻人才是新闻工作高质量进行的重要保障。他指出,新闻工作者要与人民同呼吸,与时代共进步,"做党的政策主张的传播者、时代风云的记录者、社会进步的推动者、公平正义的守望者"④。习近平强调,新闻工作者要坚持"四向",即"坚持正确政治方向、舆论导向、新闻志向、工作取向,做党和人民信赖的新闻工作者"⑤。新闻工作者要有专业的职业素养和身为新闻人的道德素养,自觉遵守新闻工作的职业规范,承担起维护人民利益、正确引导舆论的社会责任。

总的来说,习近平全面、细致地总结了中国特色社会主义媒体社会责任体系的内容,特别是他在网络媒体社会责任上的相关论述,可谓详备而精深。媒体责任的价值体系、传播体系、监督体系使一套完备的媒体责任体系形成,成为指导新时代媒体实践与发展的根本思想和指南,将马克思主义新闻观的发展推向新时代的高峰⑥。

---

① 詹勇:《担当职责使命 书写时代华章——学习贯彻习近平总书记在党的新闻舆论工作座谈会上重要讲话精神》,《中国记者》2016 年第 3 期。
②③④ 习近平:《习近平谈治国理政》第二卷,外文出版社 2017 年版,第 332 页。
⑤ 《新闻记者培训教材 2013(修订)(下册)》,人民出版社 2019 年版,第 715 页。
⑥ 黄诚、包国强:《习近平的媒体社会责任观及其意义》,《中国广播电视学刊》2017 年第 7 期。

二、构建新时代中国特色社会主义媒体
社会责任体系的重大意义

媒体是反映社会现象的窗口,是人们维护利益的重要渠道之一,也是传达国家政策法规的载体和社会舆论的引导者。具体来看,媒体需要通过舆论引导来实现社会整合,缓和社会矛盾,妥善处理国家内部的利益冲突,保持社会稳定,为经济发展创造良好的社会环境①。媒体肩负重大社会责任。中国特色社会主义新时代,构建适应时代的媒体社会责任体系在各个方面都具有重要的意义。

(一)中国媒体要肩负起政治传播的重大责任

在中国传媒体系中,新闻媒体是党和人民的喉舌,国家的政策方针都要通过媒体传达给人民大众,媒体承担着重大的政治传播责任,即价值传播责任。媒体在进行信息传播和舆论监督的同时,更要注重发挥媒体对社会公众的影响力和引导作用②。媒体必须摆正自身的姿态,坚定不移地走中国特色社会主义道路,向人民群众传递正确的价值观念和主流文化。

中国特色社会主义媒体社会责任体系是中国特色社会主义理论体系和社会主义核心价值观的有机组成部分,这一体系的构建必须建立在相关理论基础之上。中国新闻媒体工作的开展必须以马克思主义、中国特色社会主义理论为指导思想,坚持以社会主义核心价值观来引领社会思潮,从思想上为国家和社会树立起正确的价值观念。同时,在具体的媒体实践中,媒体必须牢牢占领舆论引导和价值宣传的高地,把握好价值宣传的话语权和主动权,维护好社会主义核心价值观在意识形态领域的主导地位,发挥好社会主义核心价值观的引领作用③。

中国特色社会主义媒体社会责任体系的建立,是媒体"把党性和人民性结合起来"的重要体现④,保证了媒体是党和人民的喉舌,尽全力为人民服务,保障人民的基本权利,自觉维护人民利益。

---

① 李巍:《论媒体社会责任的缺失与构建》,《科技创新导报》2011年第36期。
②③ 王哲:《试论新形势下社会主义核心价值体系建设中的媒体责任》,《佳木斯大学社会科学学报》2012年第6期。
④ 滕文生、高长武:《深刻阐明人类文明发展的历史规律(深入学习贯彻习近平新时代中国特色社会主义思想)》,《人民日报》2019年5月29日第9版。

(二) 加强国际传播能力建设，打破西方话语权垄断

习近平在全国宣传思想工作会议上指出，"要精心做好对外宣传工作，创新对外宣传方式，着力打造融通中外的新概念新范畴新表述，讲好中国故事，传播好中国声音"①。随着中国经济的发展和国际地位的提升，国际社会对中国的关注度愈发提高。在此背景下，中国亟待打造出一支"立足中国、放眼全球"的传媒主力军，以加强国际传播能力建设，进一步提升国际传播能力。中国必须打破西方对新闻媒体话语权的控制，建立起中国自己的国际传播话语体系，使中国传媒的国际影响力能够与中国的国际地位和经济实力相匹配。

构建中国特色社会主义媒体社会责任体系是我们打破西方话语权垄断的重要形式。要变中国传媒的数量优势为质量优势，改变中国传媒长期存在的大而不强的状态，有效整合中国丰富的传媒资源和传媒人才，建立起一支现代化、专业化的国际传播铁军。同时，必须把握媒体数字化、信息化的转型趋势，促进新旧媒体的融合发展，积极加强新闻传播的创新能力，着力打造一批具有中国特色和全球视野的高水平节目。通过有效的国际传播，"让全世界听到并听清中国好声音"②，"引导国际社会更加全面客观地认识和了解中国"③，塑造中国良好的国际形象，中国才能进一步参与国际竞争，在文化软实力方面更大程度地影响世界。

(三) 保证媒体切实发挥基本功能：传播信息，监督社会

媒体是信息传播的载体，传播公共信息是媒体的基本功能。就传播的过程而言，媒体需要对传播的信息内容负责，对受众负责，对传播效果负责④。这就要求传播内容必须尊重事实真相，要尽可能保证新闻报道的真实性，自觉遵守真实、准确、全面、客观的新闻规律，促进新闻信息真实、准确、全面、客观传播。建立中国特色社会主义媒体社会责任体系，可以从制度上要求媒体切实发挥信息传播功能，保证信息真实可靠，保证信息传播的有效性，确保媒体各方面健康发展。

---

① 习近平：《习近平谈治国理政》，外文出版社 2014 年版，第 156 页。
② 人民日报社评论部：《论学习贯彻习近平总书记新闻舆论工作座谈会重要讲话精神》，人民出版社 2016 年版，第 18—19 页。
③ 中共中央党史和文献研究院：《习近平新时代中国特色社会主义思想学习论丛（第三辑）》，中央文献出版社 2020 年版，第 129 页。
④ 王哲：《试论新形势下社会主义核心价值体系建设中的媒体责任》，《佳木斯大学社会科学学报》2012 年第 6 期。

新闻媒体的舆论导向会在很大程度上影响社会的和谐程度和发展进程。舆论监督是媒体公信力的表现,也是媒体必须认真履行的职责①。媒体需要营造一个和谐的舆论环境,以正确的舆论引导大众。言论自由是宪法赋予公民的一项基本权利,媒体为公众的言论自由提供了平台,也有责任和义务满足宪法赋予公民的知情权、表达权和参与权、监督权。建立中国特色社会主义媒体社会责任体系,可以更好地鼓励和保障社会公众参与公共生活,满足公众的知情权、表达权和参与权;对违法违规的社会现象进行及时的揭露和批评,并寻求有效的解决方案以维护社会的公平正义。在舆论监督方面,媒体需要准确把握宣传报道和舆论引导的"时效度",做到及时、适度、有效,从根本上掌握舆论引导的主动权和话语权,切实提高新闻舆论的传播力和引导力,更好地为党和国家的大局服务。

三、新时代中国特色社会主义媒体社会责任体系及其主要内容

媒体社会责任论最初是由美国学者在 20 世纪 40 年代提出的,强调大众传媒要从道德的层面来约束新闻和信息的传播行为,主张通过严格的行业道德规范,以保证传媒切实履行其应尽的社会责任②。但西方媒体社会责任论割裂了社会公众与社会组织,甚至将二者对立起来,在后期发展中必然会遇到各种问题,造成该理论失灵,引发各种质疑。中国特色社会主义媒体社会责任源于党和人民利益的高度统一,将社会公众与社会组织有机结合起来。新时代中国特色媒体社会责任体系包括价值体系(新闻价值体系、宣传价值体系、公益价值体系)、传播体系、监督体系三大体系。媒体的社会责任主要包含政治责任、报道责任、文化责任、法律责任、道德责任和构建人类命运共同体责任六个方面,价值传播贯穿始终。

(一)政治责任是媒体履行社会责任、对党和人民负责高度统一的必然要求

媒体的政治责任是第一位的,是首要责任。媒体肩负着将国家政策思想传达给人民大众的责任。具体表现为三个方面:第一,坚持以正面宣传为主,宣传

---

① 王哲:《试论新形势下社会主义核心价值体系建设中的媒体责任》,《佳木斯大学社会科学学报》2012 年第 6 期。

② 陈进华:《构建和谐社会中的传媒责任》,《哲学动态》2008 年第 12 期。

科学理论,传播先进文化,弘扬社会正气,倡导科学精神,不断深化人民对社会主义核心价值观的认识和理解①;第二,在新闻工作中,媒体要"牢牢坚持党性原则,牢牢坚持马克思主义新闻观,牢牢坚持正确舆论导向"②;第三,坚持四项基本原则、中国特色社会主义基本政治制度和经济制度,坚持党性原则是媒体履行社会责任的根本要求③。

社会主义核心价值观是社会主义制度的内在精神和生命之魂。媒体对弘扬社会主义核心价值观起到引领和导向作用,潜移默化地将社会主义核心价值观渗入大众的思想和行为中,使其不断得到传承和发展。自觉主动加深对社会主义核心价值观的认识理解是媒体的责任,自觉、坚定地站在社会主义的立场,对社会主义核心价值观有强烈的认同感和强大决心。媒体要将社会主义核心价值观转化为社会群体意识,使社会主义核心价值观"内化为人们的价值观念,外化为人们的自觉行动"④。媒体必须全心全意为人民服务,为全党全国工作大局服务,自觉履行好政治责任,推动中国特色社会主义建设。

(二)报道责任是媒体履行社会责任、推动社会和媒体自身进步的专业要求

坚持正确的舆论导向是媒体履行社会责任的核心⑤。媒体作为大众接收消息的直接途径,承担着基本的报道责任——公共信息传播责任。保证信息能够在社会各个层次准确、及时、有效传播是媒体及媒体人的基本社会责任。

在互联网快速发展的形势下,传统媒体要进行产品的数字化,如网站、数字报纸、数字电视、客户端等;也要自觉加快媒介融合,如技术融合、融媒体新闻等。除了多媒体手段的融合,还要根据不同平台的性质发布不同的内容,满足不同群体的需求,充分发挥新媒体对传播和媒体格局的推动作用。传统媒体与新媒体优势互补、一体发展⑥,整合媒体资源,做到信息的有效传播。把握好网络传播的时度效⑦是网络媒体履行社会责任的基本标准。

遵循新闻运行规律才能保证媒体切实履行社会责任。媒体要保证新闻报道的真实性,自觉遵守真实、准确、全面、客观的新闻规律,对信息内容、受众、传播

---

① 傅亦军:《谈媒体社会责任的原则与对策》,《新闻实践》2010 年第 12 期。
② 习近平:《习近平谈治国理政》第二卷,外文出版社 2017 年版,第 332 页。
③⑤ 黄诚、包国强:《习近平的媒体社会责任观及其意义》,《中国广播电视学刊》2017 年第 7 期。
④ 张筱强:《十七大精神深度解读——文化建设篇》,人民出版社 2008 年版,第 44 页。
⑥ 习近平:《习近平谈治国理政》第三卷,外文出版社 2020 年版,第 317 页。
⑦ 同上书,第 306 页。

效果负责。同时,媒体要加强舆论监督,把党、人民、社会的利益放在首位,坚持党性和人民性相统一,坚持舆论监督与正面宣传为主相统一是媒体履行社会责任的必要条件①。

(三)文化责任是媒体履行社会责任、满足人民精神需求的文化要求

新闻媒体是精神产品的生产基地,新闻媒体所倡导的价值导向会在不同程度上影响受众思想②。媒体生产的新闻报道、电视栏目、电视剧、电影等产品,是社会精神思想的载体。它们是社会文化的缩影和精神文明的体现,起到文化传播的作用。

媒体要顺应时代的变迁,树立一种全新的、前瞻性的文化责任意识。中国特色社会主义文化,传承于历史,又植根于具有鲜明的时代特点的中国特色社会主义实践中,是民族精神的核心。社会主义核心价值观是中国特色社会主义意识形态的本质体现,决定着社会意识的性质和方向,是中国现阶段社会主义思想道德建设的要求③。媒体在满足人民精神需求的同时,还承担着传播中国特色社会主义文化的责任。

(四)法律责任是媒体履行社会责任、促进社会发展的法律要求

依法治国是中国的治国方略。媒体在拥有话语权的同时,必须承担法律责任。媒体要维护国家利益、公共利益、群众利益。

在新闻报道中,媒体涉及的法律责任问题突出表现是假新闻。假新闻的产生离不开部分媒体为了吸引眼球、博取大众关注度的激进心理。假新闻会造成不实舆论的传播,导致人民恐慌,社会秩序紊乱。媒体应该站在国家和人民的角度为大众服务,理应承担起传播真实新闻、引导正确社会价值观的法律责任。

(五)道德责任是媒体履行社会责任、推动社会进步的道德要求

媒体必须树立正确的道德价值观。近年来,媒体不断走向市场化,行业出现虚假新闻、低俗化、娱乐至上、功利主义新闻观抬头等问题④。在互联网急速发展的过程中,网络作为信息传播的重要平台,新闻来源广泛性、个性化、互动性

---

① 黄诚、包国强:《习近平的媒体社会责任观及其意义》,《中国广播电视学刊》2017年第7期。
② 周迎:《媒体社会责任缺失的对策》,《西部广播电视》2014年第10期。
③ 周勇:《文化冲突态势下的社会主义核心价值观确立》,《求索》2015年第10期。
④ 傅亦军:《谈媒体社会责任的原则与对策》,《新闻实践》2010年第12期。

强。这很容易导致媒体社会责任的缺失。

在互联网中出现的黄赌毒、虚假信息、键盘侠肆虐等现象,都是媒体未能很好承担起道德责任的表现,也是媒体工作者对媒体道德责任认识不足的体现。部分媒体从业者自认为在互联网这个相对开放的平台,人人皆可言论,便可以"法不责众",罔顾自己的职业道德。有的媒体人把吸引眼球放在第一位,罔顾新闻现象的真相,恶意炒作,造成对社会、对人民的伤害。

面对复杂的社会环境和开放的网络平台,更需要媒体人坚守职业操守,树立正确的价值观,切实承担起为民服务、为党为公的职责,积极构建和谐进步的言论环境和美好社会。

(六)构建人类命运共同体责任是媒体履行社会责任、推动人类大同的要求

习近平认为,媒体担负社会责任,不仅要对本国人民和社会组织负责,还要对世界人民负责,媒体在构建人类命运共同体中要发挥重要的独特作用,媒体必须承担起这个伟大的责任。构建人类命运共同体即网信精神,把握网信精神是网络媒体履行社会责任的灵魂[1]。

中国正努力为构建人类命运共同体而奋斗,需要通过中国新闻媒体向世界传达中国的声音、中国的态度、中国的举措。中国媒体要不断发展成为能在国际社会发声的具有影响力的媒体,要建立属于中国的国际传播话语体系。习近平强调"着力打造具有较强国际影响的外宣旗舰媒体"[2],要求中国媒体要打破西方话语权的控制,建立属于自己的国际传播话语体系,建立与中国综合国力相匹配的国际新闻主流媒体。建立中国特色社会主义媒体社会责任体系,让中国媒体更进一步对外传递属于中国的声音,为建立人类命运共同体贡献力量。

四、新时代如何践行中国特色社会主义媒体社会责任

媒体在社会发展中发挥着举足轻重的作用,媒体失责将给社会带来严重的

---

[1] 黄诚、包国强:《习近平的媒体社会责任观及其意义》,《中国广播电视学刊》2017年第7期。
[2] 习近平:《习近平谈治国理政》第二卷,外文出版社2017年版,第333页。

后果。中国共产党、媒体、媒体从业者、社会大众在构建中国特色社会主义媒体社会责任体系中都扮演着重要角色。

（一）正确认识媒体社会责任，不能分割社会责任和党性原则，要坚持二者的高度融合统一

有人机械地把社会责任理解为"对社会负责"，把党性原则理解为"对党负责"，这是将人民群众和党对立起来的严重错误思想。党的利益从来都体现在人民群众的利益之中，人民群众、社会和党的利益从来都是统一的，没有人民的利益就没有党的利益。社会责任和党性原则从来都不矛盾，坚持党性原则就是履行社会责任的核心体现。不论媒体社会责任观如何发展，都要始终坚定不移地遵守党性原则。中国共产党是中国特色社会主义道路的引领人，是中国发展中国特色社会主义理论体系的践行者，坚持中国共产党的领导，以马克思主义为指导思想，是一切方针政策实现的前提。

党的一切方针政策的出发点和归宿是人民群众，人民群众是国家的主人，是一个国家、一个民族强盛前进的主力军。为人民服务是中国共产党要求媒体履行的责任。新闻媒体要将党性和人民性统一起来，牢记人民是国家的主人，人民当家作主是社会主义民主政治的本质特征。

（二）媒体要增强社会责任意识，自觉接受社会大众的监督

作为党和人民的耳目喉舌，新闻媒体如果放弃社会责任、漠视群众需求，必然导致媒体公信力下降，从而影响新闻媒体在人民群众中的声誉和形象[①]。媒体要清晰地认识到所肩负的社会责任，不断建立自身的权威性和公信力，才能实现社会价值和自我价值的追求。这就要求媒体主动把社会责任和党性结合起来，全心全意为人民服务。媒体要履行正确引导舆论的职能，宣扬社会正能量，营造积极向上健康有益的社会风气。

在互联网环境下，把握正确的舆论导向尤为重要。"做好网上舆论工作是一项长期任务，要创新改进网上宣传。"[②]在具体方法上，习近平要求："把握好网上舆论引导的时、度、效，使网络空间清朗起来。"[③] 在海量信息中，媒体要保持理性，从媒体社会责任观出发，积极引导大众认识并树立社会主义核心价值观。媒

[①] 李近：《新闻媒体的社会责任》，《新闻前哨》2004年第9期。
[②][③] 习近平：《习近平谈治国理政》，外文出版社2014年版，第198页。

体要号召人民为实现富强、民主、文明、和谐的国家而拼搏奋斗。另外,媒体也是公众的代言人和社会良知的守护者,要全面反映民意,传达民众声音,为公众提供话语平台①。

(三)新闻工作者谨遵职业操守和道德自律,正确认识媒体自身的社会责任

媒体的道德守望责任集中体现在维护社会公德、唤醒社会良知、教化民众弘扬正义和捍卫真理等方面②。媒体的职业道德,是社会道德的重要组成部分,是在新闻工作中媒体要遵守的一种道德规范,起到行为指南的作用。新闻从业者如果罔顾职业道德,忽视群众和国家集体利益,甚至做出有损国家民族形象、利益的行为,便是对新闻工作使命的辱没和对社会道德的践踏。倡导良好的新闻职业道德,是我们党和政府的一贯要求③。

媒体从业者要自觉遵守职业操守,不畏权,不为钱,对贪污腐败、侵犯公众利益、扰乱社会治安这类损害党和人民的利益的行为要勇于发声,敢于曝光,勇于揭露和报道。一切从人民的角度出发,全心全意为人民服务,始终谨记人民是国家的主人,维护人民的利益是媒体的重要责任。媒体人要不断提升自己的专业素养,要有独立思考判断的能力,自觉辨识虚假信息,不传播损害社会利益的虚假信息;要勇于揭露不良现象,坚守社会正义;要站在人民群众的立场上思考问题,将人民的声音反馈给执政者,将党和政府的政策清晰地传递给人民。

五、结　语

媒体社会责任是保障媒体具有话语权和被大众信赖的前提,决定着媒体能否真正有效地引导和劝服社会大众,决定着媒体的传播效力。新闻媒体承担着政治责任、报道责任、文化责任、法律责任、道德责任和构建人类命运共同体责任。媒体只有强化自身的政治意识、责任意识,把握大局观,才能不断提高主流媒体的"吸引力、感召力、战斗力",建设在国际舞台上"拥有绝对话语权和影响力

---

① 李巍:《论媒体社会责任的缺失与构建》,《科技创新导报》2011年第36期。
② 王哲:《试论新形势下社会主义核心价值体系建设中的媒体责任》,《佳木斯大学社会科学学报》2012年第6期。
③ 余艳青:《新闻职业道德建设　尚须改进制度安排》,《新闻记者》2004年第11期。

的超级媒体"①。在中国特色社会主义的建设过程中,构建中国特色社会主义媒体社会责任体系对整个社会的发展有着重大意义。保证媒体的正常高效运行,是党和政府宣传工作得以完整进行的保证,也是维护人民利益的有力武器。践行中国特色社会主义媒体社会责任体系任重道远,需要媒体、媒体人、社会大众共同努力。

① 傅亦军:《谈媒体社会责任的原则与对策》,《新闻实践》2010年第12期。

马克思恩格斯的空间传播思想及学理价值

李 晶[*]

【摘要】 马克思和恩格斯在劳动实践的基础上运用唯物主义辩证法对资本主义空间生产进行批判。他们发现,资本主义带来城乡分裂、阶级对立、全球扩张等空间非正义现象。在他们的阐释中蕴含了丰富的空间传播思想。这一思想的核心观点是对资本主义利用社会交往形塑空间关系的批判,以及对资本主义利用社会舆论巩固空间权力的批判,呈现出以辩证的眼光看待资本增值、媒介技术发展、权力垄断等特征,进而以限制空间资本增值,倡导空间理性对话,平衡空间资源分配作为实现空间传播正义的路径。研究表明,马克思恩格斯的空间传播观在学理层面对新闻传播学具有重要启示,尤其对马克思主义新闻观、传播政治经济学、全球传播新秩序的探讨产生了深远影响。

【关键词】 马克思和恩格斯;空间批判;空间传播;正义实现;学理价值

一、引 言

20 世纪 70 年代,随着城市化进程的加速、现代交通运输和通信技术的发展,在哲学社会科学领域出现了"空间转向"——以空间作为理论支点,建构该领域研究的新范式,以及空间实践的新模式。这一思潮肇始于法国,以亨利·列斐伏尔和米歇尔·福柯为代表,逐渐扩散至其他国家,探讨领域扩展至地理学、政治学、文学、心理学、艺术学等。空间更倾向于关注人们的日常生活,以此弥补、填充、平衡在历史维度进行的宏大叙事。在此之前,虽然空间被时间长期压制,但一些学者已经开始重新认识空间,并进行一定的相关论述,包括马克思和恩格斯。他们虽然并没有对空间进行有针对性的考察和理论建构,但意识到隐含在社会生产和再生产关系中的两种空间形式并对其进行批判:一种是资本主义生

---

[*] 李晶,北京体育大学新闻与传播学院讲师,硕士生导师。

产机构内部呈现的一系列空间结构与空间关系,另一种是资本向全球扩张中形成世界市场进而克服地域空间限制。应当说,"马克思的社会理论并不缺少在当代意义上进行空间化的基本条件,他那些隐含着空间维度的讨论完全可以被一种更具建设性的空间视角激活,并从中发展出一系列超越客观环境论的空间理论"①。

马克思恩格斯的经典论著中蕴含了丰富的传播思想。许正林和钱峰认为,"马克思的交往观、新闻自由观、无产阶级党报思想和大众媒介观等是马克思主义传播思想最核心部分"②。若从他们的空间批判中去看待这些传播思想,可以发现,两人关于社会交往和社会舆论的阐释对于揭示资本主义空间关系的建构、空间结构的固化、空间权力的施展有很大帮助。换言之,资本对社会交往的渗透和对社会舆论的控制,才极大地促进了资本主义空间的生产与再生产。在更深的层面,马克思恩格斯的空间传播思想在基于历史唯物主义和劳动实践的基础上揭示了其重要特征——以资本增值为核心,以媒介技术为支撑,以权力垄断为最终归宿。因此,探讨马克思恩格斯空间传播思想,对理解资本主义空间传播实践和空间正义实现具有重要影响,更重要的是,他们的思想在历史检验中为马克思主义新闻观、传播政治经济学、全球传播秩序重构提供了重要学理价值。

二、马克思恩格斯空间批判的重要意涵

马克思恩格斯的空间批判主要指"在商业资本主义和工业资本主义条件下考察空间交往的实践活动"③。这一空间交往活动是以机器大生产为支撑,以资本的生产、扩张和增值为核心,促进了劳动分工细化引起私有制对公共空间的进一步宰制,从而构建以工业资产阶级和雇佣劳动阶级为主要互动关系的资本主义社会空间。这一空间又以工业化城市的空间形态展开。在马克思看来,工业城市的崛起和发展造成城乡分裂、阶级对抗、全球扩张等空间失衡和空间失序等矛盾。

(一)马克思恩格斯对资本主义导致城乡分裂的批判

在马克思恩格斯看来,机器化大生产带来的资本增值提升了社会生产力,增

---

① 郑震:《空间:一个社会学的概念》,《社会学研究》2010年第5期。
② 许正林、钱峰:《马克思传播思想中的四个核心观念》,《上海大学学报(社会科学版)》2007年第1期。
③ 孙江:《"空间生产"——从马克思到当代》,人民出版社2008年版,第12页。

加了物质财富,解除了人对土地的过分依赖,但技术的裹挟把大批劳动力吸引至城市,并对其进行新的捆绑(从对土地的依赖转为对机器的依赖),进而被要求以不断减少必要劳动时间来提高剩余价值剥削的方式完成资本增值。至此,大工业"建立了现代的大工业城市——它们的出现如雨后春笋——来代替自然形成的城市。……它使城市最终战胜了乡村"①。可以说,资本主义的生产方式引起的空间结构二元对立,是"物质劳动和精神劳动的最大的一次分工……是个人屈从于分工、屈从于他被迫从事的某种活动的最鲜明的反映,这种屈从把一部分人变为受局限的城市动物,把另一部分人变为受局限的乡村动物,并且每天都重新产生二者利益之间的对立"②。城乡对立呈现出空间断裂,城市人口的膨胀、财富的积累使得乡村人口减少、经济衰退,同时,资本的空间同质化要求非资本主义生产方式或小农经济必须按照资本增值的方式与过程行事,于是,乡村的活动接受了资本主导和改造,乡村的原材料和廉价劳动力成为城市空间生产的"仓库",最终导致乡村臣服于城市。

(二) 马克思恩格斯对资本主义导致阶级对立的批判

在马克思恩格斯看来,城市化进程并没有实现空间平等,反而导致空间结构的两极分化——资产阶级和无产阶级。资产阶级占有生产资料,成为社会发展的主导阶级,而无产阶级只能受雇于资本家,以出卖劳动力来维持生计。马克思恩格斯对无产阶级的工作和居住境遇尤为关注。例如,恩格斯在《乌培河谷来信》中提及,"下层阶级,特别是乌培河谷的工厂工人,普遍处于可怕的贫困境地;梅毒和肺部疾病蔓延到难以置信的地步;光是爱北菲特一个地方,2 500 个学龄儿童就有 1 200 人不能上学,而是在工厂里长大的——这只是便于厂主雇用童工而不再拿双倍的钱来雇用被童工代替的成年工人"③。可以看出,城市的空间分裂依然严重,资产阶级居住在城市的中心地带,享受富裕的生活、完善的生活设施,而无产阶级生活在城市边缘,像居住在"奥吉亚斯的牛圈"一样。资本主义创制的空间知识与技术在资本化的过程中为资产阶级的存活提供了必要基础,进而以"更高级"的姿态占据城市发展的核心层,而无产阶级只能在虚幻的理性解放中被动地接受资本的盘剥。这种恶性循环在"见物不见人"的社会语境下只会愈演愈烈。

---

① 《马克思恩格斯选集》第 1 卷,人民出版社 1995 年版,第 114 页。
② 同上书,第 104 页。
③ 《马克思恩格斯全集》第 1 卷,人民出版社 1956 年版,第 498—499 页。

(三) 马克思恩格斯对资本主义导致全球扩张的批判

资本主义生产方式并不满足于在国内的资本积累,"由于需要不断扩大产品的销路,资产阶级就不得不奔走全球各地。它不得不到处经营,到处落户,到处建立联系"①。随着新型交通工具和通信工具的兴起,空间在地理意义上的限制被打破,以便利资本冲破地理的围栏,在全球空间进行扩张,塑造了资本主义全球生产的空间体系。与以往对于落后国家或民族的武力冲突、暴力掠夺不同,资本的技术性扩张旨在以发达资本主义国家为强势主体,在所谓理性与文明的外衣的包裹下触及世界的各个角落,带有强烈且隐匿的欺骗性。正如马克思所言,资本"力求用时间去消灭空间,就是说,把商品从一个地方转移到另一个地方所花费的时间缩减到最低限度"②。在时间消灭空间的同时,空间也在压制时间,力求变革全球范围内的生产关系,"让空间生产与科学技术、信息符号和社会秩序紧密相关,呈现了社会、国家与空间的新关系"③。这种新关系造成全球范围的二元对立,不仅是国内空间同质化的简单复制和搬运,更是对全球空间秩序的重新洗牌。落后国家的边界被资本拔除,国家的经济体系被纳入发达国家服务的轨道中,于是,独立自主只是在本土性和民族性被消解后的空谈。

三、马克思恩格斯空间传播思想的呈现

马克思恩格斯的空间传播思想脱胎于其空间批判,是对资本主义空间生产中异化社会交往、控制社会舆论的揭露。两人的批判性分析并非一种狂热性的意识决定论,而是基于唯物辩证法,对其根源进行剖析,为实现空间传播正义找到合理性和科学性的路径。

(一) 马克思恩格斯空间传播思想的主要观点

1. 对资本主义利用社会交往形塑空间关系的批判

马克思恩格斯的社会交往观是其传播思想的重要组成,在《1844年经济学哲学手稿》《1857—1858年经济学手稿》《关于费尔巴哈的提纲》《资本论》《共产

---

① 《马克思恩格斯全集》第4卷,人民出版社1958年版,第469页。
② 《马克思恩格斯全集》第30卷,人民出版社1995年版,第538页。
③ 孙全胜:《论马克思"空间生产"的理论形态》,《上海师范大学学报(哲学社会科学版)》2020年第3期。

党宣言》《德意志意识形态》等中都有相关论述。他们的社会交往观是在劳动实践的基础上看待人与人之间的关系，突出了人的社会性。马克思认为，"人的本质是人的真正的社会联系，所以人在积极实现自己本质的过程中创造、生产人的社会联系、社会本质"①。恩格斯认为，"人们从一开始，从他们存在的时候起，就是彼此需要的，只是由于这一点，他们才能发展自己的需要和能力等等，他们发生了交往"②。他们进而阐释了物质活动与精神交往的关系。他们认为，最初是物质决定精神，"思想、观念、意识的生产最初是直接与人们的物质活动，与人们的物质交往，与现实生活的语言交织在一起的。观念、思维、人们的精神交往在这里还是人们物质关系的直接产物"③。随着物质劳动与精神劳动分离，精神交往"才开始不再表现为物质活动的直接产物，人们在物质以外构造着各种精神交往的独立形式"④。但精神交往的独立并不意味着与物质活动的联系被切断，反而二者关系更加密切，相辅相成。毕竟，精神交往作为意识的表现，受到生产力水平、社会状况、生产或个人需要等因素的制约。简言之，马克思恩格斯的社会交往观是从人的社会本质出发，把交往活动纳入人的物质实践中进行解析，是对前人的批判性超越。

从空间视角看，马克思恩格斯的社会交往观是在历史唯物主义语境下考察交往主体如何塑造空间关系和关系变迁的，具体表现在纵向和横向两个维度。

从纵向看，他们根据所有制形式的演变，把人类历史的发展划分为四个阶段——部落所有制、古代公社所有制或国家所有制、封建的或等级的所有制、资本主义所有制，对其空间关系，尤其是资本主义空间关系进行了详尽阐释与批判。从历史的发展来看，交往所产生的空间关系具有一定的历史性、暂时性和继承性，"交往形式的联系就在于：已成为桎梏的旧交往形式被适应于比较发达的生产力，因而也适应于进步的个人自主活动方式的新交往形式所代替；新的交往形式又会成为桎梏，然后又为别的交往形式所代替"⑤。在生产力与交往形式的基础上，其空间关系产生的根源在于分工，分工带来了私有制，进而生发出劳动的异化。马克思批判了分工制约个人主动的行为意愿，在经济权力的控制下被异己的力量束缚。尤其是在资本主义机器化大生产的背景下，"就机器使肌肉成

---

① 《马克思恩格斯全集》第42卷，人民出版社1979年版，第24页。
② 同上书，第360页。
③ 《马克思恩格斯全集》第3卷，人民出版社1960年版，第29页。
④ 陈力丹：《精神交往论：马克思恩格斯的传播观（修订版）》，中国人民大学出版社2016年版，第8页。
⑤ 《马克思恩格斯选集》第1卷，人民出版社1995年版，第124页。

为多余的东西来说,机器成了一种使用没有肌肉力或身体发育不成熟而四肢比较灵活的工人的手段"①。也就是说,机器成为社会交往的重要中介,在创造新的生产条件和手段的同时,也把一切交往关系全部内隐入私有制和劳动实践中,于是,社会交往的本质就是物化的关系,就是商品拜物教。

从横向看,马克思恩格斯认为,社会交往从地域扩展至全球,使其打上了"世界性质"的烙印。可以说,"交往一旦展开,就会冲破阻力,最终发展为世界的普遍交往,使各个民族的交往日渐同步化"②。世界交往使得各个地区、民族、国家不再是一个个独立的原子式存在,现实意义上的地理边界被冲破,狭隘的空间关系大范围扩展,形成融合态势的空间关系。正如马克思所指出的,"它使每个文明国家以及这些国家中的每一个人的需要的满足都依赖于整个世界"③,进而"历史就在愈来愈大的程度上成为全世界的历史"④。但需要指出的是,马克思恩格斯并没有一味鼓吹世界交往对民族融合和世界发展的正面效应,而是冷静、辩证、批判地看待其中的交往异化,揭露资本主义在全球扩张时对落后国家的卑鄙、无情与残暴,世界历史也是人类付出惨痛代价的血泪史。因此,世界交往依然被置于生产力与交往形式的矛盾下,在资本主义的有局限性的生产条件下,交往形式和空间关系依然束缚着个人的自由发展,只是这种关系被纳入更大的空间范围和更加快捷的时间进程中去考量,在本质上依然是社会关系的物化而已。

2. 对资本主义利用社会舆论巩固空间权力的批判

在马克思恩格斯看来,资本主义的社会交往最终目的在于巩固不断扩张的空间权力,深化和铺展统治阶级意识形态对人民的控制。正如马克思所认为的,"统治阶级的思想在每一时代都是占统治地位的思想。这就是说,一个阶级是社会上占统治地位的物质力量,同时也是社会上占统治地位的精神力量"⑤。机器大生产造就了空间同质化,消灭了各种各样的空间关系,几乎被雇佣与被雇佣的劳动关系全部覆盖。这种被异化的关系为物质生产所支持和固化。这种不平等的空间权力被资本所有者装饰和美化,于是,意识形态的单一性就在资本循环的逻辑中嵌入人们的日常生活。其中,资本主义统治阶级惯用的手段之一就是对社会舆论的控制,如新闻管控、书报检查等。

---

① 《资本论》第 1 卷,人民出版社 2004 年版,第 453 页。
② 陈力丹:《精神交往论:马克思恩格斯的传播观(修订版)》,中国人民大学出版社 2016 年版,第 4 页。
③ 《马克思恩格斯选集》第 1 卷,人民出版社 1995 年版,第 114 页。
④ 《马克思恩格斯全集》第 3 卷,人民出版社 1960 年版,第 51 页。
⑤ 同上书,第 52 页。

马克思恩格斯高度关注社会舆论的重要性。在他们的著作里,"'舆论'的概念出现频率很高,达 300 多次"[①]。他们认为,舆论是"一般关系的实际的体现和鲜明的表现"[②]。他们阐述了舆论的特征、影响舆论的种种因素等。同时,他们批判了统治阶级压制舆论及其产生的后果。恩格斯认为,18 世纪的德国"没有出版自由,没有社会舆论"[③],"书报检查制度正成为令人难堪的监督,成为对社会舆论的真正的压制,最后导致官吏专制"[④]。压制舆论的后果则是促成其迅猛发展,舆论的逆向形势成为人民表达意愿的渠道,也为空间正义实现提供了有力武器。再回到统治阶级对舆论的压制方面,其抓手是对新闻和报刊的管制,使其成为宣传意识形态的工具。

新闻或报刊本应是一种公共产品,却在权力的行使下变为私有,变为体现资本主义统治阶级意志的交往形态。可以说,新闻或报刊与政治息息相关,甚至前者成为后者的帮凶,于是,人民的声音被淹没,操纵意识就变得顺理成章了。例如,马克思在评论《纽约先驱报》时指出,"《先驱报》的业主和主编、臭名远扬的贝奈特……操纵皮尔斯政府和布坎南政府。在林肯政府下,他又企图用一种迂回的方法来取得这种地位"[⑤]。再如,马克思恩格斯在批评英国《泰晤士报》和《每日新闻》中写道:"英国的社会舆论,对于扮演最下流最卑鄙的政府密探的辩护人和喉舌的《泰晤士报》和《每日新闻》的匿名作者,将作出公正的评价。"[⑥]可以看出,当新闻或报刊背离了自由原则后,信息的空间传递就被捆绑上很多附加条件,就把反馈从传播中抽离,舆论走样或变形,形成了单向度的"灌输"。"灌输"体现了空间关系的不平等,甚至是一种去除民意的一家独大的压迫性关系——只有上层的权力,而没有下层的权利。无产阶级如何打破这一束缚,运用社会舆论和新闻自由夺取本应属于自己的权利,是马克思恩格斯后续需要讨论和实践的重要议题。

(二)马克思恩格斯空间传播思想的重要特征

1. 资本增值是资本主义空间传播的本质

在马克思的空间批判视野中,资本增值与空间生产息息相关,因而就与社会

[①] 陈力丹:《精神交往论:马克思恩格斯的传播观(修订版)》,中国人民大学出版社 2016 年版,第 135 页。
[②] 《马克思恩格斯全集》第 1 卷,人民出版社 1995 年版,第 384 页。
[③] 《马克思恩格斯全集》第 2 卷,人民出版社 1957 年版,第 634 页。
[④] 《马克思恩格斯全集》第 41 卷,人民出版社 1982 年版,第 327 页。
[⑤] 《马克思恩格斯全集》第 15 卷,人民出版社 1963 年版,第 508 页。
[⑥] 《马克思恩格斯全集》第 8 卷,人民出版社 1961 年版,第 429—430 页。

交往联系紧密。在资本主义社会,资本的本质是物。资本作为一切财富的来源,导致生产劳动以其为核心展开。在劳动过程中,资本家通过周密的计算,在合适的空间中实现资本的优化配置,生产出符合人需要的产品,进而推动社会发展。同时,资本增值也在客观上促使自由劳动时间增加以构建人的享受空间。简言之,资本以空间为载体,空间以资本为内容,两者促进了人的主体性与社会结构的彼此观照。依此观点,资本空间化抑或空间资本化的显性逻辑彰显进步性。就连马克思也认为,"如果抛掉狭隘的资产阶级形式,那么,财富不就是在普遍交换中产生的个人的需要、才能、享用、生产力等等的普遍性吗? 财富不就是人对自然力——既是通常所谓的'自然'力,又是人本身的自然力——的统治的充分发展吗? 财富不就是人的创造天赋的绝对发挥吗?"[1]

但是,马克思并没有陷入资本的表层运转逻辑不能自拔,而是迫切地揭示了资本的深层含义,以及其掩盖了资本对空间占有的野心与恶果。他认为,资本是在机器大生产语境下结成的社会关系,"资本不是一种物,而是一种以物为媒介的人和人之间的社会关系"[2]。这种社会关系是一种不同于奴隶社会、封建社会的新型的劳动交往实践,是工人依附于机器、出卖劳动力给资本家的新的不平等的空间关系。进一步讲,资本增值的时间越短,对工人生活空间和全球空间的控制就越紧。资本必须生产出大量剩余价值以维持增值需要,因此,它要调动一切可以调动的劳动力为其服务,"资本除了把工厂工人、手工工场工人和手工业工人大规模地集中在一起,并直接指挥他们,它还通过许多无形的线调动着另一支居住在大城市和散居在农村的家庭工人大军"[3]。这导致工人的生活空间被破坏,乡村空间被蚕食,劳动者在劳动时间和劳动条件的双重束缚下成为新型奴隶。同时,局限一地的空间生产很难满足资本增值的胃口,其不断溢出边界,"不以任何领土权力为中心,不依赖固定的疆界和界限,以跨国公司的形式,通过信用制度实现全球性的统治"[4]。

马克思在空间批判中找到的人的交往实践是以资本为核心构建的不平等关系,需要在资本的去蔽化中考察资本主义空间关系构建的本质逻辑。资本的时间和效率原则必然生成一个高度适配性的空间结构。无论是在地性空间还是全球性空间,空间结构规划了人的角色与功能,以及把社会关系绑缚在机器运转的

---

[1] 《马克思恩格斯全集》第 30 卷,人民出版社 1995 年版,第 479—480 页。
[2] 《马克思恩格斯全集》第 23 卷,人民出版社 1972 年版,第 834 页。
[3] 《资本论》第 1 卷,人民出版社 2004 年版,第 531 页。
[4] 程晓:《资本的时空界限及其历史意义》,复旦大学出版社 2019 年版,第 81 页。

节奏中,最终塑形了"商品拜物教"式的物化的社会。

2. 媒介技术加持是资本主义空间传播的物质支撑

在马克思恩格斯看来,交往不是凭空的,而是以一定媒介为载体实现的。媒介不是一成不变的,而是在人的劳动实践中愈加丰富。他们从人类以自身器官为基础产生的第一个媒介——语言开始论述。恩格斯认为,语言的产生是"正在形成中的人,已经到了彼此间有些什么非说不可的地步了……语言是从劳动中并和劳动一起产生出来的"①。在语言产生后,他们进一步论述了语言与思维同轨、语言作为族群的标志、语言的分化与融合等观点。随着劳动实践的深入,文字作为人类交往的第二个媒介登场。按照历史进程,马克思将文字分为"手势语言或个人符号语言""图画文字或表意符号""象形文字或约定符号""表音性质的象形文字或按一定模式使用的表音符号""拼音字母或写音"五个阶段,同时,认为随着文字的普及,原有的方言差异和社会基础都无法成为交往的阻隔,"在这里,马克思已经涉及欧洲早期物质交往与精神交往的相互影响和依存的关系"②。当印刷术和电报出现后,信息的大规模复制和远距离传播成为可能。马克思恩格斯充分肯定了二者的划时代意义,认为前者改变了社会的读写垄断,进而带来了新的劳动分工,而后者是同内河轮船、铁路、远洋轮船一起引发了第二次交往革命,进而"第一次真正地形成了世界市场"③。

可以看出,马克思恩格斯所提及的媒介并不仅限于当前传播学中的狭义的媒介,而是把各种作为物质活动和精神交往的技术全部纳入媒介的范畴,并据此引发对当时媒介化语境及其影响的阐释。交往革命构建了资本增值和资本主义到处安营扎寨的物质支撑,以底层架构连接起生产力与生产关系、生产资料、劳动条件的辩证关系,以最短时间去不断突破空间的局限,最终消灭空间。因此,马克思认为,"生产越是以交换价值为基础,因而越是以交换为基础,交换的物质条件——交通运输工具——对生产来说就越是重要。资本按其本性来说,力求超越一切空间界限。因此,创造交换的物质条件——交通运输工具——对资本来说是极其必要的"④。

再进一步,交往革命推动了西方文明的传播。在发达国家的落后地区和世

---

① 《马克思恩格斯全集》第20卷,人民出版社1971年版,第512页。
② 陈力丹:《精神交往论:马克思恩格斯的传播观(修订版)》,中国人民大学出版社2016年版,第75页。
③ 《马克思恩格斯全集》第25卷,人民出版社1974年版,第554页。
④ 参见《马克思恩格斯全集》第46卷下,人民出版社1980年版,第16页。

界其他落后国家,媒介技术的空间铺展让其"被文明"了。例如,恩格斯写到英国的落后地区,"现在这里已经是道路纵横的地方,而这样一来也就给文明开辟了进入这个偏僻地方的道路"①。再如,他写到交往革命对瑞士的影响时指出,"如果蒸汽还没有使瑞士的生产和交通方式革命化,它能够引起瑞士人的传统的思想方式的改变吗?"②诚然,交往革命瓦解了落后地区或国家的经济基础,形成了新的经济制度,进而促成新的政治思想、文化观念、社会意识等,但这种被迫卷入西方文明传播的全球空间中,无形当中被设立了进入新世界的门槛——顺从与拒绝。拒绝不是放任,更加猛烈的资本和技术入侵会迫使其就范,最终使其以更加惨烈的代价被规训。说到底,顺从就是被殖民,这是媒介技术另一面的隐喻所带来必须反省的问题。

3. 权力垄断导致资本主义空间传播失序

马克思和恩格斯批判了资本主义空间生产的资本逻辑与雇佣关系,深刻揭示了其最终目的在于巩固统治阶级的权力垄断。权力垄断是统治阶级收拢经济、政治、社会等统治权并将其意志强加给被统治阶级,并对该阶级的思想、观念、意志进行控制。因此,无论是在社会交往层面,还是在社会舆论层面,资产阶级的权力垄断都是对空间传播秩序的破坏,它切断了信息自下而上的通道,剥夺了本应该属于被统治阶级发声的权利,使交往资本化、舆论私有化。毕竟,在权力行使与权利争夺中,"权利永远不能超出社会的经济结构以及由经济结构所制约的社会的文化发展"③。

马克思和恩格斯严厉地批判了书报检查制度,认为它是一种愚民政策,阻碍了人们了解真实的信息,扼杀了个性,禁锢了思想。马克思指出,"书报检查制度的出发点是:把疾病看作是正常状态,把正常状态即自由看作是疾病。书报检查制度老是要新闻出版界相信自己有病,即使新闻出版界提出自己身体健康的确凿证明,也必须接受治疗"④。也就是说,书报检查是把控制作为正常状态,把自由当作病态对待,这种本末倒置的政策抛弃了一切客观性、合理性标准,围绕谁或谁的思想来制定所谓正常的方案不言自明。而这根源依然是置于"物质决定意识"的客观规律中。因为书报检查其实是一种物质检查,是基于报刊缴纳高额保证金而产生的信息传播障碍。例如,马克思在考察了法国的报刊后认为,

---

① 《马克思恩格斯全集》第2卷,人民出版社1957年版,第294页。
② 《马克思恩格斯全集》第9卷,人民出版社1961年版,第104页。
③ 《马克思恩格斯全集》第19卷,人民出版社1963年版,第22页。
④ 《马克思恩格斯选集》第1卷,人民出版社1995年版,第177页。

"法国的报刊决不是过于自由,而是不够自由。虽然法国报刊不受精神方面的检查,但是它却要受物质方面的检查,即交纳高额的保证金"①。在这种情况下,所谓的自由竞争或出版自由只是一句空谈,正如马克思在1849年反问普鲁士当局为何虚伪地承认出版自由一样。基于当时的背景,这也成为马克思恩格斯号召工人阶级彻底争取出版自由和平等传播秩序的重要原因。

(三) 马克思恩格斯空间传播思想的正义实现路径

1. 限制空间资本增值

如上文所述,影响空间传播正义实现的根本原因在于资本增值。资本空间化抑或空间资本化深化了私有制,极大地影响了社会交往主体的平等性、交往关系的和谐性、交往渠道的合法性、交往内容的合理性。孙全胜认为,"私有制导致了空间的分化,巩固了资本统治,让社会空间充满同质性、破碎性、等级性。空间生产和资本化相互渗透,形成复杂的空间运作机制"②。可以说,在空间传播中,不断发展的交通手段和不断进化的信息技术,就要把新的雇佣关系更深更广地嵌入资本增值的空间,进而带来空间生产方式的变化。在马克思恩格斯那里,限制空间资本增值,是实现空间传播正义的根本要义。在具体操作中,资本要被置于政府的监督管理和全体人民的监督之下,以此优化城市的空间治理和交往关系,"让空间生产具有人文色彩,最大限度地保护贫困阶层的空间利益,做好制度的顶层设计,让人们对空间具有归属感"③。这使人本主义复归人们的生活空间,突出了社会交往的主体向度,共同营造人与自然的和谐,塑造人与人平等有序的空间关系,让人民的诉求充分体现在空间传播之中。

2. 倡导空间对话理性

建构良性的空间关系需要通过对话来实现。资本主义的空间生产实现了形式上的自由与平等,而"共产主义作为扬弃资本逻辑的社会空间,同样也生产与这一空间相匹配的想象体系,这一想象体系将重新建构关于财富、自由、平等的话语"④。在马克思恩格斯看来,在共产主义的语境下,人对于自然或是他人而言,才是真正的"为我"关系——"凡是有某种关系存在的地方,这种关系都是为我而存在的"⑤。

---

① 《马克思恩格斯选集》第1卷,人民出版社1995年版,第182页。
② 孙全胜:《论马克思空间生产批判伦理的三重向度》,《天府新论》2020年第6期。
③ 孙全胜:《马克思"空间正义"出场的基础、逻辑与路径》,《深圳大学学报(人文社会科学版)》2022年第4期。
④ 李春敏:《论空间辩证法的阐释路径——基于马克思的视角》,《教学与研究》2022年第7期。
⑤ 《马克思恩格斯选集》第1卷,人民出版社1995年版,第81页。

只有在这样的社会关系中,不再是资本、分工、私有制、劳动异化这条路径中走出的对良性空间关系的"隐匿地扼杀",而是在共同财富积累中让人民成为对话的真正主体,呼吸着自由空气的同时大胆表达和争取自我权利。正如张文喜所言,"马克思的交往理论就由强调交往着的个体必须互相倾听的'对话理性'转变为社会交往中的权利与义务的相互性,而自由、平等、公正、相互理解(一致)和共识基础上的合作则是这一'相互性'的体现"①。

3. 平衡空间资源分配

资本主义导致空间传播失序的一个重要原因在于资本导致资源分配不均。马克思恩格斯批判了资本主义导致城乡二元结构对立、城市的空间结构失衡等问题,资本"掠夺工人呼吸新鲜空气和接触阳光所需要的时间……(资本)唯一关心的是在一个工作日内最大限度地使用劳动力"②。在马克思恩格斯看来,实现空间传播正义,甚至空间正义,在承认差异的基础上实行资源分配的相对平等是塑造空间传播秩序的必由之路。例如,关注弱势群体,采取一定补偿性措施赋予他们优质的空间传播资源,尽可能拉平资源分配和使用的不平等;优化公共基础设施,辅以完善且系统的公共基础设施使用机制作为保障;增加和提升乡村空间传播资源的数量和质量,协调解决城乡矛盾等。马克思恩格斯对于工人阶级的报刊使用给予高度关注。他们认为,工人阶级使用报刊的状况直接影响了其精神交往的效果,并对其所取得成果感到欣慰——"工人阶级用他们超过必要生活资料的积蓄可以不去买肉和面包,而是去买书籍以及请人讲演和召开群众大会。工人阶级有了更大的手段来占有像精神力量这样的普遍社会力量"③。可以说,关注人民对空间资源的公平占有,直接关系到共产主义空间的构建,以及对人类的彻底解放和人类联合体的产生,影响着"每个人的自由发展是一切人的自由发展的条件"④。

四、马克思恩格斯空间传播思想的学理价值

新闻传播学肇始于浓厚的资本主义商业环境,在资本增值的循环中完成对资本主义政治制度、社会价值观的巩固和扩张。这是新闻传播之于空间权力、空

---

① 张文喜:《马克思的交往理论及其价值特性》,《云南社会科学》2000 年第 6 期。
② 《马克思恩格斯选集》第 2 卷,人民出版社 1995 年版,第 197—198 页。
③ 《马克思恩格斯全集》第 44 卷,人民出版社 1982 年版,第 162 页。
④ 《马克思恩格斯文集》第 2 卷,人民出版社 2009 年版,第 53 页。

间结构、空间关系形成的关键作用。马克思恩格斯的空间传播思想是对他们所处年代的新闻传播领域的反思,为后人提供了重要的学理价值。

(一) 深触马克思主义新闻观的核心与基调

马克思恩格斯的空间传播思想以批判资本主义空间生产为入口,出口在于强调以物的依赖性为基础的社会交往和社会舆论如何回归人文主义,以此达到空间传播正义。把马克思主义新闻观置于空间传播的视角考察,避免了产生马克思所批判的"历史编纂学"的路径问题,"它本质上是一种单向度的历史叙事,历史表现为一种均质的线性进程,历史的过程不过是一种必然性的展开,是消弭了各种空间差异性的历史"[1]。也就是说,考察马克思主义新闻观不应忽略其中蕴含的空间视角。在具体历史语境下考察人们日常生活的差异性空间叙事,才能让历史宏大叙事更加鲜活而生动。正如马克思所言,"报纸最大的好处,就是它……能够使人民和人民的日刊发生不断的、生动活泼的联系"[2]。

报刊要嵌入人民和生活,就需要发挥监督职责,提升人民的参与意识才能实现真正的出版自由。马克思认为,"当不能让公众蔑视理应受到公众蔑视的东西的时候,究竟还有什么出版自由呢?"[3]例如,《莱茵报》报道有关摩泽尔河地区酿造葡萄酒的农民的生活状况,马克思认为,"使摩泽尔河沿岸地区的贫困状况成为祖国普遍关注和普遍同情的对象,唯有它才能使大家都感觉到这种贫困,从而减轻这种贫困"[4]。支庭荣认为,马克思恩格斯将新闻"嵌合"进人们的生存空间,把新闻传播作为具有"同理心"的实践活动。"在新闻与社会之间,具体地说在新闻与社会各阶级之间,建立起新闻与人民之间的联系,是马克思恩格斯关于新闻传播议题的历史起点、理论源头和价值基线。新闻与人民的嵌合性,是马克思主义新闻观一以贯之的理论视角。"[5]总而言之,马克思恩格斯的空间传播思想为马克思主义新闻观确立了新闻价值问题——"为谁"和"何为"。新闻作为一种空间叙事,谁在叙事、如何叙事、目的何在等一系列问题的明晰,解决了在社会空间中新闻与人民的关系、媒体单位与人民的关系,让新闻报道"物"的价值交还给"人",进而扭转社会交往的异化。从这个角度看,马克思主义新闻观是对资本

---

[1] 李春敏:《论空间辩证法的阐释路径——基于马克思的视角》,《教学与研究》2022 年第 7 期。
[2] 《马克思恩格斯全集》第 7 卷,人民出版社 1959 年版,第 3 页。
[3] 《马克思恩格斯全集》第 5 卷,人民出版社 1958 年版,第 272 页。
[4] 《马克思恩格斯全集》第 1 卷,人民出版社 1995 年版,第 378 页。
[5] 支庭荣:《马克思主义新闻观:理论视角、内在逻辑和价值关怀》,《新闻与传播研究》2022 年第 1 期。

主义新闻业和厚植于商业土壤而建立的传播学(主要指传播学的经验学派)的超越,也为后人继承和马克思主义新闻观时代化锚定了方向。

(二)影响传播政治经济传播学的创设与发展

马克思恩格斯的空间传播观批判了资本主义对新闻、媒体、技术等资源的控制来巩固统治阶级的权力意志,在很大程度上影响传播学批判学派的形成,尤其是传播政治经济学学派。传播政治经济学恰是在政治经济学的框架下揭示资本与国家的建构关系,探讨媒介的所有权归属与社会权力的不平等。正如赵月枝所言,传播政治经济学是"传播(话语)资源的社会分配的研究"[1]。在这里,资本增值、意识操纵、技术垄断、劳动异化、社会结构失衡等马克思恩格斯对资本主义空间生产的批判在传播学领域得到放大和重视,并以推进媒介行动争取权利实现媒介空间正义为最终落脚点。

例如,商业化对媒介空间的入侵搭建了一个稳定的空间结构,媒介与资本的合谋把受众固化在一个虚幻能动的地位,但资本的贪婪并不满足于地理限制。随着资本增值效率的提升,为了避免资本积累过度产生危机,资本通过寻求新的剩余价值的生产方式来解决问题。一是扩大空间中商品生产的范围,二是向空间本身生产转移。文森特·莫斯可对此形成了传播政治经济学的"空间化"探讨。他认为,"空间化研究探讨的是组织活动的地理延伸和制度延伸,而传播政治经济学所论述的空间化特别研究了传播业中企业权力的制度延伸"[2]。大型媒体集团通过横向或纵向合并、兼并,形成跨国媒体集团,扩大了信息资源的流动空间,重新定义了传播与地理的关系,进而构建了新的空间关系。同时,空间化也导致公共空间性质和界定的转变,当其被注入资本力量后,空间本身已经不再以普通民众的身份和社会广泛参与为基础组织起来,而是被作为商品摆上货架。

随着媒介技术的发展,人们进入网络连接时代,资本主义与互联网技术的联姻把人们卷入更深层次和更加细化的分工当中。当资本主义宣称网络空间被当作平权主义的典范时,数字劳动或数字劳工却被传播政治经济学学者作为批判"平台资本主义"(platform capitalism)的重要议题。文森特·曼泽罗尔继承了斯麦兹的观点,并将其进阶至移动的受众商品2.0。他认为,人们利用手机等移

---

[1] 《传播政治经济学研究路径与前沿》,载李彬、宫京成:《马克思主义新闻观十五讲(修订版)》,清华大学出版社2018年版,第192页。
[2] [加拿大]文森特·莫斯可:《传播政治经济学》,胡正荣等译,华夏出版社2000年版,第170页。

动设备进行有偿和无酬劳动,"劳动应该被扩展到包括用户生成内容的显性生产和个性化数据的自动生成,它们都与嵌入日常生活节奏的 ICTs(Internet-enabled mobile devices)缠结在一起"①。文森特·莫斯可考察了互联网语境下的"零工经济劳动者"(gig workers),这些人与数字市场的空间关系表现为临时工资关系,"共同特征包括低工资、不稳定的工作,除了可能基于特定任务或工作时间的工资之外没有任何额外福利"②。他们的劳动实践表现为"接任务",以任务量作为工资计算的标准,其本质是把劳动凝结在资本介入的网络空间中,进而完成对剩余价值的生产与维护。由此可见,在资本主义的历史进程中,尽管媒介技术为用户带来了一定的赋能增权,但从实质来看,劳动异化的问题依然没有得到根本改变,阶级的分野成为空间结构调整的最大阻碍,同时抑制了主体能动作用的发挥。因此,在未来,马克思恩格斯的空间传播思想依然会影响劳动、阶级、民族/种族等议题在传播政治经济学领域的深化。

(三)激活全球传播新秩序的想象与实践

马克思恩格斯的空间传播思想最终落脚点在于乌托邦空间的构建。乌托邦空间是一个被注入意义、想象的空间,是一个对未来进行谋划和希冀的空间,是一个为指导现实活动而打造的精神空间。"从我们建构的空间中就可以洞悉我们灵魂的模样,就能够抵达我们的自由与限制。我们建构了什么样的空间,就代表着我们需要什么样的精神土壤。"③乌托邦空间实际上是马克思和恩格斯在《德意志意识形态》中提及的"全人共同体",一个从对物的依赖到彻底实现人的解放的自由交往空间。从这一点看全球传播秩序,既是对马克思恩格斯所处年代的该秩序的省思,也为当前新秩序的诉求与实践提供了指向。

近年来,全球传播秩序是学界讨论的一大热点问题。它是在世界政治经济格局的历史变迁中构建的世界信息传播的规范系统,是信息在全球空间流动中形构的空间权力关系结构。工业革命和电力革命带来了全球政治经济格局的重构,也使全球传播形成了"中心-边缘"的空间结构,形成信息从欧美列强单向度强势输出的空间模式,甚至可以说完成了"媒介帝国主义"的空间大厦。在媒介

---

① [加拿大]文森特·曼泽罗尔:《移动的受众商品 2.0:数字劳动与始终在线的媒介》,载姚建华:《传播政治经济学经典文献选读》,商务印书馆 2019 年版,第 242 页。
② [加拿大]文森特·莫斯可:《数字劳工与下一代互联网》,徐偲骕、张岩松译,《全球传媒学刊》2018 年第 4 期。
③ 李春敏:《大卫·哈维的空间批判理论研究》,中国社会科学出版社 2018 年版,第 201 页。

帝国主义体系中,"任何国家媒介的所有权、结构、发行或传播、内容,单独或总体地受制于他国媒介利益的强大压力,而未有相当比例的相对影响力"①。从"三社四边协定"到以《国际新闻工作者章程》《国际新闻自由公约》《国际新闻道德公约》等制度文件组织起来的美国主导下的全球传播秩序,从本质上讲都没有脱离西方中心论导致的强弱依附关系,没有脱离对物的依赖而产生的失衡的话语逻辑,进而强化了资本主义价值观的输出。正如马克思所言,"正像它使农村从属于城市一样,它使未开化和半开化的国家从属于文明的国家,使农民的民族从属于资产阶级的民族,使东方从属于西方"②。

由"强权即公理"组织起来的全球传播秩序是一种非理性、逆信息传播规律的资本主义完成全球空间扩张的推进器。20世纪六七十时代,随着反殖民运动高潮,对全球传播新秩序的呼吁愈加高涨。"国际信息传播新秩序"运动、1976年不结盟国家世界交流问题讨论会上第一提出的"国际新闻新秩序"、1979年推出的《多种声音,一个世界:交流与社会的今天和明天》的研究报告,标志着人们开始对全球传播新秩序进行构想、呼喊、阐释和实践,同时对其探讨也走向维护与抗争阶段。对全球传播旧秩序的纷扰,实际上就是对西方中心论的挑战。美国和英国分别于1984年和1985年退出了联合国教科文组织,并利用强大的信息传播技术继续向发展中国家施压,加剧了"信息鸿沟"或"数字鸿沟"。卡拉·诺顿斯登认为,"侧重于政治而非媒介与传播,侧重于辩论本身而非改变媒介现实,未能孕育出经受住政治斗争洗礼的新概念,未能将辩论引向对深层次帝国主义范式的批判,是国际信息传播新秩序运动未能取得成功的原因,也是这场运动留给后人的教训"③。

基于经验教训,中国在长期实践中以全人类命运福祉为宗旨,不断开拓创新,提出人类命运共同体理念,作为"解决全球传播长期单向度失衡状态的重要理论武器",进而形成"共商、共建、共赢、公平、公正、命运相连的全球传播新秩序"④。这其实是在搭建一个新的全球媒体场域、新的话语体系、新的媒介参与模式,让全人类共享信息传播技术发展的成果,让多元、包容、开放真正融入世界政治经济发展的宏大历史背景中。正如姬德强所认为的,"蕴含着以中国提出的

---

① 陈世敏:《大众传媒与文化变迁》,三民书局1992年版,第40页。
② 《马克思恩格斯选集》第1卷,人民出版社2012年版,第405页。
③ [芬兰]卡拉·诺顿斯登:《世界信息与传播新秩序的教训》,徐培喜译,《现代传播(中国传媒大学学报)》2013年第6期。
④ 邵鹏:《人类命运共同体:全球传播新秩序的中国方向》,《浙江工业大学学报(社会科学版)》2019年第1期。

人类命运共同体理念为代表的国际舆论多维性、立体性和动态性新秩序格局建构的可能性和新契机"①。因此,以人类命运共同体理念作为构建全球传播新秩序的指导,既是从学理层面展现中国智慧,也是在伦理层面体现中国德性,更是在实践层面贡献中国方案。

五、结 论

马克思恩格斯的空间传播思想是在其空间批判的基础上产生,并以此考察资本主义利用社会交往和社会舆论对空间关系和空间权力的形塑与巩固,呈现出资本、媒介、权力三者的互动特点。他们的最终希冀是建立一个限制资本增值、倡导对话理性、平衡空间资源分配的传播空间,进而实现空间传播正义。马克思恩格斯的空间传播思想实质上是对资本主义商品拜物教语境下的劳动异化、交往异化、关系异化的批判,以及对这些异化掩盖意识形态虚假性和欺骗性的批判。同时,意识形态的颠倒性同资本主义空间生产息息相关,它们共同维护了统治阶级的利益与意识需要,却被臆造为社会全体成员的普遍思想形式。从更深层次讲,资本主义以所谓"普世价值"的输出扫清空间传播的障碍,搭建起形式上的平等且自由的空间关系以固化"中心-边缘"的空间结构,遮蔽了一切发生的基础——分工细化和私有制深化打造了一个对个人普遍占有的社会交往体系。因此,马克思恩格斯的空间传播思想对后人具有重要启示,尤其是在新闻传播领域,有助于人们更好地理解马克思主义新闻观、传播政治经济学、全球传播新秩序等。

---

① 张毓强、潘璟玲:《交流与互鉴:文明视域下的全球传播新格局》,《对外传播》2021年第10期。

国际传播篇

党际、国际与命运共同体：建党百年中国共产党对外传播的三维向度及其交叉关系*

姬德强　朱泓宇**

【摘要】　中国共产党的对外传播活动贯穿于建党百年全程。本文从建构主义的路径出发，以中国共产党对外传播活动和与之对应不同历史时期的国内外政治经济形势为参考坐标，关注其中的社会历史语境和对外传播语境，建立"党际""国际""命运共同体"的中国共产党对外传播三维向度。基于文本与话语征象，进而分析中国共产党对外传播活动的不同向度特征，讨论各个向度所蕴含的主客体逻辑、话语传播策略和与时代背景的相关性，并阐释非线性向度之间存在的交叉关系，提出三维交叉向度的基本原则是以人民为中心、坚持与时俱进和发展的可持续性。

【关键词】　中国共产党；对外传播；三维向度；交叉关系；建党百年

一、中共对外传播：概念界定的边界与建构主义的观照

中国共产党的对外传播活动（简称"中共对外传播"）贯穿于建党百年全程。自1921年正式成立以来，作为新民主主义革命的领导者，在革命武装斗争过程中，中国共产党始终致力于对外书报宣传和与共产国际的联络工作；1949年新中国成立，中国共产党既面临向社会主义执政党的身份转化和对共产主义意识形态的进一步本土化实践，又面临对外宣传工作向"国家化"（nationalization）和"制度化"（institutionalization）的转变升级；1978年改革开放大幕开启，中国共产党以发展的马克思主义为先导，在保留一部分革命意识形态的同时，吸纳了社

---

*　本文原刊于《全球传媒学刊》2021年第3期。
**　姬德强，中国传媒大学教授，中国传媒大学媒体融合与传播国家重点实验室研究员。朱泓宇，清华大学新闻与传播学院博士研究生。

会快速变迁和分化所产生的更为多样的声音和文化,与此同时,通过对接全球化进程实现国际传播的方向转移和战略升级;进入 21 世纪,特别是党的十八大召开以来,中国特色社会主义建设进入新时代,中国面临的全球化挑战和国际舆论生态变得更加复杂多变,中共对外传播的面向也变得愈加多元。2020 年暴发的新冠疫情对全球社会变迁起到一个加速器的作用,也驱使国际舆论走向激化和极化。在"全球话语权力转移"的背景下①,如何向世界更好地讲述中国共产党为人民谋幸福、为民族谋复兴、为世界谋大同的奋斗故事,成为后疫情时代中国共产党对外传播的新议题。这意味着中共对外传播再次面临转型与升维,即在全球格局视野下不断实现政党现代性与共和国现代化的双重"自我革命"②。

从历史唯物主义的角度出发,中共党史研究和党的传播史研究需要以党的历史资料/史实为基准,并对历史事件/对象进行"概念化"(conceptualization)界定③。然而,当我们回顾并审视百年中共对外传播历史,尝试对"中共对外传播"进行概念界定时却面临困难,或言存在边界的模糊性。特别是与 1648 年以来《威斯特伐利亚条约》基础上西方主导的近代"民族-国家"(nation-state)秩序进行比对时,西方国家的对外或国际传播概念更好归纳,即站在本民族-国家之立场向其他民族-国家进行信息传递和文化宣扬的传播活动,在不同历史时期有着不同的媒介偏向、实践经验及效果评估手段。但是,对于中国共产党的对外传播而言,如果按照现代民族-国家的框架进行概念转译,将其简单地理解为中国共产党的跨国交往,或者更具体地说,将其理解为与外国政党进行信息传播和文化交流的传播活动,都存在诸多局限。

首先,忽视了中国共产党作为马克思主义政党,从领导革命实践到进行社会主义现代化建设,并在参与和驱动全球化的进程中倡议人类命运共同体的多维身份转变和叠加;同时,也忽视了中国传统儒家文化内嵌的"家-国-天下"观,即历史地看,"中国"观念不因朝代更替和政权更迭消亡,相反,家国观念长久存在于国人心中,更体现在中国共产党对五千年中华文明的坚定传承上。因此,将中共对外传播理解为跨国党际传播显然是一种简化。恰恰相反的是,我们必须考虑到中国共产党与国家、民族乃至全球化的复杂互动关系。

---

① 赵月枝、姬德强:《传播与全球话语权力转移》,世界知识出版社 2019 年版,第 1 页。
② 郑永年:《中国共产党的"自我革命"——中共十九大与中国模式的现代性探索》,《全球化》2018 年第 2 期。
③ 郭若平:《概念史与中共党史研究的新视野》,《中共党史研究》2013 年第 5 期。

其次,中共对外传播朴素的"国际观"(不同于新中国成立后的整体国家观和国际传播观)的形成早于新中国成立,并间接影响抗日战争后期和新中国成立初期的对外宣传与外事工作。换言之,党际观和国际观在相当长的一段时间内,在某种程度上是中国共产党对外传播和外事工作的"一体两面"。早在抗日战争时期,毛泽东就提出"国际统一战线"议题,例如1938年5月《论持久战》中的"抗日战争和统一战线之所以能够坚持,是由于许多的因素……从共产党到国民党……从社会主义国家到各国爱好正义的人民"表述①。延安时期,1940年12月30日开始播音的延安新华广播电台,除了播送中共中央、陕甘宁边区政府文告外,同样兼顾包含党际又超越党际的国内外新闻②。又如1957年,毛泽东提出中国既要巩固团结好苏联和一切社会主义国家,也要巩固团结好亚非国家,至于帝国主义国家,也要"团结那里的人民"③。因此,也不能简单地将中共对外传播按照现代国际关系的框架来理解,而是要看到其中的话语出发点和叙事落脚点,尤其是以世界人民与持久和平为基点的对外传播理念。

最后,上述概念转译也忽视了百年党史、新中国历史、改革开放史及马克思主义中国化历史等之于古代中国和近代中国历史的进步意义和史学书写意义。中共对外传播并不等同于中国对外传播,也不同于简单意义上的中华文化"走出去"。换言之,我们需要明确被放置在中国特色社会主义建设历史进程中的中国共产党、新中国与人文学科意义上的"文化中国"之间的联系和不同,在此基础上反思现有的西方传播学概念框架的解释性不足,并尝试补充完善中国特色新闻学④。同时,将中共对外传播百年历程及其向度、交叉关系"语境化、立体化、鲜活化",为现有的"西方本位"的国际传播、跨文化传播、全球传播等理论带来基于中国实践的中国智慧和中国方案⑤。

因此,本研究不用理念论(idealism)或本质主义(essentialism)对"何为中共对外传播"进行概念界定,而用建构主义(constructivism)认识论对其进行文献溯源和史学考察。研究以建党百年来中国共产党始终坚持的对外传播活动理念和实践,以及与之对应的不同历史时期国内外政治经济形势为参考坐标,关注其中的社会历史语境和对外传播之相嵌关系,分析对外传播活动中的文本与话语征象⑥,

---

① 北京大学法律系:《毛泽东同志国际问题言论选录》,世界知识出版社1959年版,第33页。
② 赵玉明:《解放区广播事业发展概况(1940—1949年)》,《中国科技史料》1982年第4期。
③ 北京大学法律系:《毛泽东同志国际问题言论选录》,世界知识出版社1959年版,第234页。
④ 胡钰、虞鑫:《构建中国特色新闻学:何以可能与何以可为》,《国际新闻界》2016年第8期。
⑤ 苏力:《如何说好中国故事?——在中西文化交流的语境中》,《东方学刊》2020年第4期。
⑥ 赵淑梅:《话语分析与中共党史研究》,《宁夏党校学报》2010年第1期。

提出中国共产党对外传播活动所包含的不同取向维度，具体分析各个向度所蕴含的主客体逻辑、话语传播策略和与时代背景的相关性，并重点阐释这些向度之间存在的交叉融合关系。

二、从对外传播史走向对外传播"向度史"

（一）中共对外传播史：文献综述与问题启发

为了更准确地锚定中国共产党对外传播的取向维度，我们以"中国共产党/中共对外传播"为关键词在中外文献资料库中进行主题检索，尝试在文献整理基础上获取中共对外传播已有研究成果的总体特征，以及中共对外传播具体的主体分布情况。现有文献关注的议题主要分为以下三个方面。

首先是对中共对外宣传和对外传播的概括性综述。田丽从"宣传与战略宣传"的大外宣角度论述了当代中国共产党致力于建设具有"全局性、长期性、平衡性"的对外宣传战略框架①，服从国家总体战略部署要求。同时，出于中苏关系等历史原因，中共对外宣传/传播模式（包括大众传播、以党组织为代表的组织动员等在内）存在大量向苏俄/苏联学习的情况②。除此之外，在改革开放以来中国与世界"接轨"的背景下，中共对外传播从学术讨论到应用实践的色彩日渐浓厚，例如话语策略希冀使用"传播"取代"宣传"，并关注在海外受众眼中的中国共产党和社会主义中国整体形象③。

刘小燕和崔远航进一步指出，当前针对中国共产党对外传播的研究主要集中于两点：一是对中国共产党对外传播的思想进行分析研究；二是以历史为基础，对中国共产党对外传播史进行审视。参照哈罗德·拉斯韦尔（Harold Lasswell）"5W"模型，从传播主体、传播内容、传播渠道和传播目的等方面对中共对传播作出界定，认为"中国共产党对外传播是中国共产党议程（或公共政策）、中国共产党执政行为等内政外交之信息和价值观，面向境外公众的扩散、接收、交互、认同及内化等有机系统的运作过程"④。这一界定聚焦于中国共产党执政党的政治

---

① 田丽：《中国共产党对外宣传战略研究》，中共中央党校博士学位论文，2016年。
② Yu Minling, *Learning from the Soviet Union: CPC Publicity and its Effects*, Zurich, Switzerland: Center for Security Studies (CSS), ETH Zurich, 2005.
③ Ohlberg, M. S., *Creating a Favorable International Public Opinion Environment: External Propaganda (Duiwai Xuanchuan) as a Global Concept with Chinese Characteristics*, PhD dissertation, University of Heidelberg, Germany, 2013.
④ 刘小燕、崔远航：《中国共产党对外传播研究的演进与未来取向》，《国际新闻界》2020年第6期。

身份,但本研究认为,更应以历史的眼光,厘清中国共产党不同角色转换的内生异质性和外延大环境。因此,中共对外传播的历史研究需要在整体宏观把握的基础上引入必要的"向度考察"①,而"党际、国际、命运共同体"的三维向度正脱胎于中国共产党百年党史的发展事实。本研究也将积极尝试建立"基于历史(事实)又反哺历史(书写)"的中共对外传播三维向度并探明其交叉融合关系。

其次是对某一特定历史时期中共对外传播的思想和经验进行重访和评述。以历史的先后顺序为线索,唐荣堂对1921—1927年新民主主义革命早期的中共对外宣传活动进行考察②,指出中国共产党早期创办了中俄通讯社、《少年》、《赤光》等对外新闻宣传机构和刊物;依托新青年社、上海书店、巴里中国书报社等出版发行单位,实现了早期书报的海外发行;积极参与共产国际代表大会、远东人民代表大会等大型国际会议,在国际政治活动中宣传中国革命与中国共产党的主张;在组织制度上设置"驻共产国际代表"职务,加强对各国共产主义组织和海外华人的宣传工作。李青林等讨论了延安时期中共对外传播的组织方式和机构设置,就机制和策略问题进行了延展③。许正林等以政党形象为切入点,总结2008—2018年"他者"视角下的中国共产党形象④。常江等分析了党的十九大对外传播议程设置⑤。上述研究为我们明确了中国共产党在近现代历史中的不同定位和行动理念,以及在新民主主义革命、社会主义革命和建设、改革开放、中国特色社会主义新时代等不同时期中共对外传播的延续性和拓展性关系。这也成为本研究开展进一步对外传播向度和交叉关系分析的基本史实依据。

最后是落脚于某一具体传播领域,并探析该领域与中国共产党整体对外传播之间的关系。例如,吕彤邻研究了抗日战争中期(1939—1944)西方民间人士与中共对外信息传播之间的联系⑥;黎海波对抗战时期中共侨务对外传播的路径、方式和经验进行了总结,指出其采用的是(西方大众传播学范式下)"人际传播-意见领袖-大众传播-一般受众"的模式⑦。这些研究的启示在于,中共对外传播并非单向的传递(transmission)过程,而是充满多个变量因素和参与单位;其

---

① David Cheal, *Dimensions of Sociological Theory*, UK, Basingstoke: Macmillan Education, 2017.
② 唐荣堂:《中国共产党早期的对外宣传活动述论(1921—1927)》,《新闻界》2020年第10期。
③ 李青林、徐龙超:《延安时期中共对外传播机制与策略研究》,《青年记者》2017年第31期。
④ 许正林、王卓轩:《十年来中国共产党政党形象对外传播的理论与实践》,《现代传播(中国传媒大学学报)》2018年第9期。
⑤ 常江、田浩:《中共十九大对外传播议程设置解读》,《对外传播》2017年第11期。
⑥ 吕彤邻:《抗日战争中期西方民间人士与中共对外信息传播》,《中共党史研究》2015年第7期。
⑦ 黎海波:《抗战时期中共侨务对外传播的路径、方式与经验》,《理论月刊》2016年第7期。

中的主客体逻辑需要被发掘和讲述，同时要兼有对西方社会科学范式套用、滥用的警惕，需要把中共对外传播放置在党与党、国与国甚至是全球性互动等特定背景下加以理解和阐述。

综合来看，时事热点与政治议程对中共对外传播研究的影响不容小觑，例如有大量中共对外传播研究集中于2011年建党九十周年、2012年党的十八大、2017年党的十九大前后，中共对外传播研究数量呈现骤增趋势。此外，已有的中共对外传播研究关注到中国共产党建党以来不同历史时期对外传播特点的变化，也有了一定的主体区分意识，但没有从"向度"视角进行分析和归纳。

当前的中共对外传播研究存在明显空白，亟待填补。第一，对对外传播主体的分析尚不明晰，包含执政党和政府部门在内的主体和多元传播机构常常被混杂在一起（例如建制化后"一个机构、两块牌子"的情况并未做具体分析讨论），多数研究没有明确区分"中共对外传播""中国对外传播"和"中华文化走出去"的差异与联系。第二，分析主体不明晰，导致对中共对外传播的实践观念和指导思想缺乏清晰认识和判断。基于此，本研究认为，在进行中共对外传播研究时，有必要引入基于历史逻辑的非线性"党际""国际""命运共同体"三维向度。第三，缺乏对不同历史时期的差异化比较及其中的关键历史节点分析。例如，1949年新中国成立后，党际传播和国际传播存在交叉状态；1978年改革开放后，党际传播在一定程度上为国际传播服务；2012年党的十八大至今，党际、国际和命运共同体都存在于中共对外传播实践中，并且日益呈现出交叉乃至融合的趋势。然而，当前的研究没有明确指出上述交叉状态的传播特征。

杨洁篪在《中国共产党建党百年来外事工作的光辉历程和远大前景》一文中将百年来中国共产党外事工作分为四个阶段，分别是1921—1949年新民主主义革命时期、1949—1978年社会主义革命和建设时期、1978—2012年改革开放和社会主义现代化建设新时期、2012年至今中国特色社会主义新时代[①]。本研究以此为依据并进一步阐述各阶段"党际、国际、命运共同体"对外传播三维向度的具体特征。

（二）向度史与交叉关系：研究问题与方法论

基于上述对概念边界的讨论和对文献综述的分析，本研究提出的研究问题

---

① 杨洁篪：《中国共产党建党百年来外事工作的光辉历程和远大前景》，《求是》2021年第10期。

如下。第一，建党百年中共对外传播的党际、国际、命运共同体的三维向度，其具体的主客体逻辑、话语风貌和传播活动所依托的社会历史语境如何？第二，党际、国际、命运共同体的非线性三维向度具体在哪一历史时段，存在怎样的交叉关系？需要说明的是，本研究的研究问题和最终的讨论，无意也难以绘制一张详尽的百年中共对外传播历史画卷，而是要引出一种新的思考路径和研究方向，即从简单编年史叙事走向向度史和交叉关系研究。

社会科学研究中的"向度"(dimensions)一词，参照加拿大社会学教授大卫·切尔(David Cheal)在《社会学的向度》(*Dimensions of Sociological Theory*)一书中的使用①，可概括为"理解某一现象/活动或实践的不同方式、路径及其观念成果"。向度可作为一个具有统摄性质的核心概念，用以解释不同的甚至是具有冲突性的观点。不同向度之间之所以有区别，原因在于它们存在五个方面的差异：第一，不同的分析单元（例如，如何分析对象，看重有关的个体行动还是社会事实）；第二，不同的解释方式（如何解释对象）；第三，不同的关键要素（社会历史进化的动因是什么）；第四，不同的学科知识（社会地、历史地理解对象，还是本质化地理解对象）；第五，不同的结构和议题（例如，对象的结构是什么，或是去结构化地理解）。本研究借用"向度"概念，并提出"向度史"的研究视野，认为需要牢牢把握中共对外传播实践在不同观念和范式下所产生的不同传播向度，以及这些向度之于中国共产党百年党史，包括新民主主义革命、社会主义革命和建设、改革开放及中国特色社会主义新时代等的嵌合和延伸，并分析这些传播样态向度之间的交叉融合关系。

就建构主义研究路径而言，要解决上述研究问题，一方面，需要借鉴法国年鉴学派(Annales School)的方法论启示，对于三维向度和交叉关系的考察不应单单局限于档案资料的历史客观记录，同时，也要意识到产生这些"话语"的特定历史语境和背后的行为主/客体②。还可以尝试将其作为研究方法③，既要看到中共对外传播具有世界整体历史进程的普遍性，也要看到中共对外传播的特殊性及其研究价值，"还原"三维向度在特定历史语境下的传播特征及向度间交叉关系的融合可能性。

另一方面，要避免对外传播的中心论和本质化倾向，从而把"党、国家、市场、

---

① David Cheal, *Dimensions of Sociological Theory*, UK, Basingstoke: Macmillan Education, 2017, pp. 1-5.
② 董国强：《中国当代史研究方法论两题》，《中共党史研究》2021年第1期。
③ ［日］沟口雄三：《作为方法的中国》，孙军悦译，生活·读书·新知三联书店2011年版，第125页。

社会、权力、意识形态"等重要概念脸谱化、去历史化和庸俗化或是滑向极端①，即部分西方学者的机械"党国论"（party-state），割裂中共对外传播的历史语境和全球语境，将其进行孤立化处理；而应该将中共对外传播语境化到新民主主义革命、社会主义革命和建设、改革开放及中国特色社会主义新时代等社会历史阶段中，明确中共对外传播的社会主义和共产主义意识形态追求，以及更大范围的包容性规范，例如如何对不平等的全球资本主义结构和世界信息传播秩序进行挑战，并在新时代语境下对人类命运共同体理念进行推广。

三、三维向度：党际、国际、命运共同体

（一）党际传播：从"国际共运，以俄为师"到"组建部门，政党外交"

党际传播是中国共产党百年党史对外传播的起点和重要构成向度。在实践过程中，党际传播往往与"政党交往""党际交往"等活动有概念上的相通和事件中的重叠。但是，为了突出学科化乃至媒介化（mediatization）的视角，本研究仍采用"党际传播"的界定。需要说明的是，对外传播活动中的党际传播不包括与国内早期国民党和后期民主党派之间的相互交流，而特指国际范围的政党之间的交往和关系建构。以历史为经，中共对外党际传播分为四个阶段，并经历了从"国际共运，以俄为师"到"组建部门，政党外交"的发展。

1. 新民主主义革命时期的党际传播

苏俄成立、共产国际运动对中国共产党的建立和中共对外传播事业启程起到了重大推动作用。第三国际代表维经斯基于1920年来华，并与李大钊、陈独秀等人会晤，促成了中国共产党的建立②。1921年7月，中国共产党成立，既拉开了中国无产阶级新闻事业的序幕，也宣告了中国共产党对外传播事业的正式启航。参考陈日浓在《中国对外传播史略》一书中的论述③，早在中国共产党成立之前，一些对外宣传活动就已经展开，早期的对外传播活动主要是向共产国际和各兄弟政党通报革命情况。中俄通讯社早在1920年7月1日便对外发稿。在中国共产党正式成立之后，中俄通讯社改称为华俄通讯社。中俄通讯社的工作主要有两项，一是翻译并报道有关苏俄、共产国际方面的资料，二是把中国报刊

---

① 赵月枝：《传播与社会：政治经济与文化分析》，中国传媒大学出版社2011年版，第54页。
② 高万娥、刘道慧：《建党伟业——聚焦1921》，人民出版社2011年版，第214页。
③ 陈日浓：《中国对外传播史略》，外文出版社2010年版，第51页。

的重要消息翻译成俄文发往莫斯科①。

此后,年轻的中国共产党围绕国际共产主义运动展开系列对外宣传活动。例如,第一次国共合作破裂后,中国共产党在革命根据地开展土地革命,于1931年在共产国际指引下以苏俄(联)模式建立中华苏维埃政权。此时创立的红色中华通讯社(Chinese Soviet Radio,CSR)带有浓厚的苏维埃印记,CSR 也使用中英文对外播报中华苏维埃政府成立的消息和重要文告等。新民主主义革命期间,新中国尚未成立,彼时更无"全球化"概念,时代主旋律为两次世界大战及战后世界格局的重建工作(例如"铁幕"在欧洲的拉开和逐步形成的美苏冷战两极格局),中国共产党要解决的主要矛盾为"中国人民和帝国主义、封建主义、官僚资本主义统治之间的矛盾"②。中国共产党处于发展、壮大的过程中,对苏俄(联)和共产国际仍有依靠关系。因此,中共对外传播,尤其是与苏共之间的沟通尚不平等,往往主动寻求苏共指导。具体话语如中共在"九一八事变"后,出现极左倾向,担忧日军进攻苏联并提出"武装保卫苏联"的极端口号③。彼时中共对外党际传播的失衡状态恰恰反映了新中国成立前中华民族主权丧失的历史和传播过程中主体性的相对欠缺。

2. 社会主义革命和建设时期的党际传播

新中国成立后30年间经历了社会主义改造、建设和"文化大革命"等不同历史时期,尽管具体分期复杂,但总体特征较为明显,仍旧是在社会主义国家意识形态框架下进行建设,有学者将其概括为"红色中国"④或"前十一届三中全会"时期⑤。本研究将这一时期界定为社会主义革命和建设对外传播时期(1949—1978)。这一时期,中国共产党积极同苏共和其他国家共产党进行政党交往,并对中国处理外交关系和对外传播进行战略、路线、方针及政策的制定,即中国共产党发展对外传播和党际关系与中国发展国际关系的出发点是根本一致的。在此基础上,中共不仅与苏共在新中国成立初期建立了"同志加兄弟"的亲密关系,也同其他社会主义国家执政的共产党建立联系,还对一些亚洲国家的共产党予以支援帮助⑥。

---

① 黄修荣、黄黎:《共产国际与中国共产党关系探源(上卷)》,人民出版社 2016 年版,第 142 页。
② 艾思奇:《辩证唯物主义纲要》,人民出版社 1959 年版,第 171 页。
③ 中共中央党史研究室:《中国共产党历史大事记(1919.5—1990.12)》,人民出版社 1991 年版,第 67 页。
④ 史安斌、张耀钟:《新中国形象的再建构:70 年对外传播理论和实践的创新路径》,《全球传媒学刊》2019 年第 2 期。
⑤ 郭树勇:《论 100 年来中国共产党全球观念变迁的主要规律》,《国际观察》2021 年第 1 期。
⑥ 张树焕、谢嘉宝:《70 年来中国共产党政党外交的演变与经验》,《北京航空航天大学学报(社会科学版)》2019 年第 5 期。

需要指出的是,这一时期的党际交往同改革开放后出现的"政党外交"局面在内容和形式上有所不同,带有更强的意识形态结盟和团结参与国际斗争的色彩。因此,就党际传播的历史性而言,中国共产党在不同历史时期对国际格局的把握、对敌友的判断,决定了其采取怎样的对外传播战略和策略。

同时,1949 年新中国成立也开启了党际传播建制化和多样化发展的局面。一方面,开始建设相关领导部门,例如 1951 年成立了"中共中央对外联络部"。这一时期党的对外交往对象主要是"各国共产党、工人党和左翼进步组织"①,其中,党群外事协调局直至今天还负责"协调、管理中央直属机构和各省、自治区、直辖市党委的对外交往等工作"②,党际传播逐渐层级化和有针对性展开。另一方面,经历了变化调整,例如从 1949—1957 年"学习苏联模式"到 20 世纪 60 年代的"中苏大论战",即与苏联共产党的决裂③。直到改革开放后,中共对外党际传播逐渐恢复正常,以"政党外交"为理念抓手,重视执政党对国家外交的服务和帮助作用。

3. 改革开放和社会主义现代化建设新时期的党际传播

1978 年改革开放以来,随着中国开放程度的逐步提升,以经济建设为中心的"发展主义"和现代化发展诉求成为国家首要议程。作为执政党的中国共产党必须加快自身改革步伐并适应社会变革和与全球化接轨的节奏,甚至是协商一部分意识形态解释空间,拓展党际互动范围,加强党的对外信息传播,向国际社会全面、客观、准确地介绍中国和中国共产党④。这一工作有助于提升党的对外影响力,增强国家软实力,巩固党的执政地位,维护党的执政安全,为改革开放和现代化建设营造良好的外部环境。

1982 年党的十二大正式提出中国共产党与各国共产党(1987 年党的十三大进一步发展为与各国各类政党)发展关系的四项原则,即"独立自主""完全平等""互相尊重""互不干涉内部事务"⑤。同时,"政党外交"一词孕育而生。然而,中国共产党的外事部门因为相对神秘而少在海外媒体和学术界曝光,所以曾被沈

---

① 戴秉国:《发挥政党外交优势 服务全党全国工作大局——纪念中联部成立 50 周年》,《当代世界》2001 年第 2 期。
② 中共中央对外联络部,https://www.idcpc.org.cn/zlbjj/wbjj/,最后浏览日期:2021 年 5 月 1 日。
③ [美] R. 麦克法夸尔、[美] 费正清:《剑桥中华人民共和国史:革命的中国的兴起(1949—1965 年)》,谢亮生等译,中国社会科学出版社 1990 年版,第 505—508 页。
④ 杨淞:《党际交往中的对外传播》,《对外传播》2011 年第 7 期。
⑤ 《中国共产党章程(中国共产党第十二次全国代表大会一九八二年九月六日通过)》,http://cpc.people.com.cn/GB/64162/64168/64565/65448/6415129.html,最后浏览日期:2021 年 5 月 1 日。

大伟等西方学者理解为"一个安静却重要的渠道"①。

4. 中国特色社会主义新时代的党际传播

新时代中共对外党际传播以政党外交为基础，形成了别具一格的中国特色的党际传播模式②。2012年党的十八大以来，中国共产党就党际传播问题，以更加积极主动的姿态出现在世界舞台上，确立了维护世界和平与稳定、促进国家关系发展、为改革开放和社会主义现代化建设服务的党际外交目的宗旨，以及政治对话、治党理政经验交流、经济文化合作、国情考察和理论研讨等内容形式③，已与160多个国家和地区的600多个政党和政治组织建立了不同形式的关系。负责中国共产党对外工作的中共中央对外联络部，"成为向国际社会展示党的良好形象的重要窗口，成为党员领导干部观察和研究世界的重要平台，成为借鉴国外经验、为中央决策服务的重要渠道"④。

改革开放以来，特别是新时代以来，党际传播显现出从"以我为主，为我所用"到"融通中外，和谐与共"的发展趋势。例如，2020年新冠疫情期间，中共中央对外联络部组织中方医疗团队与时任印度国大党领导人拉胡尔·甘地、印度北方邦卡马拉尼赫鲁纪念医院院长马杜·昌德拉等印方专家参加中印医护人员抗击疫情经验线上视频交流会，围绕新冠诊疗方案和防控举措等进行交流，以党际建设促进区域卫生防疫战线的建立。

（二）国际传播：发挥执政党的对外传播引领作用

随着解放战争的胜利，新中国正式成立，中国共产党将马克思列宁主义、苏联政治体制和近代中国实际（以国民党"党国体制"为例）相结合，创造性地走出一条"以党建国，以党治国"的新体制道路⑤。中国共产党执政党地位依靠抗美援朝战争、国内社会主义改造等而愈加稳固，中国共产党领导的"国际型"或言国家整体对外传播开始成形（不同于但又脱胎于革命时期的朴素"国际观"），也出

---

① David Shambaugh, China's "Quiet Diplomacy": The International Department of the Chinese Communist Party, *China: An International Journal*, 2007, 5(1), pp. 26-54.

② Niu Haibin, *Party Diplomacy with Chinese Characteristics*, In Yang Jiemian (Ed.), *China's Diplomacy: Theory and Practice* (pp. 415-476), Hackensack, NJ: World Century Publishing Corporation, 2014.

③ 刘靖北：《中国共产党党的建设》，人民出版社2016年版，第149页。

④ 中共中央对外联络部，https://www.idcpc.org.cn/zlbjj/wbjj/，最后浏览日期：2021年5月1日。

⑤ 唐亚林：《从党建国体制到党治国体制再到党兴国体制：中国共产党治国理政新型体制的建构》，《行政论坛》2017年第5期。

现了党际和国际交叉的对外传播形态,而这一交叉状态也一直延续至今。具体来看,中国共产党领导的"国际型"对外传播主动性/主体性强,也可分为社会主义革命和建设时期、改革开放和社会主义现代化建设新时期、中国特色社会主义新时代三个阶段。

1. 社会主义革命和建设时期的国际传播

作为执政党,中国共产党领导的国际传播需要与中共对外党际传播在理念、政策、实践及目的等多方面有所区别。具体而言,这一时期,中国共产党面临从新民主主义革命时期到社会主义革命和建设时期的身份转化,也面临统一的多民族的社会主义国家的聚合问题,包括针对不同阶层、区域、民族间的融合乃至整体社会共识的培育。

彼时的对外传播不单单需要以党的定位来开展,更需要启动"国家机器",诞生整体对外理念,中国共产党领导的国际化对外传播要将话语主动权、控制权牢牢掌握在自己手中。例如,1951年,刘少奇在《党的宣传战线上的任务》报告中表示,"中国革命胜利了……我们的宣传工作者,就要利用这种条件来加强马列主义的宣传……使我们中华民族在世界上成为有最高理论水平的民族之一"①。1955年,毛泽东对新华社提出"要把地球管起来,要让全世界都听到我们的声音"②的要求,令人振奋,也将"马列主义-中国共产党-中华民族-世界视野"的彼此逻辑与中共国际传播的奠基紧紧联结在一起。

2. 改革开放和社会主义现代化建设新时期的国际传播

随着党的十一届三中全会的胜利召开,改革开放的大幕开启,全球市场话语及西方新自由主义意识形态旋风也随之刮入中国,中共对外传播在"国家整体观"的巩固过程中面临"国际受众观"的考验,以及逐渐过渡到"党政双管体制"③或更进一步的"一元体制 二元运作"模式。如何调和执政党、社会主义国家、资本、国内外市场等不同需求,是这一时期要解决的对外传播的主要矛盾。江泽民曾在党的十五大报告中指出:"我们不把自己的社会制度和意识形态强加于人,也决不允许别国把他们的社会制度和意识形态强加于我们。"④1980年4月,中共中央决定成立对外宣传小组,加强对外宣工作的领导,并于同年发布《关于改

---

① 刘少奇:《刘少奇选集》下卷,人民出版社1985年版,第80—81页。
② 《毛泽东新闻工作文选》,新华出版社1983年版,第182页。
③ 姜飞、张楠:《中国对外传播的三次浪潮(1978—2019)》,《全球传媒学刊》2019年第2期。
④ 江泽民:《高举邓小平理论伟大旗帜 把建设有中国特色社会主义事业全面推向二十一世纪》,人民出版社1997年版,第48页。

进和加强对外宣传工作的意见》,目的在于让中国对外传播能够进一步树立良好形象,从而有效面对国际舆论斗争形势。"东西少、不对路、时效慢"是彼时的外宣工作弊病,为此,"中央对外宣传小组连续数次以文件形式,系统化、规模化、具体化地提出了对外宣传工作的发展战略和规划布局"①,希冀实现国际传播的质量提升和对其的切实全方面领导。

3. 中国特色社会主义新时代的国际传播

进入新时代,中国共产党领导的国际传播主要围绕融合中外的话语体系构建展开,目的在于形成同中国综合国力相适应的国际话语权②。与此同时,随着中国国际影响力的增强和国际地位的攀升,中国共产党领导的国际传播更是在价值论层面对"国际关系的建构"这一大命题进行反思,而这一反思建立在对西方政治经济制度和信息传播体制的"祛魅"基础上。在新时代的界定之前,或言 2010 年中国正式赶超日本,成为世界第二大经济体之前,中国的外宣话语对于以美国为首的西方国家:一方面,存在一定程度的"市场原教旨主义"崇拜,放大对国际传播活动中的受众心理及效果的捕捉,追求量化指标效应,而忽视了新型国际关系之下国与国之间的友好往来,以及文化意识形态本身的多维建构力量;另一方面,可能存在一定程度的"民主/自由原教旨主义"倾向③,混淆西方国际政治关系或国际传播研究中的基础概念,较少重视中国特色制度、道路、理论和文化的自信。新时代以来,中国共产党领导的国际传播致力于改变原有不平等的信息流通和交往关系。这既是对 20 世纪 60 年代以来"世界信息与传播新秩序"历史遗产及其"教训"的反思与超越④,也是在话语层面对全球传播权力转移的一次建构尝试。

2019 年的"中美主播约辩"事件与由中美贸易战引发的舆论战,是中国共产党领导的国际传播在新时代转型的两大佐证。近年来,中国共产党正以更加自信的精神状态应对国际舆论压力,拓展媒体融合外部效应,有效反制境外敌对势力,展开主动外宣工作⑤。2021 年 5 月 31 日,习近平在中共中央政治局第三十次集体学习时强调,要"加强和改进国际传播工作,展示真实立体全面的中国",系统提出中国国际传播能力提升的国家方略,显示出新时代中国共产党领导的

---

① 李舒东:《中国中央电视台对外传播史(1958—2012)》,人民出版社 2013 年版,第 34 页。
② 姜飞、姬德强:《发展中的中国国际传播思想及其世界意义》,《出版发行研究》2019 年第 11 期。
③ 张维为:《西方的制度反思与中国的道路自信》,《求是》2014 年第 9 期。
④ Daya Kishan Thussu, Hugo de Burgh, Anbin Shi, eds, *China's Media Go Global*, London: Routledge, 2017, p. 34.
⑤ 姬德强、杜学志:《平台化时代的国际传播——兼论媒体融合的外部效应》,《对外传播》2019 年第 5 期。

国际传播和推进新型国际关系建设的战略规划。

（三）命运共同体传播：以世界政治和人类命运为宗旨

随着 2012 年党的十八大的召开，中国特色社会主义进入新时代。全球化发展风险与机遇与日俱增，互联网平台影响下的"数字地缘政治"成为牵动国际关系的新引线，特别是 2017 年、2021 年美国白宫两度易主，英国"脱欧"事件和社交媒体平台的快速发展，加上 2020 年暴发的新冠疫情，全球性公共卫生防护体系的构建和无障碍信息传播平台的搭建愈发重要，中国共产党对外传播事业出现了第三种向度可能，即"命运共同体传播"。同时，命运共同体传播也与党际传播、国际传播向度形成新的交叉关系。三个向度的融合共生成为 21 世纪第二个十年之后中国共产党对外传播事业的基本精神和实践理念。上述三维向度及其交叉关系在历史纵坐标的具体分期情况详见图 1。

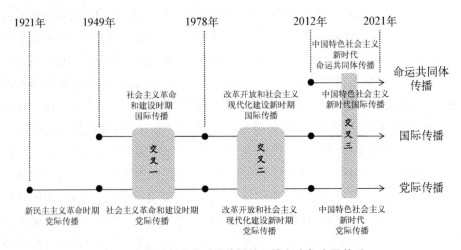

图 1　建党百年中共对外传播的三维向度与交叉关系

党的十八大以来，人类命运共同体的理念、倡议及其实践便贯穿于新时代中国共产党带领中国人民探寻新式全球化、新型国际关系和可持续发展道路的始终。中共中央总书记、国家主席习近平提出"人类命运共同体"的理念，即"政治上真诚互信、经贸上合作共赢、人文上互学互鉴、国际事务中密切协作、整体合作和双边关系相互促进的"五位一体新格局①。在 2017 年召开的中国共产党第十九次全国代表大会上，习近平总书记指出，全面建成小康社会，夺取新时代中国

---

① 习近平：《论坚持推动构建人类命运共同体》，中央文献出版社 2018 年版，第 146 页。

特色社会主义伟大胜利,离不开坚持和平发展道路,推动构建人类命运共同体。中国将高举和平、发展、合作、共赢的旗帜,恪守维护世界和平、促进共同发展的外交政策宗旨,坚定不移在和平共处五项原则基础上发展同各国的友好合作,推动建设相互尊重、公平正义、合作共赢的新型国际关系。新时代中国共产党命运共同体传播以"践行人类命运共同体"为基本理念,开拓全球化时代信息交流与传播新局面。

人类命运共同体理念对党际传播、国际传播,甚至是冷战后兴盛至今的美式全球传播范式均有所超越:超越党际传播和国际传播,尤其是超越西方政党政治的部分代表性逻辑与以"民族-国家"为分析单位的零和博弈或冷战逻辑,以及国家间权力平衡变化所诱发的权力转移话语,同时,对"东-西"和"南-北"的地缘关系抱有认知正义,呼唤国家间的友好交互往来;将超越现行美式全球传播,用文明多样性和交往平等性超越全球传播内涵中的民粹型技术主义、大众民主观(主体多元论),以及潜在的文化/信息帝国主义和新霸权倾向。换言之,此时的对外传播主客体逻辑关系甚至存在理念层面的"消解"可能,但是在实践意义层面从未也不可能抛弃执政党和国家立场。中国将持续积极倡导、建设"一带一路",继续加强金砖国家合作共赢,深化亚太经济合作组织的伙伴关系,以中非合作论坛带动国际社会对非洲的关注和投入,最终建设一个以全球人类命运共同体为对外传播理念的执政党。

四、交叉关系:三维向度间的融合效应

中共对外传播非线性三维向度存在交叉关系。区别于西方政治的分权传统、建立于冷战思维的"民主/威权"二元对立论和政治传播活动追求所谓"冲突话语"的非延续性特点,中国共产党领导的中国特色社会主义政治体制和对外传播体制各向度之间高度融合共生、延续完整,即基于中国特色社会主义的政党国家制度而存在各向度间的交叉关系。正如前文所分析的,就历史分期而言,交叉关系在新中国成立后就一直存在,特别是党际传播与国际传播的交叉;新时代以来更是形成了党际传播、国际传播和命运共同体传播的新交叉融合关系。总体来看,共分为下述三大交叉关系。

(一)交叉一:社会主义革命和建设时期党际传播与国际传播的交叉

在社会主义革命和建设时期,党际传播与国际传播的交叉正好印证了中国

共产党对于国家建设、国际关系把控的宏观视野。以《人民画报》为例①,它在新中国成立前由晋冀鲁豫军区政治部人民画报社编辑出版,是新中国成立后出版的第一本面向世界的综合性摄影画报。1950年7月,《人民画报》从国家整体的视角,在发刊词中写道:"我们的国家正在进行大规模的社会改革工作和经济建设工作。我们的国家每天每天都有进步,每天每天都有新鲜事物在我们的生活中涌现出来。"其中的第一幅插图就是天安门前飘扬的五星红旗和中国共产党党旗(见图2)。这意味着此时中国共产党的对外宣传思想和新中国的国家意志已合为一体,产生"1+1>2"的作用。

图2 天安门前飘扬的五星红旗和中国共产党党旗

图3 《世界民主青年会师北京》

1950年10月,《人民画报》刊文《世界民主青年会师北京》,站在中国共产党的立场(以及中国新民主主义青年团,即中国共产主义青年团前身等角度),欢迎来自苏联、朝鲜的共产党及民主青年代表,也不乏以国际眼光来看待爱好民主的青年会师北京的时代意义。11月,又刊文《中苏电影事业合作万岁!》(见图4),指出中共中央和苏联代表团关于表现中国人民伟大斗争的影片通力合作的精

---

① 本节关于《人民画报》的案例参见《人民画报》1950年第1期(7月)发刊词、第4期(10月)、第5期(11月)。

神,其中,党与党、国与国之间的深切友谊展现无遗。虽然此后中苏关系破裂,党际传播面临十足考验,但党际传播与国际传播交叉的关系从未断裂。

图4 《中苏电影事业合作万岁!》

(二)交叉二:改革开放和社会主义现代化建设新时期党际传播与国际传播的交叉

改革开放以来,随着"政党外交"观念的逐步形成,"以党际促国际、以国际带党际"的交叉型对外传播新局面成为新常态。典型的案例当属亚洲政党会议。自2000年以来,亚洲政党会议各代表以"求同存异""平等协商"等原则进行交流沟通,为半个多世纪以来处于后殖民主义影响下的亚洲各国反对帝国主义软性的政治、经济和文化控制,走民族独立解放和自主发展道路的经验分享提供了平台。2004年的亚洲政党会议由中国共产党主办,围绕"地区安全与多边合作""经济增长与社会进步""政党建设与国家发展"等议题进行讨论,发表了《2004北京宣言》。

1978年至21世纪初,甚至直到2012年,中国共产党外事工作呈现出"党"的相对低姿态,意识形态宣传的收缩、调适①,对"发展中国""文化中国"等去意识形态化议题的偏向传播。这一"传播的偏向"是历史辩证性的以退为进、以守为攻和以柔克刚,在一定程度上实现了中国共产党领导中国辩证接入全球化进程,推进改革开放各项工作持续进行。

区别于西方政党和国家的现代化,中共对外传播在这种历史辩证性和文化与社会包容中实现了自我的现代化革新,正如上文所言,沈大伟等部分西方学者将这一时期中国共产党外事形象特征描绘为"安静但重要"。概言之,这一时期,中国共产党领导的对外传播既需要不断提升党的治国理政水平和对外传播战略实力,又需要破除西方学者对中共党际传播"权力论"的误解②,真正做到吸纳别国、别党发展建设的先进成果,为自身的国内国际和平发展环境提供充足的推进动力。

(三)交叉三:中国特色社会主义新时代党际传播、国际传播和命运共同体传播的交叉

进入新时代,党际传播、国际传播和命运共同体传播交叉关系更为紧密。随着全球化共识的普遍确立、中国国际地位抬升及话语权的增强、西方解释话语体系的"频频失效",在一个"全球共同体时代"③,正带领中国人民实现伟大复兴中国梦的中国共产党,不仅需要巩固党、民族和国家的利益,最大化中国人民的利益,也要为整个世界的和平发展、命运与共贡献应有的力量。以2017年全球政党大会(中国共产党与世界政党高层对话会)为例,习近平在开幕式上指出:"政党要顺应时代发展潮流、把握人类进步大势、顺应人民共同期待,志存高远,敢于担当,自觉担负起时代使命。中国共产党将一如既往为世界和平安宁、共同发展、文明交流互鉴作贡献。"④

---

① [美]沈大伟:《中国共产党:收缩与调适》,吕增奎、王新颖译,中央编译出版社2011年版,第153—154页。

② Lina Benabdallah, Power or Influence? Making Sense of China's Evolving Party-to-party Diplomacy in Africa, *African Studies Quarterly*, 2020, 19(3-4), pp. 95-119.

③ 李怀亮:《从全球化时代到全球共同体时代》,《现代传播(中国传媒大学学报)》2020年第6期。

④《习近平出席中国共产党与世界政党高层对话会开幕式并发表主旨讲话》,《人民日报》2017年12月2日第1版。

中国共产党开启全面建成小康社会、社会主义现代化建设历史征程,首先,要与各国政党友好往来、开拓共赢,开展广泛的文明友好对话;其次,要以执政党、治理者角色带领中国人民和中华民族在国际社会中赢得尊重,获得发展新机遇,使国内国际两个循环真正发挥作用;最后,要以号召者、参与者乃至建设者的身份构建人类命运共同体,超越零和博弈和丛林法则,以超越性、包容性和平等性的对外传播理念和实践,促进全球传播的公正有序和命运共同体的持久和平。

五、结论与讨论

对党际传播、国际传播、命运共同体传播三维对外传播向度进行划分,要严格落脚于建党百年的历史纵向演进历程。对1921—2021年百年历史阶段划分是本研究必须要讨论的问题,是三维向度和交叉分析所依靠的社会历史现实根基。以此为依据,本研究指出,党际传播经历了从"国际共运,以俄为师"向"组建部门,政党外交"的转变;国际传播赋予中国共产党执政党、社会主义现代化建设者和新型国际关系倡导者等多样使命;命运共同体传播使得中共对外传播迈上一个新台阶,以人类命运共同体视野看待中国问题,理解全球未来。三者的协和统一、交叉关系使得中共对外传播具有历史传承的惯性,以非线性的融合状态在不同阶段有所侧重和突出,完成时代和人民交予的答卷。

值得注意的是,党际传播、国际传播和命运共同体传播的三维向度及其交叉关系虽然是百年中共对外传播史最重要的构成部分,但是不能完全囊括和替代中共对外传播的其他形式、内容和实践工作。例如,从人际采访出发并借助书籍的传播在革命战争时期也发挥了重要作用。抗战时期,美国记者埃德加·斯诺(Edgar Snow)就在红区先后采访四个多月,毛泽东向他介绍了中国共产党的诸多背景知识和个人成长经历。《红星照耀中国》(*Red Star Over China*)于1937年首次在英国出版,将红军的英勇事迹传播至海外。其中,关于"共产党人建设自给经济"的记录既与中国共产党革命战争"三大法宝"的叙事互相印证[1],更可作为中共对外传播的一大成功案例给后代以启发。除此之外,毛泽东等中国共产党领导人也多次与艾格尼丝·史沫特莱(Agnes Smedley)、伊斯雷尔·爱泼斯坦(Israel Epstein)等外国记者交谈,分享作战战术、党建理念和对国内外局势的分析判断[2]。

---

① [美]埃德加·斯诺:《西行漫记》,董乐山译,生活·读书·新知三联书店1979年版,第234页。
② 伊斯雷尔·爱泼斯坦:《见证中国:爱泼斯坦回忆录》,沈苏儒、贾宗谊、钱雨润译,新世界出版社2004年版,第201页。

这些人际交流经历反映了中国共产党领导人的个人交际能力和人格魅力，也为中共对外传播整体向度形成有力补充。同时，本研究也认为，现有的"人际传播"等西方色彩浓厚的传播学理论及概念不能完全挪用于解释具有丰富内涵和层次的中共对外传播历史，而更多的是在话语和修辞层面发挥作用，具有更加深刻在地化经验转化的理论概念有待学界进一步研究提出。

中共对外传播三维向度的区分及其交叉关系的演绎见证了百年历史中国共产党角色的传承、转化与发展。首先，中国共产党牢记使命初心，自1921年建立以来始终坚持无产阶级政党底色，就对外传播活动的红色基因与血脉传承问题坚守政治站位。其次，在1949年、1978年、2012年等多个历史转折节点实现了自身对外传播主体身份的拓展和转化，由党际传播向国际传播，再由党际传播、国际传播向命运共同体传播转变。需要强调的是，这一转变绝非"线性进步论"，也不是由后者替代前者。最后，就发展而言，实现了交叉关系的历史性突破和世界性创新。三维向度及其交叉关系统一于百年中共对外传播历程，尽管存在向度间的差异，但都能落脚于中国共产党始终坚持以人民为中心、与时俱进和可持续发展。这与西方的政党体制（如执政/在野之分）及其实践完全不同。中国共产党的自身定位和历史使命赋予了其对外传播的鲜明特色和百年延续性。总体来看，本研究提出的三维向度及其交叉关系问题，不在于描绘百年中共对外传播整体图景，而旨在为中共对外传播研究提供新思路，并为具体的历史事件讨论提供一个规范性的研究框架。

五卅运动前后中国共产党革命思想在日本的传播*

唐荣堂**

【摘要】 五卅运动前后,黄克谦、梁希一、李兆龙、王树声等旅日中国共产党(简称中共)党员以东京《国民评论》为媒介,阐发革命性质与世界形势,并在反抗帝国主义列强侵略压迫的逻辑框架下重新发掘和阐释中国革命历史,努力对国民革命的正当性展开话语建构;利用五卅运动契机,以激烈的言说方式和在地化的动员策略激发民族情感、塑造阶级认同,引导与制造舆论。"用国民党的名义"做共产党的宣传,是五卅运动前后旅日中共党员以东京《国民评论》为媒介展开话语建构与舆论动员的一个重要特征,也是这份由旅日中共党员主导的革命刊物作为中共早期政治传播个案的独特价值所在。随着国共两党政治斗争日趋激烈,东京《国民评论》停刊,这一政治传播模式也难以为继。

【关键词】 旅日中共党员;国民革命;东京《国民评论》;政治传播模式

一、东京《国民评论》:一份创办于日本的革命刊物

中国共产党在日本的组织及其活动肇始于建党前后,中国共产党第一次全国代表大会就有旅日中共早期组织的代表出席。长期以来,中日两国学者对中共早期在日本的组织及其活动十分关注,做了不少高质量研究①。这些研究对

---

* 本文原刊于《学术月刊》2022 年第 11 期。本文系上海市哲学社会科学规划青年课题"信仰、理论与社会运动:马克思主义在中国的早期传播"(2019EDS006)成果。

** 唐荣堂,复旦大学马克思主义学院副教授,高校伟大建党精神研究中心复旦大学分中心研究员。

① 聚焦 1921 年前后的专门研究有:[日]小野信尔:《河上肇与中国革命》,张惠才译,载中共中央党史研究室科研局编译处:《国外中共党史中国革命史研究译文集(第一集)》,中共党史出版社 1991 年版,第 391—394 页;[日]石川祯浩:《青年时期的施存统——"日本小组"与中共建党的过程》,王士花译,《中共党史研究》1995 年第 3 期;王水湘:《东京共产主义小组在中国革命中的作用》,载中共北京市委党史研究室:《中共早期组织在中国革命进程中的地位与作用》,中共党史出版社 2010 年版,第(转下页)

施存统、周佛海等中共早期党员在日本的活动情况和 1927 年国共合作破裂后旅日中共组织在日本的发展情况有了比较全面和细致的考察。相较而言，国民革命时期的旅日中共党员及其革命活动情况还是学界研究的一个薄弱地带，专门研究尚付之阙如。

有学者在对 20 世纪二三十年代旅日中共组织（"中共东京支部"）的整体研究中提及国民革命时期王步文、童长荣、王树声、谢嗣育等旅日中共党员以请愿、游行、集会等方式扩大革命影响的政治活动，但这些活动具体是如何开展的，未能详细展开①。还有学者充分利用上海《民国日报》、广州《民国日报》等民国报刊资料，还原了国共旅日统一战线的建立、发展和结束的全过程，但其论述主要聚焦在国民党旅日组织及其成员的政治活动②。从学界已有研究可知，直至 1927 年第一次国共合作破裂以前，旅日中共组织在日本的革命活动并未中断，主要面向在日华人华侨和留学生群体开展革命的宣传活动。至于这种宣传活动究竟是如何开展的？效果如何？这种效果又是如何实现的？这些问题的答案依然不甚明了，有关研究还有较大拓展空间。

近年来，笔者在上海图书馆馆藏中发现了一份由"中国国民党东京支部"于 1925 年六七月间在日本创办发行的革命刊物——东京《国民评论》。该刊由黄克谦、梁希一、李兆龙、王树声等旅日中共党员担任主要撰稿人，现存 3 期。

本研究尝试以东京《国民评论》为中心，以学界现有研究成果为基础，结合中共早期党组织、团组织文件，早期旅日党员、团员的回忆录，民国时期的旧报刊，以及藏于日本外务省外交史料馆的有关外交和警务档案，对旅日中共党员以东京《国民评论》为媒介传播革命思想的实践活动做一梳理分析，以期丰富对中国近代革命报刊史、中共早期对外传播史的研究。

二、旅日中共组织与东京《国民评论》

1920 年 6 月，在上海深度参与了中国共产党成立活动的青年学生施存统启

（接上页）266—276 页；周进、丁伟：《中共旅日早期党员与日本关系述论》，《中共党史研究》2015 年第 11 期。聚焦 1927 年至 1929 年的专门研究有：王宜田、丁伟：《中共党史上的"东京事件"》，《中共党史资料》2009 年第 4 期；孙波：《1928—1929 年中共在日本的组织及活动——以日方档案资料为中心的历史考察》，《史林》2021 年第 5 期。

① 徐志民：《中共东京支部考论》，《中国社会科学》2019 年第 5 期；刘建美、杨德山：《20 世纪二三十年代中共东京支部始末》，《北京党史》2005 年第 5 期。

② 孙延波：《第一次国共合作在日本》，《潍坊学院学报》2007 年第 5 期。

程赴日本留学。抵达东京后,施存统不仅通过书信方式继续与国内的陈独秀、李汉俊、李达等中共早期领导人保持往来,还与堺利彦、高津正道、山崎今朝弥等日本社会主义者和革命者建立了联系,"共谋宣传社会主义的方法",在日本传播马克思主义的革命理论①。1921年上半年,"经与上海、湖北、北京各地的同志协商",陈独秀正式委任施存统与同在日本留学的周佛海两人为中共"驻日代表"②。至此,中国共产党在日本的组织正式建立。据施存统回忆,到1921年下半年,由他创建的中共"东京小组"发展到"十来个人"③。到1922年6月,得到中共中央认可的、在日本活动的中共正式党员共有四人④。

1921年年底,因为长期从事革命的宣传活动,施存统被日本当局驱逐出境。回国后的施存统立即投身到中共恢复建立中国社会主义青年团的工作中,代理"中国社会主义青年团临时中央局书记"职务,并于1922年5月在广州召开的中国社会主义青年团第一次全国代表大会上当选为第一届中央执行委员会书记⑤。虽然已经身处国内,但施存统与其创建的中共"东京小组"成员林孔昭等人还保持紧密的沟通联络。1923年1月,在施存统正式担任团中央书记半年后,林孔昭、马念一、李人一三人开始在东京的中国留学生中组织"中国社会主义青年团留日组",通过广泛"联络留学生"和"加入侨日救济会"等方式,在日本留学生和华人华侨中开展革命的宣传动员⑥。作为建立于海外的地方组织,中国社会主义青年团留日组开展革命活动的对象主要是在日本的中国留学生和华人华侨。按照中共早期党组织、团组织间关于青年工作和学生运动的明确分工,加上施存统个人在中共党内任职的调整,中国社会主义青年团留日组事实上成为中共在日本开展革命活动的主体力量。

从具体的运作情况看,旅日中共组织的主要活动地是日本东京,以秘密方式开展工作,骨干成员之间大多有着同乡或同学关系。从乡缘分析,刚刚建立起来

---

① 《关于必须注意的中国人施存统的行动(1921年4月23日)》,载中共一大会址纪念馆:《中共建党前后革命活动留日档案选编》,上海人民出版社2018年版,第89页。
② 《周佛海给施存统的信》,载中共一大会址纪念馆:《中共建党前后革命活动留日档案选编》,上海人民出版社2018年版,第90页。
③ 施复亮:《中国共产党成立时期的几个问题》,载中共中央党史资料征集委员会:《共产主义小组(下册)》,中共党史资料出版社1987年版,第785页。
④ 《中共中央执行委员会书记陈独秀给共产国际的报告(1922年6月30日)》,载中央档案馆:《中共中央文件选集(第一册)(1921—1925)》,中共中央党校出版社1989年版,第47页。
⑤ 中共中央组织部等:《中国共产党组织史资料》第一卷,中共党史出版社2000年版,第53—54页。
⑥ 《中国社会主义青年团一大及其筹备会议和第一届团中央执委会会议记录》,《党的文献》2012年第1期。

的旅日中共组织以湖北籍学生居多。在中国社会主义青年团留日组的三名组织者中,就有马念一、李人一两名湖北人。以骨干成员个人的人际关系网络为依托,特别是以同乡关系、同学关系为纽带,一批心向革命的中国留学生先后在日本加入中共组织,湖北籍留日学生黄克谦和李兆龙两人是其中的典型代表。黄克谦生于1898年,曾在北京中央法政专门学校法律专业学习,是亲身参加过五四运动的学生领袖。黄克谦在与恽代英、刘仁静、林育南等湖北籍中共早期党内理论家的交往中,开始接触马克思主义。1923年前后,他成为中共中央机关报《向导》的一名忠实读者并与在北京活动的中国社会主义青年团团员罗驭雄来往密切。经罗驭雄介绍,黄克谦与马念一取得联系①。1924年年初,黄克谦赴日本明治大学留学,同年夏天在日本加入中国社会主义青年团,1925年1月转为中共党员②。与黄克谦几乎同时在日本加入中国共产党的,是他的明治大学同学、湖北同乡李兆龙。李兆龙在国内曾求学于"武昌中华大学,受同窗恽代英影响,开始阅读《向导》等革命刊物,接受马克思主义"。1923年夏,李兆龙到日本留学并在日本加入中国共产党③。

1924年1月国民党一大召开后,在国共合作的新形势下,各地中共党员、团员开始大规模地加入国民党在日本的组织并对其实施改组。为了督促国共两党旅日组织实现合作,国民党中央组织部和国民党中央海外部联名通知旅日国民党组织"速作改组",时任国民党中央组织部部长的中共党员谭平山还专门委派中共党员郭汉鸣借随"广东学生赴日教育考察团"到东京考察教育之机以特派员身份督促国民党旅日组织进行改组④。1924年7月,国民党旅日组织在东京召开党员大会,中共方面的马念一、李人一、郭汉鸣三人顺利当选为"中国国民党东京支部执行委员"。改组后的国民党东京支部设有文书科、组织科、宣传科、会计科、调查科、青年科、工人科七个党务工作机构。其中,马念一和李人一分别担任宣传科和组织科的负责人,郭汉鸣负责工人科的工作。与此同时,马念一还兼任"从事编辑东京支部纪念册"的"特种委员会"的三名委员之一。这一委员会的另外两名委员是国民党方面的费哲民和宋垣忠⑤。

---

① 黄苇町:《我的爷爷奶奶》,江西高校出版社2004年版,第27—67页。
② 中共中央党史研究室第一研究部:《中国共产党第七次全国代表大会代表名录》,中共党史出版社、上海人民出版社2005年版,第909页。
③ 刘景希、李维军:《李兆龙》,载湖北省地方志编纂委员会:《湖北省志人物志稿》,光明日报出版社1989年版,第257页。
④ 郭瘦真:《大革命时期回忆点滴》,载中国人民政治协商会议全国委员会文史资料委员会:《文史资料存稿选编:12政府·政党》,中国文史出版社2002年版,第6页。
⑤《中国国民党东京支部成立》,上海《民国日报》1924年7月21日。

1925年年初，郭汉鸣奉调回国参与青年团广东区委的工作①。马念一也受团中央派遣，回国到福州"协助建团工作"②。在中共方面的三名执行委员已经有两人回国的情况下，3月，国民党东京支部再次改选。此次改选的结果是中共方面的黄克谦、王树声两人进入执行委员会，分别负责调查工作和青年工作，李人一不再负责组织工作，而是进入新成立的"监察委员会"。经过此次改选，中共方面失去了对宣传工作的主导。国民党东京支部的宣传工作由此前与马念一在特种委员会共事的国民党党员费哲民以执行委员的身份代理③。

1925年5月，中共中央、共青团中央共同就加强对国民党工作发出通告，要求各地党组织、团组织继续"用国民党名义"开展革命的宣传工作，以切实方法"扩大国民党左派的宣传"④。对于旅日中共党员来说，能否落实中共中央的指示要求，扩大宣传，改选后代理国民党东京支部宣传工作的费哲民的政治态度尤为关键⑤。需要指出的是，费哲民虽然不是中共党员，但与中共有着颇为深厚的渊源。费哲民在赴日本留学前就与陈独秀、李汉俊等中国共产党人有交往⑥。在中共党员邵力子主编的上海《民国日报》上，费哲民还公开与施存统探讨有关中国革命、婚姻制度、家庭观念等问题。两人因此而结下友谊。在施存统即将赴日留学之际，费哲民专门赋诗相赠以抒发不舍之情。费哲民还在诗中专门表达了他对施存统追求革命的情感认同。他在诗的结尾处写道："你行了，排山倒海

---

① 《陈延年致邓中夏信》，载广东省档案馆、中共广东省委党史研究委员会办公室：《广东区党、团研究史料（1921—1926）》，广东人民出版社1983年版，第124页。

② 福州市地方志编纂委员会：《福州市志（第六册）》，方志出版社1999年版，第412页。

③ 广州《民国日报》1925年4月16日，转引自费民声：《坎坷的历程——回忆我的父亲费哲民》，海宁市政协文史资料委员会编，内部资料2003年版，第77页。

④ 《中共中央、共青团中央通告第三十号（1925年5月5日）》，载中央档案馆：《中共中央文件选集（第一册）（1921—1925）》，中共中央党校出版社1989年版，第412—414页。

⑤ 关于彼时费哲民的政治倾向问题，依据现有的材料很难作出一个完全准确的判断。据郭汉鸣后来的回忆，费哲民"脾气不好"，经常与他和马念一、李人一等人争吵，"一争论起来就拍桌子"。不仅如此，他还抵制国共合作，"经常放出谣言，说共产党人加入国民党是有阴谋的"。（郭瘦真：《国民党东京总支部改组和欢迎孙中山》，载广东省政协文化和文史资料委员会：《从辛亥革命到国民革命——孙中山文史资料精编》，广东人民出版社2017年版，第648页）而据当时正在日本留学并加入了国民党东京支部、担任"常委和组织部长"的夏衍的说法，费哲民是否持有反共立场并不十分清楚。但他从未听人提到过费哲民是国民党西山会议派总支部（俗称"巢鸭总支部"）的成员。（夏衍：《致费民声》，载周巍峙：《夏衍全集（16）》，浙江文艺出版社2005年版，第143—144页）两人的说法都难免让人产生疑问。郭汉鸣的说法是否因为费哲民的脾气不好而在对其政治态度的判断上夹杂了过多的个人情感因素？而夏衍自己也强调，他真正参与国民党东京支部活动的时间较晚，那时候费哲民早已回国。

⑥ 郑佩刚：《无政府主义在中国的若干史实》，载葛懋春、蒋俊、李兴芝：《无政府主义思想资料选（下册）》，北京大学出版社1984年版，第957—958页。

的革命潮,好像挟着血和泪送你一程。"①甚至有社会新闻说,费哲民曾申请加入施存统等人在上海建立的中国社会主义青年团,但因其抱有无政府主义思想而未果②。一个实际情况是,在日本期间,费哲民担任了上海《民国日报》的特约通讯员及推销员,并与高津正道等日本共产党领导人有着私人交谊③。从费哲民在国共实现合作后所发表的文章中也可以看出,他对孙中山放弃对军阀的依赖转而联俄的政策转变是十分支持的,对于列宁的帝国主义理论是明确肯定的。费哲民在《国民评论》上发表文章,大加赞赏列宁关于帝国主义的观点,认为列宁"说得好",资本主义确如列宁所说,"是到达帝国主义的必然过程,这个权利欲,自然也可以催促崩坏资本主义的丧钟了"④。

总的来看,中共中央对于国共合作的具体安排部署、旅日中共党员加入国民党东京支部及国民党东京支部此后做出的一系列人事安排、费哲民等国民党党员的政治倾向等因素,都为东京《国民评论》的创刊,特别是旅日中共党员能够主导这份刊物的采编工作,进而运用其传播革命思想创造了便利条件。

三、国民革命正当性的话语建构

对某种政治思想的传播通常是以对这一思想的核心概念进行政治正当性的话语建构为起点的。有研究者在研究正当性理论和考察中共早期革命正当性建设经验时发现,"政治正当性并不是根据某些规范性原则一次性地获得的,而是政治系统在复杂的社会环境中选择合适的政治主题,不断地对其进行综合运用和处理他们之间的矛盾,进而逐步建构出来的",中共早期革命正当性建设的一个重要政治主题与核心概念,就是国民革命⑤。东京《国民评论》的创刊动机在于宣传国民革命思想。按照创刊号所刊登的发刊词《我们的态度和主张》一文的说法,东京《国民评论》就是要改变"留东学界关于出版方面竟寂寞得到了销声匿迹的田地"的局面,促使在日本的华人华侨和留学生"都来加入国民革命战线的工作"⑥。黄

---

① 哲民:《送施存统赴日本(二)》,上海《民国日报》1920 年 6 月 19 日。
② 《清算陈独秀》,《社会新闻》1932 年 10 月 22 日。
③ 费民声:《坎坷的历程——回忆我的父亲费哲民》,海宁市政协文史资料委员会编,内部资料 2003 年版,第 65 页。
④ 费哲民:《军阀背后的帝国主义》,《国民评论》1925 年 6 月 1 日。
⑤ 高原:《中国革命正当性建设中三个核心政治主题的形成(1921—1923)》,《开放时代》2016 年第 2 期。
⑥ 仝人:《我们的态度和主张》,《国民评论》1925 年 6 月 1 日。

克谦、梁希一等旅日中共党员通过在东京《国民评论》上发表政治宣传文章,以中共中央的政策与决议为依据,援用马克思列宁主义的阶级革命和民族革命理论,围绕国民革命这一核心概念并聚焦于正当性问题,展开了一系列话语建构行动。

旅日中共党员们之所以努力围绕国民革命的正当性展开话语建构,主要出于两个方面的考量。其一,是为"国民革命"这一并非由中国共产党人发明的概念注入新内涵。虽然"国民革命"是中共早期革命话语体系中的一个重要概念,是20世纪20年代最为流行的革命话语,但追根溯源,这一概念的发明权属于孙中山。早在1906年,孙中山就提出开展"一国之人皆有自由、平等、博爱之精神,即皆负革命之责任"的"国民革命"的主张①。1922年以后,为了执行共产国际对于国共合作的指示要求,陈独秀、蔡和森等中共领导人重新发掘出这个由孙中山首提的政治概念,并运用列宁主义的民族革命理论对其进行新的解释和阐发,将其纳入中共的革命话语体系之中。根据中共理论家的新阐释,国民革命被定义为资产阶级的民族革命和无产阶级的社会革命之外的"一种特殊形式的革命","含有对内的民主革命和对外的民族革命两个意义"②。也可以说,强调国民革命的正当性问题,就是要为其注入反帝反封建的民族革命和阶级革命的新内涵。其二,与彼时海内外舆论界较为普遍地存在反对革命、提倡改良和改造的声音有关。事实上,中华民国建立以后,经过辛亥革命的洗礼,"革命"的正当性本已得到充分展现,成为一个颇具感召力的时代话语。孙中山有言:"民国由革命而来,则凡今日承认民国者,必当服膺于革命主义。"③问题在于,一个新的国家已经经由一场革命而建立起来。在此情形下,中共所提出的继续以一种革命的方式,即以国民革命为路径打破现有政治框架和社会结构的主张,亟须在理论特别是话语上塑造其正当性。

黄克谦在东京《国民评论》上发表的《革命一元论与现代革命形势》一文,试图从革命本身的进步性质、世界发展的潮流趋势和中国社会的现实需要三个方面建构国民革命的正当性。在革命本身的进步性质方面,黄克谦明确提出了他的"革命一元论"。所谓革命一元论,就是突出强调革命的"一元性",将革命作为历史发展、时代变迁的必然方式,喻为"从旧时代渡到新时代"的"唯一"的"渡桥",认为革命是"客观的历史的必然,进化的定律,非主观的好恶问题……时代的新旧迁嬗,必定要从革命桥上过,别无通路"。在这样的论述逻辑下,革命成为

---

① 孙中山:《孙中山选集(上)》,人民出版社2011年版,第81页。
② 陈独秀:《中国国民革命与社会各阶级》,《前锋》1923年12月1日。
③ 孙中山:《八年今日》,上海《晨报》1919年10月10日。

一种进化的客观规律,成为人类社会不断向前发展的唯一的内在动力,"唯一解决现世生活的方法"。换言之,革命是永恒的、无休止的。这实际上也回应了辛亥革命后为何还要继续革命的问题。在世界发展的潮流趋势方面,黄克谦直接借用马克思关于经济基础决定上层建筑的理论,将其论述为"政治的变化是以经济的变化为转移的"。从这一基本观点出发,全世界都处于"一个大革命时代,革命的怒潮汹涌遍全世界,真有惊天动地奔山倒海之势",其原因就在于"从前的经济状况,是以一地方为单位,所以革命也是以一地方一国为范围",而"现在的经济状况是以世界为单位,故革命也是世界范围"。这一论证逻辑就是从国际视野来分析革命的世界潮流,进而为中国的继续革命找到正当性。

在中国社会的现实需要方面,黄克谦则着重分析了近代中国"半殖民地或半独立国"的基本国情并深入挖掘其形成的根本原因:"帝国资本主义者间的均势",为的是"保存政治得到半独立形式,好行经济侵略"。在他看来,作为"半殖民地或半独立国中之领土最多大,人民最多,物产最富,而最为帝国主义者所耽耽虎视而互谋竞夺"的中国,"纷扰更甚,苦痛更深,因此革命之要求更急"。各种非革命的主张自然成为非正当性的、"自欺欺人,骗名骗利的"、需要被批判的对象:联省自治在中国行不通,因为那"完全是封建割据的心理","在大军阀专横,小军阀割据之下,决没有真正省自治的可能";制宪救国在中国行不通,因为"在武人专治之下,岂是一部空洞宪法所能范围的么";好政府主义在中国行不通,因为"军阀豺狼成性,只能俯顺迁就他,不能利用它";教育救国行不通,因为"军阀不打倒,教育是不能发达的……是没有求得高深学问的机会的";外交救国行不通,因为"在军阀政府之下,即使收回了权利,也没有人民的好处"。通过对各种非革命主张的批判,黄克谦得出结论:只要不革命,一切都是"空谈的救国方法",而只有"内而国民同心协力向军阀进攻,外而全世界被压迫阶级、弱小民族联合起来向帝国主义进攻"的"国民革命"才是"救国的真方法"。国民革命因为与救国绑定在一起,而被赋予了某种正当性。以对国民革命的正当性的建构为基础,黄克谦进一步阐明了他所认为的国民革命的三重意义:一是民主革命的意义,即"人民向媚外卖国的特权阶级夺取政权要求自主"的"政治民主主义革命";二是社会革命的意义,即"人民向洋资本家与买办资产阶级行阶级斗争,解决生计痛苦"的"近于无产阶级的社会革命";三是民族革命的意义,即"半独立国国民向帝国主义进攻,要求国际地位平等"的"与殖民地同性质的民族革命"[①]。

[①] 黄克谦:《革命一元论与现代革命形势》,《国民评论》1925 年 6 月 1 日。

重释历史是旅日中共党员建构国民革命正当性的重要手段。为了论证国民革命的正当性,他们以反帝为视角重新审视中国近代历史,建立起一个"八十余年来的中国,无日不在帝国主义侵略残害之中"的完整的历史叙事。这一帝国主义侵略残害中国的历史叙事自鸦片战争开端,"继之以英法联军、中法战争、庚子联军、五七协定,每用一回政治的压迫,就强订许多不平等条约,肆行经济侵略",并且"已经数十年,近更加剧烈"。与之相对应的,则是中华民族反抗帝国主义侵略和压迫的民族革命的历史序列。旅日党员们充分吸收了五卅运动前后中共中央关于重新挖掘义和团这一支撑反帝话语建构的重要历史资源的新精神,对义和团的反帝性质进行了着重强调并将其作为起点,排列出从义和团运动到辛亥革命、到五四运动、再到五卅运动的"一般国民直接作反帝国主义运动"的中国民族革命历史序列。黄克谦在东京《国民评论》上发表的《五卅运动的历史背景与其性质》一文强调,"义和团就是因痛恨帝国主义的压迫蹂躏而组织起来的反帝国运动的团体,是国民直接行动的民族革命的雏形"。义和团虽然存在"智识浅陋、还不曾认识帝国主义的真意义"而"只是概括的排外,革命的思想和手段未免神秘而暴烈"等问题,但"这也是当时的客观环境未到形成一般人民民族革命的智识与能力的地位的缘故",不能因此而"否认其革命的性质与价值"。这种价值不仅在于义和团本身所具有的"那种革命的勇气与爱同胞的热诚",还在于其对于之后的反帝革命运动的深远影响,"那时革命党的势力从此逐渐膨胀,实受那次群众运动的影响不小"。以对义和团运动的分析为参照,辛亥革命被界定为以驱除帝国主义的势力与清政府的专制为目的的"民族民权革命",即"中国第二次的民族革命";五四运动被界定为"第三次的国民直接行动的民族革命"①。

四、在地化的革命舆论动员

　　五卅惨案发生后,包括旅日中共组织在内的中共各地党组织、团组织在中共中央的指挥下迅速反应,组织动员当地民众开展"反对帝国主义"的"中国民族自由运动"②。6月4日,"留日国民紧急大会"在东京召开③。在旅日中共党员的居间策动和积极参与下,会后以留日学生总会、驻日华侨联合会、旅大收回后援会

---

① 黄克谦:《五卅运动的历史背景与其性质》,《国民评论》1925年6月22日。
② 独秀:《上海大屠杀与中国民族自由运动》,《向导》1925年6月6日。
③ 崔万秋:《留日学界之救国声》,《醒狮》1925年6月20日。

和各省同乡会等社团组织为基础，成立了专门应对五卅运动的"外交后援会"。外交后援会内设文牍部、交际部、调查部、会计庶务部和宣传部。其中，宣传部主任由旅日中共党员郝兆先担任，交际调查部委员由旅日中共党员王树声担任①。中共旅日党员们忙于组织各类政治集会，组织动员群众，甚至一度延误了《国民评论》的出版发行工作。7月，《国民评论》五卅运动专号在东京出版。黄克谦、梁希一、李兆龙、王树声等旅日中共党员在这期专号上发表了多篇专门聚焦五卅运动的评论文章，努力对在日华人华侨留学生开展舆论动员。值得注意的是，旅日中共党员围绕五卅运动开展的舆论动员有着明确的目标对象——旅居日本的华人华侨和留学生，使得这种舆论动员行动呈现出明显的在地化特征，成为中共早期革命舆论动员的一个典型的地方实践②。

相较于"沪案""五卅惨案"等为国内舆论界所普遍使用的概念，"五卅运动"这一中共中央基于列宁主义的革命话语系统而生成的新概念，对于生活在日本的华人华侨和留学生来说无疑是十分陌生的。因此，在这场专门针对五卅运动的舆论动员行动中，旅日中共党员最先要做的一项重要工作，就是解释"五卅运动"的概念内涵并明确界定其国民革命的性质。黄克谦提出，五卅运动自"上海青岛两处的罢工起……内中包括沪、青、汉、粤及全国各处因沪案而起的一切运动……以五月卅日，为徒手请愿的群众被英日等帝国主义大施残杀的开始的一天，所以用'五卅'作这几个月到现在还未了的革命运动的代名词"。为了证明这场运动的国民革命性质，黄克谦将五卅运动的"远因"归结于"八十余年来帝国主义的侵略"，将其"近因"归结于"新俄勃兴，世界无产阶级与弱小民族的联合"；将"孙中山先生北上宣言废除不平等条约"作为五卅运动的"导火线"；将"纱厂罢工"视为五卅运动的"爆发点"，将"沪汉粤的惨案"喻为五卅运动的"焦点"和"沸间"。以此为基础，五卅运动的性质被明确界定为"继五四运动而起的第四次国民反抗帝国主义的革命运动"，其"并不是为了特殊利益的以阶级或一个团体的普通游行示威请愿的群众运动"，而是"不甘帝国主义的压迫，谋中华民国独立的国民革命运动"。从黄克谦对于五卅运动的概念解释和性质界定中，我们不难看出，旅日中共党员动员舆论的基本思路是将五卅运动作为国民革命的具体实践、作为"中国数十年革命运动的总成绩"和"现在世界革命潮流中的一个大支流"而

---

① 宣：《留日学侨五卅运动之热烈》，上海《民国日报》1925年6月19日。
② "在地化"（localization），是20世纪中后期以后人文社科研究中普遍使用的一个与"全球化"相对应的学术概念，强调"立足本土和保有个性"。参见余洋洋、巫达：《全球化与在地化》，《广西民族大学学报（哲学社会科学版）》2021年第4期。

放置于国民革命和世界革命的整体叙事之中加以论说①。

　　动员舆论需要晓之以理，更要动之以情。激发华人华侨和留学生的民族情感是实现将五卅运动纳入以反帝为主题的国民革命叙事的关键。旅日中共党员激发民族情感的一个基本方法，是以激烈的语言呈现列强欺侮中国人的事实，并用这些事实作为民族悲惨命运的例证。"流血""残杀""死难""耻辱"等词汇成为他们描述五卅运动的关键词。王树声将五卅事件称作"五卅国耻"，并用"惊天动地、空前绝后"形容这种耻辱。在他的描述中，五卅运动是一场"流血"的运动，"赴死难者，接踵而起，呼号之声，震惊全球……工人罢工，商人罢市，学生罢课，讲演，示威，奔走呼号，所在皆是"②。黄克谦对五卅运动的事实呈现突出一个"杀"字，用激烈的语言将帝国主义列强在上海、武汉、广州、青岛等地武力镇压中国人抗议示威活动的做法集中地、全景式地呈现出来：在上海，是"直接残杀……架起枪炮，大杀四天"；在武汉，是"用机枪杀了一顿"；在广州，是"加重加酷的残杀"；在青岛，是"因自己没有兵不能直接残杀，于是令他的走狗张宗昌半夜派大批兵马团围杀工厂，除当场杀死的不计外，还拘捕数十人"。在集中罗列了帝国主义残杀中国人的事实后，黄克谦强调，五卅运动就是"屠杀事件"而并非一般的"巡捕警察偶然与群众冲突所致"。对此，他解释说，"如果是偶然的冲突，当时即应申明误会，惩凶赔偿道歉"，而不是"在上海继续四天的残杀，继之以汉口的残杀，更继之以广州的残杀，近更继之以重庆的残杀"，更不会"到处增兵派舰，强硬到底"③。梁希一对五卅运动的评论是："外人轻视我人格，剥夺我人权，不拿中国人当人看待。这凡是中国人，谁都应该奋起的。狗与华人不得入，简直拿中国人比起狗来还贱；洋人的汽车故意撞死中国人，给十余元的埋葬费便可了事，简直是屠一头猪……试问同是有感情有热血有理性的动物，那能甘受这奇耻大辱呢"？④

　　如果说激发民族情感是旅日中共党员动员舆论的主要手段，那么灌输阶级意识和阶级革命观念才是这场舆论动员行动的真正意图。为了将这种手段与意图更好地融合在一起，梁希一着重阐述了他的"全中华民族被压榨阶级"概念，试图将阶级革命观念与民族情感认同融为一体。他对这个概念的解释是，"帝国主义底铁蹄驰骋之下的中国人民，各阶级都同处于被剥削侮辱逾于牛马的境遇，简直可算一个单一性整个的全中华民族被压榨阶级"。这种"民族阶级"观念的塑造，用民族情感弥合了阶级矛盾、社会矛盾，将帝国主义上升为唯一的共同敌人。

---

①③ 黄克谦：《五卅运动的历史背景与其性质》，《国民评论》1925年6月22日。
② 王树声：《以武力解决"五卅"的沪案》，《国民评论》1925年6月22日。
④ 梁希一：《赤化运动？国民革命？》，《国民评论》1925年6月22日。

虽然梁希一自己也承认,"我们不能否认本国亦有压榨阶级的存在,知道军阀官僚财阀直接祸国殃民的罪恶比帝国主义者还显著",也不能抹杀"国内劳资阶级的分立",但"本国军阀官僚财阀,都不外帝国主义的傀儡——简直是走狗罢了",而中国的无产阶级和资产阶级"两者都同处于外国帝国主义压榨的实情底下"。在帝国主义这个唯一的共同敌人面前,本国的无产阶级和资产阶级"彼此实可互相携手大家同立于反帝国主义的战线上面"。用梁希一的话说,"我们目前只有一条战线,便是反帝国主义运动的联合战线"①。

为了更好地灌输阶级意识和阶级革命观念,动员革命舆论,旅日党员还将中日关系的走向和日本当地的时事政治动向融入对五卅运动的革命叙事中,以一种更为在日本的华人华侨和留学生所熟悉的、易于感知的言说方式,促成其对国民革命和民族情感的双重认同。一方面,他们专门对五卅前后日本舆论界流行的所谓"中日亲善"说予以抨击,提出"阶级基础"是中日亲善的前提的新解释②。梁希一强调,"'亲善'的对象,应存在于同一阶级,同一经济基础的阶级内,不是同一的阶级,同一经济基础的阶级,是绝没有亲善的可能的"。另一方面,他们通过搜集和罗列日本媒体关于本国工人和学生声援五卅运动的新闻报道以证明五卅运动得到世界无产阶级援助的有利形势。"东京劳动各团体于芝公园协调会馆开应援上海罢业演说会""日本劳动团体决议联合选派代表慰劳上海罢业团""学生团体帝大新人会早大社会思想社等为批评上海事件而集会演说"等时事新闻都成为他们动员舆论支持五卅运动的重要素材③。在地化的动员策略使文本中的革命知识与现实中的生活感知结合起来,促使社会公众对五卅运动形成更深层次的理性思考和更乐观的感性认识。

五、余 论

"用国民党的名义"做共产党的宣传,这是五卅运动前后旅日中共党员以东

---

① 梁希一:《赤化运动? 国民革命?》,《国民评论》1925年6月22日。
② 五卅运动前后,日本舆论界不断产生为日本职员在华枪杀中国工人行为辩护的言论,倡导"中日亲善"。日本大阪《每日新闻》就公开发表日本资方的文章,对罢工运动"详加解释"。在日本资方的解释中,日本纱厂在与中国纱厂竞争中占优势的原因是"技术优势资本丰裕经营合宜"而非对中国工人的剥削和压迫。文章举例说明,中日两国工人在实际工作中享有平等待遇,"工资俱为每升米价之三倍"。文章还特别强调,如果今后中国不再有日本纱厂,"中国工业或当反形退步亦在意料之中"。参见《内外棉纱厂社长 对于前次罢工风潮之意见》,《纺织时报》1925年4月20日。
③ 梁希一:《五卅运动与"中日亲善"》,《国民评论》1925年6月22日。

京《国民评论》为媒介展开话语建构与舆论动员的一个重要特征,也是这份由旅日中共党员主导的革命刊物作为中共早期政治传播个案的独特价值所在。回到历史的真实场景中,在共产国际代表马林看来,"中国共产党是人为组织起来的,而且也产生得过早。目前在中国只能发展国民运动。国民党是代表国民运动的,但是它必须进行改组……因此,中国共产党人一定要集中自己的力量改组国民党,在国民党内工作和发展国民党。除了马克思主义的宣传教育工作外,中国共产党的一切政治宣传工作都应当在国民党内进行"①。在这种认识的影响下,中共中央专门分析过这种传播模式的三个好处,"一可减省人力财力,二可使国民党易于发展,三可使各种努力的声势与功效比较扩大,而且集中"②。可以说,"用国民党的名义"这一特殊传播模式的形成,既有来自外部的推动力量,也有中共党内宣传家们主动设计的成分。

就其效果而言,以东京《国民评论》的革命思想传播实践为例,一方面,我们看到这种传播模式确实在一定程度上使得中共在日本的革命宣传"声势与功效比较扩大,而且集中"。据统计,五卅运动期间,由包括日本在内的各地华人华侨汇回上海、接济受难工人的捐款达到 93.4695 多万银元,占当时经手接济受难工人捐款事务的上海总商会所经收的捐款总额的近 40%③。对于组织规模十分有限的中共旅日组织来说,这种效果的实现在很大程度上确实得益于这种传播模式对国民党组织资源的利用。另一方面,我们也不能对这种传播模式所产生的实际效果有过高的估计。事实上,这种传播模式在实践的过程中还给传播效果的产生制造了不少阻碍,尤其体现在对传播效果的政治意义的削弱。从旅日中共党员依托东京《国民评论》的革命思想传播实践中我们看到,在国民党的名义之下,旅日中共党员不得不在大段引用马克思列宁主义基本原理的同时极力撇清中国革命与共产国际和苏俄的关系,极力澄清国民革命与所谓"赤化""过激"的不同性质。与此同时,在面对国民党内部的反对势力时,在保持组织独立性和维护合作局面时,"用国民党的名义"开展革命宣传的中共党员往往面临进退两难的尴尬处境。这种特殊的传播模式使得这份刊物的读者事实上很难意识到这份刊物的共产党属性。直至今日,这份刊物也并未被纳入中共红色革命报刊的

---

① 《张国焘给维经斯基、穆辛的信(1923 年 11 月 16 日)》,载中共中央党史研究室第一研究部:《共产国际、联共(布)与中国革命文献资料选辑(1917—1925)》,北京图书馆出版社 1997 年版,第 503 页。

② 《同志们在国民党工作及态度决议案》,载中央档案馆:《中共中央文件选集(第一册)(1921—1925)》,中共中央党校出版社 1989 年版,第 224—225 页。

③ 许肖生:《华侨与第一次国共合作》,暨南大学出版社 1993 年版,第 97、100 页。

历史谱系之中。

实际上,在东京《国民评论》的革命思想传播实践之前,这一传播模式的问题就已经为中共领导人所注意。1925年1月召开的党的四大就明确指出了这一传播模式所暴露出的"过于推重了资产阶级的力量忘了自己阶级的宣传"的问题①。所谓名正言顺,对于属于政治传播范畴的革命思想传播而言,传播什么、向谁传播固然重要,但往往容易被传播者忽视的,正是政治传播的主体是谁,即谁在传播的问题。用陈独秀的话说,无产阶级"应该集合在无产阶级的政党——共产党旗帜之下,独立做自己阶级的运动"②。

只是,理论转化为实践往往需要经历一个或长或短的过程。在这一过程中,理论往往又会经受实践的检验。旅日中共党员用国民党的名义,依托东京《国民评论》,对国民革命正当性的话语建构和在五卅运动中的在地化舆论动员,面向在日本的华人华侨和留学生群体传播了中共的革命思想,不可谓不努力。而在他们与在日本的国民党内反共势力的斗争愈演愈烈的同时,东京《国民评论》难以为继,只能成为中共早期在日本的政治传播史上的"一现昙花"。在国民党"清党运动"的重压之下,即便旅日中共党员仍试图以"国民党驻日总支部"的名义传播革命思想,但这种特殊的政治传播模式最终宣告失败③。在此之后,中国共产党更加深刻地认识到"旗帜"的重要性,始终强调牢牢掌握革命的领导权和话语权,不断探索和形成了具有中国共产党特点的政治传播新模式,开辟出一条通往革命胜利的新道路。

---

① 《对于宣传工作之议决案》,载中央档案馆:《中共中央文件选集(第一册)(1921—1925)》,中共中央党校出版社1989年版,第374页。

② 《关于"民主的联合战线"的议决案》,载中央档案馆:《中共中央文件选集(第一册)(1921—1925)》,中共中央党校出版社1989年版,第65页。

③ 《武漢派中國々民党駐日總支部第三回代表者會議開催ニ関スル件》,《各国共産党関係雑件/中国ノ部/府県報告第一巻2.昭和二年》,アジア歴史資料センター,レファレンスコード,B04013045800,外務省外交史料館。

抗战时期中国共产党国际传播网络的构建[*]

徐惊奇[**]

【摘要】 本研究从设计、组织和运作三个方面对中国共产党国际传播网络的构建进行分析,只有这三方面工作有效配合,才能保证战时条件下中国共产党国际传播网络的顺利运作,从而获取国际话语权。研究表明,经过中国共产党国际传播网络的有效组织和运作,《新华日报》《解放日报》、延安新华广播电台等中国共产党所属媒体在抗战时期组成了一个中国共产党发布重要消息的平台网络,成为中国共产党国际传播实践和实现中国共产党国际话语权的重要基础。

【关键词】 抗战时期;中国共产党;国际传播;新华日报;纽约时报

中国共产党(简称中共)国际传播网络的构建,是中共国际话语权实现的基本保障之一。抗战时期,中国共产党为增强国际话语权,"既建立了自己的话语平台,又较好地利用了国外的话语平台"[①]。通过复杂的信息传递过程,中共国际话语权得到进一步增强。抗战期间,中共领导层既有国际传播层面的战略设计,也有组织设计和人才队伍建设等方面的具体规划,在运作的过程中还尽可能采取合适的传播方法以取得良好的国际传播效果。

一、中国共产党国际传播网络的设计

通过对抗战时期西方媒体对中共的报道进行初步的话语分析可以发现,中共话语不同时期的表现有明显区别,这与不同时期中共面临的国际国内环境相

---

[*] 本文系四川外国语大学 2022 年度校级科研项目"抗战时期重庆《新华日报》和西方主流媒体的互动研究"(项目编号:sisu202208)的阶段性成果。
[**] 徐惊奇,四川外国语大学新闻传播学院副教授,硕士生导师。
[①] 黄三生:《论 1936—1945 年中共"国际话语权"增强的原因及现实启示》,《毛泽东邓小平理论研究》2012 年第 12 期。

关,也与中共领导层对国际传播的总体设计有密切联系。此处的"总体设计",主要指中共领导层从国际传播的决策层面所做的战略设计。在总体设计中,媒体报道无疑是重要的沟通渠道。"通过媒体报道展开对话和讨论,影响国际公众,进而影响外交决策的媒体外交成为影响争端问题发展的重要传播策略。"①从媒体外交层面切入的战略设计始终围绕媒体渠道进行,并且包含丰富的层次。根据不同时期国际国内环境的差异、中共当时的实力和自身特点可以发现,中共国际传播网络在不同时期体现出不同的设计思路。

(一) 通过秘密方式进行国际传播

抗战期间,国民政府的新闻检查极为严苛。就外国驻华记者的成功发稿率而言,著有《外人目睹之日军暴行》的英国记者田伯烈(Harold Timperley)曾说:"在1933年驻华记者每三篇新闻稿中能有一篇通过国民政府审查发向海外就算幸运了。"此外,美国记者史沫特莱、伊罗生等人的著作被南京政府列为禁书②。到1934年,"国民党公开在上海、南京、北平、天津等地设立新闻检查机构,使新闻检查公开化、制度化"③。新闻检查的公开化和制度化带来的直接结果就是中共很难通过正常渠道发出声音。在国民政府移都武汉前,中共的发声环境可以用"艰难"来形容。如何让中共的声音出现在国际社会中,给中共领导层带来了极大的考验,很多工作都得通过特殊方式开展。中共通过特殊方式进行的国际传播实践还远没有达到"独白式"媒体外交的标准,想要进行系统的规划更是难上加难。总体而言,抗战初期,由于中共对外发声渠道的缺失,加上国民政府的新闻检查制度,"中共的国际形象处于'缺失和被误读的状况'"④。

中共还通过"借他人之口"的方式来开展国际传播工作。例如,西安事变期间,在周恩来的帮助下,史沫特莱和贝特兰先后在西安广播电台参与英文播音,向外界传递西安事变的重要信息。此外,《纽约时报》上关于史沫特莱的著作《中国人的命运》《中国红军在前进》《中国在反击》等的书评文章,以及对中共军队实力的分析文章,都是典型的"借他人之口"发声的方式。抗战初期《纽约时报》上的中共相关报道,短的有几行的战况报道消息,长的有周日版中两个整版加一个

---

① 陆佳怡:《对话与对抗:媒体外交视野下的"南海仲裁案"》,《太平洋学报》2017年第4期。
② 路鹏程:《论民国时期外国驻华记者与中国记者的合作与竞争》,《新闻大学》2020年第1期。
③ 向芬:《大陆时期国民党新闻传播制度评析(1927—1949)》,《新闻与传播研究》2009年第6期。
④ 洪富忠:《抗战时期中国共产党国际形象的建构——以大后方为中心的考察》,《党的文献》2019年第6期。

半版详细介绍中共的专题文章,对中共国际传播起到了良好的帮助作用。

(二)通过半公开方式进行国际传播

中共通过半公开方式进行国际传播,是周恩来在新闻工作中倡导的"公开宣传与秘密宣传相配合"这一思想的具体体现。在这一阶段,中共既有总体设计,又通过多种方式向外界传递信息,与国民党方面和英美等国各方人士进行对话,进一步拓展了国际话语权的发挥空间。加上皖南事变后国民党方面的官方信息"越来越流于表面、虚假成性",很多外国记者"转而向共产党驻渝联络机构寻求新闻采访与消息"①,中共由此有了更多的发声渠道。

在各地广设办事处是中共国际传播设计中的重要环节。最成功的当属"第十八集团军驻渝办事处",该办事处"以《新华日报》社为掩护,展开了一系列扩大中共政治影响,全力谋求国内外舆论认同的形象传播工作"②。香港办事处的表现也比较突出。主要为八路军和新四军募集抗战物资而成立的第十八集团军香港办事处,后来增加了一项任务是"组建中国共产党的海外宣传基地,负责华侨、殖民地域的报刊工作"③。中共很好地利用香港的地理位置优势。例如,1940年12月,为向各界全面揭露国民党的积极反共行为,周恩来"派人将半年来国民党制造磨擦的有关材料汇集成册,密寄西安、桂林,并托德籍友好人士王安娜经外国朋友带往香港散发"④。

皖南事变后,中共争取国际舆论支持的做法同样属于半公开方式。1941年1月,周恩来"除了组织力量准备材料,动员外国记者分别带往香港、南洋和美国发表外,并安排王炳南、王安娜、龚澎等去访问所认识的外国记者和外交官,告以国民党袭击新四军事件"。周恩来还到英国驻华大使卡尔的寓所,向其揭露国民党顽固派的阴谋,"英国政府收到驻华大使报告后,告诉蒋介石,内战只会加强日军的攻击"⑤。通过间接方式传递中共声音,转而对国民党方面形成舆论压力。在国际报道方面,鉴于国统区对中共的新闻封锁,当时正在香港的埃德加·斯诺从廖承志处得知皖南事变真相后,绕开国统区的新闻审查,直接从香港向海外发

---

① 周勇、[荷]张克雷:《走向平等:战时重庆的外交界与中国现代外交的黎明曙光(1938—1946)》,重庆出版社 2017 年版,第 82 页。
② 范立新、钱锋:《抗战时期南方局统战工作中的国际传播策略》,《中国统一战线》2012 年第 8 期。
③ 郑保卫:《中国共产党新闻思想史》,福建人民出版社 2004 年版,第 216 页。
④ 中共中央文献研究室:《周恩来年谱(1898—1949)(修订本)》,中央文献出版社 1998 年版,第 492 页。
⑤ 同上书,第 497 页。

出消息,在《纽约先驱论坛报》和《星期六晚邮报》上发表相关报道,公开皖南事变真相和国民党封锁新闻的行为①。

(三) 通过公开方式进行国际传播

公开方式主要指中共通过中外媒体直接向国际社会发声,通过接受西方媒体采访等方式将中共声音传递到国际社会。

中共领导人通过国际友人发声,既表达中共立场,也提出合理诉求。毛泽东非常重视通过国际友人发声,曾向延安交际处处长金城表示:"要我接待几次就接待几次,不要怕浪费时间。"②外国记者们通过与中共领导人的深入交谈,"对中共的各项政策有了比较深入切实的认识,并写了大量的报道文章宣传根据地、八路军、新四军和抗日民众"③。1942年5月下旬,周恩来会见随美国军事代表团来渝的斯诺,表示希望美国军事代表团和美国记者去延安参观,委托斯诺将宣传八路军、新四军作战业绩的有关资料带给美国总统特使劳克林·柯里(Lauchlin Currie),并附给柯里一封信。信中表明中共不论在何种困难情况下,都必定坚持抗战,反对内战,同时说明现在中共领导的武装力量已牵制日本在华兵力总数的将近半数。周恩来提出,为了有效打击共同的敌人,希望得到同盟国提供给中国的援助的一部分④。

从1943年开始,中共在国内外媒体上采用公开方式发声的频率越来越高,这与中共领导层的决策密切相关。周恩来在1943年的一次中央政治局会议上强调,中共加强与英国政府关系的主要目的,"可以打破国民党对中共国际活动空间的'封杀',避免被国民党政治边缘化,从而争取在中国政治上的政治'话语权'"⑤。中共国际传播的努力逐渐取得效果,"蒋介石逐渐失去国内、国外两个舆论阵地,美日宣战后,美国对国民党军队的战斗力不满,主动寻求与中共的合作"⑥。中共也利用机会,通过多种媒体渠道主动应对国民党方面的舆论战,不断巩固宣传成果。

---

① 郑学富:《斯诺第一个向海外揭露皖南事变真相》,《红岩春秋》2021年第1期。
② 金城:《延安交际处回忆录》,中国青年出版社1986年版,第4页。
③ 杜俊华:《抗战时期中国共产党应对危机的国际统战经验研究》,中国社会科学出版社2016年版,第81页。
④ 中共中央文献研究室:《周恩来年谱(1898—1949)(修订本)》,中央文献出版社1998年版,第545页。
⑤ 杜俊华:《抗战时期中国共产党应对危机的国际统战经验研究》,中国社会科学出版社2016年版,第60页。
⑥ 王靖雨:《"宣传"何以重于"军事"?——1943年蒋介石所建构宣传系统的初步溃败》,《国际新闻界》2020年第8期。

中共通过公开方式进行国际传播的策略在抗战后期得到明显的贯彻和执行。中共提出联合政府主张后,蒋介石在多种场合抵制中共的主张。中共采取一系列公开的应对措施,以争取国际话语权。除了在《解放日报》上发表多篇评论文章进行批评外,周恩来还采取了多项联络沟通活动,充分表达和传递中共态度,"周恩来致函王世杰,通过美国驻华大使致函赫尔利,以及会见谢伟思等多渠道发表中共意见"①。此外,通过延安新华广播电台英语广播将中共意见直接传递到国外。《纽约时报》等西方媒体纷纷引用中共观点,美国政府也开始向蒋介石施加压力。

二、中国共产党国际传播网络的组织

(一)中国共产党国际传播的主要机构

为了有效开展国际传播工作,中共在机构设置方面下了一番功夫,主要体现在为中共外事外交工作框架下的国际宣传工作做准备。具体参与国际传播工作的包括以如下几个机构为代表的众多组织。

1. 中共长江局国际宣传组

1938年4月,中共成立长江局国际宣传委员会,在武汉的是由王炳南任组长的长江局国际宣传组。国际宣传组被认为是"中国共产党成立最早的外交和外宣机构","利用一切可能的渠道,向国际社会传播中国共产党的方针、政策和党对局势的分析、看法"②。具体任务包括:"负责翻译出版对外发行中共领导人的著作;为共产国际刊物写稿,同外国友人进行联络。"③主要实践表现在将毛泽东的《论持久战》《抗日游击战争的战略问题》等翻译成英文,发表在第三国际出版的《国际通讯》杂志上,同时"把关于解放区和八路军的材料整理成通讯对外发表"。国际宣传组还"和各国驻华新闻部门建立了互换资料、交流工作的合作关系"④,包括向他们提供《新华日报》的新闻资料。这也可以在一定程度上解释武汉《新华日报》频频被《纽约时报》等国外媒体引用的现象。此外,在武汉,中共长江局的国际宣传和对外联络工作"没有受到国民党的干涉限制"⑤,中共和英国

---

① 牛军:《从延安走向世界——中国共产党对外关系的起源》,福建人民出版社1992年版,第167页。
②④ 岳奎、郭倩:《中共中央长江局对中国共产党抗战形象的塑造与传播》,《社会科学》2021年第2期。
③ 杜俊华:《抗战时期中国共产党应对危机的国际统战经验研究》,中国社会科学出版社2016年版,第74页。
⑤ 中共湖北省委党史资料征集编研委员会、中共武汉市委党史资料征集编研委员会:《抗战初期中共中央长江局》,湖北人民出版社1991年版,第565页。

驻华大使卡尔,美国驻华使馆的史迪威将军、卡尔逊,美国驻武汉总领事戴维斯等人都有频繁的交往,为接下来中共的外事工作打下了良好的基础,使得中共在1939年被国民党重新封锁边区后"仍能保持一个畅通的对外交往渠道"①。

2. 中共南方局外事组

在重庆,主要以中共南方局的外事联络工作为主。1939年1月,中共中央在重庆组建南方局。因为国民党不允许中共党组织公开活动,所以中共南方局的工作是秘密的,公开的机关则是八路军驻重庆办事处,该机构成为"美国了解中共方面消息的重要渠道"②。1939年4月,周恩来在重庆成立中共南方局对外宣传小组,次年改称外事组。作为中国共产党在抗战时期的半外交机构,中共南方局外事组的主要工作是"搜集各国对华态度和政策情报,宣传中共的对外政策,广交朋友,扩大影响;同时开展华侨工作,指导香港和东南亚地区的中共国际统战工作"③。自1940年开始,越来越多驻渝外国记者"转向中共驻渝办事处,以获取中国被占领地区的新闻和信息"④。

中共南方局外事组重点关注英美等国的对华政策,努力扩大中共在国际社会的影响,让世界了解真实的中国并全面认识中国共产党。通过周恩来领导的中共南方局的开拓性的外交统战工作,中共"广泛争取了国际友人对中国抗战的了解与支持,扩大和发展了国际反法西斯统一战线,赢得了国际社会的广泛认同和支持"⑤。

3. 中共中央宣传部国际宣传委员会

1940年,中共中央宣传部在延安成立"国际宣传委员会",由时任中央书记处书记兼中宣部部长张闻天同志主持。国际宣传委员会是中共成立的第一个对外宣传机构,其主办的对外宣传刊物《中国通讯》(Report from China)于1941年3月在延安创刊,用英、法、俄三种文字出版,是中共在革命根据地出版的第一份外文宣传部刊物。该刊"邀请在延安的国际友人和外语人员撰稿,向国外人员介绍中国人民的抗日斗争和根据地建设情况"⑥。刊物的发行量并不高,但尽量

---

① 章百家:《抗日战争前期中共对美政策的起源与确立(1936—1941)》,《近代史研究》1991年第5期。
② 吕彤邻:《抗日战争中期西方民间人士与中共对外信息传播》,《中共党史研究》2015年第7期。
③ 杜俊华:《抗战时期中国共产党应对危机的国际统战经验研究》,中国社会科学出版社2016年版,第78页。
④ 周勇、[荷]张克雷:《走向平等:战时重庆的外交界与中国现代外交的黎明曙光(1938—1946)》,重庆出版社2017年版,第192页。
⑤ 《抗战渝中》编辑委员会:《抗战渝中》,重庆出版社2016年版,第39页。
⑥ 何国平:《中国对外报道思想研究》,中国传媒大学出版社2009年版,第51页。

保证传播的有效性,具体发行路线是"由中国共产党的内部交通带到重庆,由八路军驻重庆办事处散发给外国记者,再由他们转发到国外"①。此外,保卫中国同盟的刊物《新闻通讯》也从《中国通讯》中选出一些文章刊登,使其传播范围进一步扩大。

4. 保卫中国同盟

抗战时期的对外宣传渠道中有一个重要组织是保卫中国同盟(简称保盟)。保卫中国同盟由宋庆龄发起,于1938年6月14日在香港成立,目的是"动员、鼓励全世界爱好和平、民主的人士以医药、救济物资供应中国,支持中国的抗日战争"②。由于八路军和新四军条件极为艰苦,保卫中国同盟将援助重点放在中共领导的解放区,通过广泛的宣传和组织工作"为八路军、新四军募集了大量的物资和医疗用品"③。保卫中国同盟创办的英文刊物《新闻通讯》在抗战时期的国际传播中表现非常活跃,成为中共的一个重要宣传阵地。该刊主编爱泼斯坦通过他出色的组稿能力在刊物上发表了众多国际友人撰写的介绍八路军、新四军及抗日根据地的抗日活动的文章。后来,贝特兰接手了刊物的编辑工作,他本人在该刊上发表了《关于国际和平医院的报告》《同日本摊牌》《纪念白求恩》等多篇文章。爱泼斯坦和贝特兰等国际友人为中国共产党国际传播做出了重要贡献。保卫中国同盟因其出色的表现而被认为是"中国对外宣传机构的一个延伸"④。

5. 八路军驻香港办事处

1938—1942年,廖承志负责的八路军驻香港办事处(简称香港八办)是和保卫中国同盟同时期在香港活跃的另一个中共组织。八路军驻香港办事处是半公开性质的,为了便于开展工作,"采用粤华公司的名义,以经营茶叶作掩护"⑤。中共在香港设立办事处主要基于香港的战略地位和政治环境的考量。八路军驻香港办事处的主要任务是"向海外宣传中共和八路军、新四军的主张和政策,把海外华侨和各国朋友提供的支援物资送到各抗日根据地,搜集国际最新动态情况供中共中央领导人参考"。八路军驻香港办事处在做好港英当局宣传工作的同时,"对港英当局暗中了解中共的抗日主张起了一定的作用"⑥。在国际传播

---

① 甘险峰:《中国对外新闻传播史》,福建人民出版社2004年版,第54页。
② 杨天石:《抗战与战后中国》,中国人民大学出版社2007年版,第43页。
③ 王晓岚、戴建兵:《中国共产党抗战时期对外新闻宣传研究》,《中共党史研究》2003年第4期。
④ 魏舒歌:《战场之外:租界英文报刊与中国的国际宣传(1928—1941)》,魏舒歌、李松蕾、龙伟译,社会科学文献出版社2020年版,第326页。
⑤ 李军晓:《八路军驻香港办事处述略》,《抗日战争研究》1997年第3期。
⑥ 杜俊华、陈阳阳:《抗战时期的香港"八办"主任廖承志》,《炎黄春秋》2020年第9期。

方面,八路军驻香港办事处让乔冠华、梁上苑等人将毛泽东的《矛盾论》《实践论》《论新阶段》等重要论著翻译为英文出版并向国外发行①,进一步扩大了毛泽东思想在海外的传播。八路军驻香港办事处通过开展卓有成效的工作,成为"中共对外联络和宣传的重要窗口"②。

(二)中国共产党国际传播的媒体平台

中共早期在海外的国际传播媒体主要包括《先锋报》《救国时报》和《今日中国》等报刊。其中,《今日中国》创刊于美国纽约,全称是《今日中国:远东消息与观点月刊》,是一份"面向国际英语读者、旨在宣传中国苏维埃革命的月刊"③,由留学美国的中共党员冀朝鼎和美国共产党党员发起的"中国人民的美国之友"协会主办。1934—1942年,《今日中国》持续关注中国共产党的发展,刊登了大量与中共动向相关的文章,包括多篇中共领导人的文章,"在国际上广泛传播了中国共产党的主张和活动情况"④。

《新华日报》正式出版后,中共国际传播的规模发生了明显变化。在中共国际传播网络构建过程中,媒体是面向国内外公众最直接的表现。在报纸方面,表现最活跃的无疑是汉口《新华日报》和重庆《新华日报》。中共领导人特别重视《新华日报》等媒体在言论上的引领和代表作用,"毛泽东多次亲自起草《新华日报》社论,接受《新华日报》记者访谈,发表对重大时局的意见"⑤。周恩来表现相当活跃,据统计,"从1938年10月到1946年6月,除直接代写社论外,周恩来为《新华日报》撰写的署名文章就达37篇"⑥。这些文章和观点通过外国媒体驻华记者的转引进行二次传播,通过《纽约时报》等媒体向各国受众全面介绍中共的观点。通过宣传战线的中国共产党人的不懈努力,《新华日报》及其言论为中共带来了国际影响。

广播媒体的传播平台主要代表是延安新华广播电台英语广播,自1944年9月正式开播后一直表现活跃,成为众多西方媒体引用中共和国共关系相关动态的权威信息源。

---

① 中共广东省委党史研究室:《香港与中国革命》,广东人民出版社1997年版,第99页。
② 潮龙起:《历史丰碑:海外华侨与抗日战争》,暨南大学出版社2015年版,第30页。
③④ 刘小莉:《二十世纪三十年代的两份英文刊物与中国苏维埃革命信息的传播》,《中共党史研究》2009年第4期。
⑤ 中共湖北省委党史研究室:《中共中央南方局与〈新华日报〉》,中共党史出版社2017年版,前言第2页。
⑥ 同上书,前言第3页。

在通讯社方面,早期有1931年在国统区秘密成立的中国工人通讯社,后来更名为中共工农通讯社。该通讯社"与当时同情中国革命的国际友人"密切合作,其翻译发行的英文稿件"曾经被很多媒体采用"①。活跃的通讯社代表是国际新闻社,简称国新社。淞沪会战后,胡愈之等人以上海文化界救亡协会的名义成立国际宣传委员会。国际宣传委员会表面上是非政府民间组织,实际上其领导和成员几乎全是中共秘密党员和党外进步人士②。国际宣传委员会向中外记者提供抗日战争的新闻资料,以应对国民党军方在中外记者招待会上向外国记者提供不符合前线实际情况的信息的情况,后来以"国际新闻供应社"的名义每日编发国际新闻稿并译成英文分发给外国记者。国际新闻社的通讯网相当广泛,发稿对象包括国内报刊和海外华侨报刊,登载国际新闻社稿件的媒体共达150家以上③。此外,国际新闻社办有多份英文刊物,包括《远东公报》和面向海外华侨的《中国通讯》《国新通讯》》④。国际新闻社对于中共在抗战时期"宣传抗日与民主、团结海内外进步人士、争取中间势力,孤立国民党内的顽固势力"等方面发挥了重要的作用⑤。

抗战后期,中共的媒体作为消息源频频出现在《纽约时报》等西方媒体的报道中。新华社从在《纽约时报》1944年9月24日的报道中首次出现开始,其发布的消息多次被外国媒体引用,1945年8月最为频繁。《解放日报》上刊发的中共消息和中共领导人表态同样被外国媒体重视。

综上,新华社、延安新华广播电台、《新华日报》《解放日报》等中共所属媒体在抗战后期组成了一个中共发布重要消息的平台网络,成为中共国际传播实践和实现中共国际话语权的重要基础。

三、中国共产党国际传播网络的运作

抗战时期的中国共产党在国际话语权层面的斗争过程,是努力打破国际范围内信息不平等流动的过程,向外界展示了中共国际传播网络的坚强生命力,同时也是中共国际传播网络的运作及效果问题的体现。中国共产党国际传播网络

---

① 甘险峰:《中国对外新闻传播史》,福建人民出版社2004年版,第42页。
② 万忆、朱丽莉、徐乐:《基于新闻史料的桂林抗战国际传播研究》,《学术论坛》2015年第8期。
③ 方汉奇:《中国新闻事业通史》第二卷,中国人民大学出版社1996年版,第960页。
④ 王晓岚、戴建兵:《中国共产党抗战时期对外新闻宣传研究》,《中共党史研究》2003年第4期。
⑤ 童之侠:《中国国际新闻传播史》,中国传媒大学出版社2007年版,第163页。

运作的主要目的就是打破国民党政府在国际信息传播层面的垄断地位，实事求是地传播中共为抗日战争所做出的努力，进一步推动世界反法西斯统一战线的建设。"国际政治传播的载体是国际新闻。"①对于抗战时期的中国共产党而言，外交策略、政党利益和意识形态等因素都会体现在当时的国际新闻报道中，中国共产党国际传播网络的运作过程同样体现在国际新闻报道中。

（一）逐步完善的新闻发布体系

抗战期间，中共多次举办中外记者会，向国际社会介绍中共立场和态度。1942年5月20日，为了介绍中共的抗日活动，第十八集团军驻渝办事处招待美、英驻华记者，"向他们介绍中共的抗日活动并揭露国民党军队围攻共产党游击队的事实"②。关于联合政府问题，周恩来于1945年2月15日在重庆举行中外记者会，驳斥国民政府代表王世杰之前一天在外国记者招待会上关于联合政府问题的声明，指出其声明的"不坦白和不公平"之处③。由于周恩来驳斥的时间非常及时，第二天的《纽约时报》对此跟进报道，先是通过美联社的稿件从国民政府官员的视角进行报道，接着通过合众社的稿件从中共的视角进行报道，同时引用了中立观察者的观点。这是举行记者会所带来的国际宣传的有效性的最直接体现，既及时传递了信息，又有效地在国际层面对国民党的观点进行有力回击。

作为《新华日报》直接创办者和领导者，周恩来"始终把言论放在办好《新华日报》各项工作的首要地位"④。曾在《新华日报》工作多年的廖永祥总结了《新华日报》社论或重大文章出炉的三种类型："一是周恩来出题目，或授意先说什么，后说什么，分几个段落，按意图写出草稿，由他审改；二是撰稿人自己拟题，自己写，或编辑部同志共同研究选题，推定一位同志撰写，经总编辑总其成，最后交周恩来裁夺；三是周恩来亲自执笔，写的有社论、署名的代论、重要新闻、戏剧评论、声明、谈话等。"⑤从文章出炉的过程可以看出，周恩来极其重视言论。《新华日报》的社论或重大文章屡屡被《纽约时报》引用，这与文章掷地有声的观点密切相关。

《解放日报》是中共发表言论的另一个重要平台。以1943年5月国民党趁

---

① 李智：《国际政治传播：控制与效果》，北京大学出版社2007年版，第41页。
② 王晓岚、戴建兵：《中国共产党抗战时期对外新闻宣传研究》，《中共党史研究》2003年第4期。
③ 中共中央文献研究室、中央档案馆：《建党以来重要文献选编（1921—1949）（第22册）》，中央文献出版社2011年版，第25页。
④ 廖永祥：《新华日报史新著》，重庆出版社1998年版，第342页。
⑤ 同上书，第342—343页。

共产国际解散之机试图武力进攻陕甘宁边区为例，中共在《解放日报》上展开了一场全面的舆论反击战。毛泽东撰写的《中共"七七"宣言在重庆被扣》《质问国民党》《中国政治黑暗，抗战不力，英美盟邦大不满意》等系列文章"披露军事信息，驳斥敌方言论"。撰写评论文章加上《解放日报》发表的系列社论形成了明显的舆论压力，"引起了外国记者的注意"，他们撰文"纷纷质问国民党"①。此外，中共还"把《新华日报评论集》和中共在重庆出版的《群众》在香港印刷，除在香港和菲律宾销售外，还邮寄或托海员带往世界各地的华侨团体、侨领、华侨学校"②。这些印刷材料广受各界人士欢迎，扩大了中共在各国的影响。

中国共产党将目光放大到远东和世界战局，关注华人华侨，积极通过每天的社论发出声音。周恩来领导的中共南方局外事组将延安消息、《新华日报》社论、中共领导人最新指示等信息编译成英文材料，同各国各界在华人士广泛交流。很多声音通过《纽约时报》等媒体的驻华记者的报道，传送到世界范围，让外界对深处重压下的中共处境有了进一步了解，为争取得到国际社会的同情与支持打下了良好的基础。

（二）重大事件的危机公关

周恩来向来重视重大事件后针对舆论的快速应对。关于国共合作就是一个典型的例子。1938 年 2 月 10 日，《纽约时报》报道了周恩来被任命为国民政府军事委员会政治部副部长的消息。这是国共两党统一战线协议达成后，共产党人被任命的最高政治职务。《纽约时报》在评论中引用周恩来对国共合作的看法，高度评价了国共合作给抗日战争带来的积极意义③。

周恩来接受《纽约时报》的采访时，强调团结在抗日战争中的极端重要性，指出共产党在国共合作中的立场，"现在必须实现所有政治派别和部门派系的最大团结，为这种紧急情况作准备。共产党人一直在考虑如何在蒋介石将军的领导下，帮助维持抗日战线和巩固抗战"，同时从政府管理层面关于动员和训练群众参加抗日斗争方面提出了建议④。在另一次受访中，周恩来表示一切民族事业都要在蒋介石的领导下进行，并且对国共合作的前景保持足够的信心。周恩来

---

① 哈艳秋：《"勿忘历史：抗战新闻史"学术研讨会文集》，中国广播影视出版社 2016 年版，第 136 页。
② 中共广西壮族自治区委员会党史研究室：《中共中央南方局的统一战线工作》，中共党史出版社 2009 年版，第 271 页。
③ "United Chinese Resistance", *The New York Times*, Apr. 16, 1938, p. 12.
④ "Resistance Stiffened", *The New York Times*, Oct. 7, 1938, p. 16.

认为"统一战线需要加强和扩大",特别强调"加强民主和扩大人民议会的必要性",明确表示"共产党将继续避免与国民党发生冲突"①。在肯定国民党工作取得进步的同时,希望能与国民党领导人商讨如何确保合作的可持续性。

再以周恩来应对皖南事变的做法为例。周恩来获悉国民党对皖南事变封锁消息的做法后,于1941年1月7日连夜召集中共南方局外事组的全体同志,要求他们尽快与驻重庆的外国人取得联系,特别是外国记者和外交官,通过他们将皖南事变的真实面貌迅速告诉全世界,并且把编印好的有关资料提供给他们,分别转往美国和南洋、香港等地发表②。中共成功的危机公关工作,让外国记者了解到皖南事变的真实情况,有记者做出"如不让他们报道国共双方的观点,他们就拒绝采用蒋介石的讲话"的声明。中国共产党在重大事件的危机公关的背后,是希望有效打破国民党的新闻封锁,让全世界了解皖南事变的真相,"而不单是听国民党提出的经过仔细篡改的说法"③。事实证明,中共国际传播取得了良好的效果,重大事件的危机公关的相关策略发挥了重要作用。

(三) 打破信息不平等流动状态

在中国共产党国际传播网络的运作过程中,中共采取多种灵活方式试图打破国际社会关于中共信息的不平等流动状态,取得了良好的效果。反观外媒报道国共两党信息的情况,很明显国民党占有一定优势,但具备足够优势并不意味着能获得足够的主动权。

中共通过外国友人捎信的方式来传递信息,往往是不得已而为之的传播方式:一方面,迫于国民党的新闻封锁和新闻审查的压力;另一方面,是中共灵活运用国际统一战线网络的表现。1940年12月初,美国记者安娜·路易斯·斯特朗抵达重庆。周恩来随即捎信给她,表示愿意与她深谈。在多次长谈中,周恩来透露了两年来国民党不断同共产党军队武装冲突的情况并做了详尽的分析。周恩来还将一份长达26页的文章和一些其他文件交给斯特朗,嘱咐她必要时在美国发表④。皖南事变发生后,斯特朗当时身处美国,她接到中共的电报,希望能想办法发表之前在中国和周恩来谈话时提及的国共关系的相关材料。这些关于

---

① Tillman Durdin, "China Recaptures Peiping Railroad", *The New York Times*, Oct. 9, 1938, p. 37.
② 乔松都:《乔冠华与龚澎——我的父亲母亲(修订版)》,世界知识出版社2014年版,第54页。
③ 伊斯雷尔·爱泼斯坦:《中国未完成的革命》,陈瑶华等译,新华出版社1987年版,第154页。
④ 刘景修、张钊:《美国记者与中国抗战》,《民国档案》1989年第1期。

国民党不积极抗日并频频刁难积极抗日的新四军的情况辗转经《纽约先驱论坛报》发表出来。随后,斯特朗撰写的揭露国民党破坏抗战的长文在1941年3月的《美亚》杂志上发表,题为《中国的国共危机——远东历史上一段最关键时期的第一手报道》①。正是"由于中国共产党坚定不移的立场,以及国际进步舆论和一些国家政府对蒋施加压力,才使这次危机没有进一步扩大"②。斯特朗的材料转交工作和她撰写的文章在其中起了很大的作用,及时准确地揭露了国民党的阴谋。

周恩来还请《纽约时报》记者艾金生(Brooks Atkinson)带过话。1944年10月艾金生离开延安时,周恩来请他给史迪威将军捎一封口信。艾金生在一篇评论中提到了细节:"他希望我说,如果中央政府想用军队封锁共产党军队的方法来保卫中国的其他地区,共产党人保证不会利用这种情况扩大共产党控制区域。我相信这个誓言是真诚的。"③周恩来此举有一箭双雕的作用:一方面,希望艾金生能利用工作机会将信息带给史迪威;另一方面,如果信息无法带到,这样的观点也能通过《纽约时报》这个平台有效传递中共声音。

---

① Anna Louise Strong, "The Kuomintang-Communist Crisis in China", *Amerasia*, 1941, (3), pp. 3-15.
② [美]斯特朗:《斯特朗文集(二)》,郭鸿等译,新华出版社1988年版,出版前言第4页。
③ Brooks Atkinson, "Chinese Still Try to Unify Factions", *The New York Times*, Nov. 26, 1941, p. 43.

何谓"中国好故事"——基于"第六声"及其新闻报道的分析[*]

邓建国 黄依婷[**]

【摘要】 近年来,有关"讲好中国故事"的研究成果如雨后春笋般涌现。诸多学者对此进行理论检视与实践探索,但对于什么是"中国好故事"、由谁来评判及如何评价"中国故事"的好与坏等问题,鲜有人回答且也缺乏严谨的论证。本研究认为,"中国好故事"的评判者最先是海外受众。依据这一逻辑,研究首先回顾了叙事学理论中"好故事"的维度,然后对在国际上频频获奖的"第六声"(Sixth Tone)报道的中国故事进行量化分析,从而提炼出"中国好故事"的核心特征。研究发现,"第六声"报道的故事具有情感共鸣、沟通对话、立体多面、叙事鲜明等特征,并且通过关注全球议题、协作式生产、再语境化和运用文学手法等策略来讲述"中国好故事"。本研究有助于中国对外传播机构和个人提升"中国故事"的选择和报道能力,真正实现"中国故事"漂洋过海这一传播目标。

【关键词】 对外传播;中国好故事;第六声

一、问题提出

21世纪以来,诸多国家或民族都致力于通过"策略性叙事"(strategic narrative)来塑造国际形象、调解公共外交[①]。在这一时代背景下,"讲好中国故事"成为中国对外传播实践的指南和目标。党的二十大报告指出,要"加快构建中国话语和中国叙事体系,讲好中国故事、传播好中国声音,展现可信、可爱、可敬的中国形

---

[*] 本文原刊于《当代传播》2023年第5期。
[**] 邓建国,复旦大学新闻学院教授、博士生导师。黄依婷,复旦大学新闻学院博士研究生。
[①] 米斯基蒙(Miskimmon)等人最早提出"策略性叙事"这一概念,指政治行为者扩大影响力、管理预期和改变话语环境的工具。学界又译作"战略叙事"(参见 Alister Miskimmon, Ben O'loughlin, Laura Roselle, *Strategic Narratives: Communication Power and the New World Order*, London: Routledge, 2014, p. 2)。

象。加强国际传播能力建设,全面提升国际传播效能,形成同我国综合国力和国际地位相匹配的国际话语权"①。

近年来,尽管中国对外传播机构及个人都在精心讲述"中国故事",但仍旧遇到了民族中心主义、语言转译困难等跨文化交流障碍,国际上针对中国的"称霸论""威胁论"和"不负责任论"频频出笼。好的中国故事能提供丰富且深入的有关中国的经验材料,帮助国际社会减轻对中国社会理解的偏离,成功实现经济、政治、文化等层面的交流。遗憾的是,既有研究成果大多研讨如何"讲好中国故事",鲜有学者追问到底何谓"中国好故事"②、由谁来评判及如何评价"中国故事"的好与坏等问题。即使偶尔有一些研究触及这些问题,其回答也大都忽略了受众的反馈与评价,所提出的建议呈现出从内向外、以我为主的特点。此外,相关研究通常采取"夹叙夹议"的论证方式,缺乏严谨的研究方法,研究结论主观性较强,无法有效指导实践。因此,中国的对外传播迫切需要建构"中国好故事"的评价标准。基于此,本研究首先回顾了叙事学理论中"好故事"的维度,然后以多次获得国际奖项的"第六声"为研究案例,量化分析"中国好故事"所具有的核心特点,最终回答什么是"中国好故事"这一问题。

二、文献回顾

(一)讲述"中国好故事"的热潮与成效

"讲好中国故事"作为一种媒介逻辑进入政治领域③,引发了前所未有的实践热潮。通常情况下,讲述主体决定了故事的组织形式和表达内容。因此,本研究基于这一前提来梳理对外传播机构及个人讲述"中国好故事"的经验。具体来说,"中国好故事"的主要讲述者是国家领袖、其他政府官员及专业媒体等。首先,习近平总书记作为"第一主讲人"多次在国际外交场合讲述"中国好故事"。这些故事具有叙事轻灵、回归口语、诉诸情感并重视互动等特点④,有助于帮助国际受众深入地洞察历史和了解现在的中国⑤。其次,中国外交官也是"中国好

---

① 习近平:《习近平著作选读》第一卷,人民出版社2023年版,第38页。
② "中国好故事"是指"好的中国故事",而非"中国的好故事"。其中的"好",意在指故事本身是优质的、具有吸引力的,并不是指仅呈现出故事内容当中"好"的那一面。
③④ 姜红、印心悦:《"讲故事":一种政治传播的媒介化实践》,《现代传播(中国传媒大学学报)》2019年第1期。
⑤ 赵欣:《国际传播视野中的中国故事叙事之道——"第一主讲人"人类命运共同体意涵的国际分享》,《新闻与传播研究》2021年第1期。

故事"的主要讲述者,他们非常重视与海外受众之间的连接和互动,相继入驻 Twitter 等海外社交媒体,讲述了中国对外经贸、外交军事、社会文化和发展成就等方面的故事①。再次,新华社、《中国日报》、中国国际广播电台等通过图文报道或纪录片等形式,建立起一套讲述"中国好故事"的话语体系。其中,新华社更是创建了"中国好故事"数据库,收录了超过 6 万条精彩故事,力求向世界展现真实、立体、全面的中国②。

对外讲述"中国好故事"是特定异文化场域下个体或群体间的沟通与互动过程③,学界和业界都十分关注达到了怎样的传播效果。有学者认为,讲述"中国好故事"已取得明显成效,联合国、外国媒体与智库专家在官方文件或新闻报道中采用"命运共同体""多边主义""共赢发展"等中国话语概念便佐证了这一点④。但也有文献得出相反的结论,认为"中国故事"对他国认知和外交行为的影响有限,相关数据主要来源于皮尤研究中心、英国广播公司等调查机构⑤。由此可知,国际社会对于"中国好故事"的传播效果尚未形成一致结论,甚至存在争议。

(二)"中国好故事"的范畴与标准

长久以来,关于"中国好故事"的研究基本围绕其价值、内涵和策略展开,即回答为什么、是什么和怎样做三大问题,分别对应"中国好故事"的价值论、认识论和方法论。一般而言,价值论决定认识论,认识论又进一步指导方法论的形成与发展。大多数有关"中国好故事"的文献通常以价值论为基础来研究方法论,而忽略了认识论,即关注为什么要讲述"中国好故事"并从应然层面揭示如何"讲好中国故事",跳过了究竟是什么构成了"中国好故事"、由谁来评判及如何评价"中国好故事"的好与坏等问题。本研究主张,只有在明确这些基本问题后,才能

---

① Zhao Alexandre Huang, Rui Wang, "Building a Network to 'Tell China Stories Well': Chinese Diplomatic Communication Strategies on Twitter", *International Journal of Communication*, 2019, 13, pp. 2984-3007.

② 新华社:《"中国好故事"数据库上线　向世界展现真实立体全面的中国》(2019 年 9 月 27 日),新华网, http://www.xinhuanet.com/politics/2019-09/27/c_1125049746.htm,最后浏览日期:2023 年 5 月 5 日。

③ 徐明华、李丹妮:《情感畛域的消解与融通:"中国故事"跨文化传播的沟通介质和认同路径》,《现代传播(中国传媒大学学报)》2019 年第 3 期。

④ Szczudlik, J., "Tell China's Stories Well: Implications for the Western Narrative", *PISM Policy Paper*, 2018, 9(169), p. 169.

⑤ Yang Yifan, "Looking Inward: How Does Chinese Public Diplomacy Work at Home?", *The British Journal of Politics and International Relations*, 2020, 22(3), pp. 369-386.

更透彻地剖析讲好"中国好故事"的方法与策略。

随着研究的层层递进,也有文献提出,要想"讲好中国故事",需要先弄清楚哪些是"中国好故事","中国好故事"的选择标准和表现特征又是什么①。对此,有学者从叙述过程和叙事内容两大层面进行探讨。一些研究着眼于叙事过程来定义"中国好故事"。例如,王一川从微观入手,针对叙事过程中可能遭遇的文化冲突问题,提炼出"中国好故事"的六大构成要素:他者眼光、普遍尺度、本土境遇、个体体验、流行形式和易触媒介②。另有学者聚焦宏观叙事流程,提出"中国好故事"的"好"体现在讲得好、写得好、选得好三个方面,并以此构建评价指标体系,设立真实性、时代性、人民性、代表性、思想性、创新性、艺术性、对外性、叙事性和IP性十个一级指标③。也有文献以故事文本内容为切入点来界定何谓"中国好故事"。例如,黄良奇基于议题内容设置的目标,把"中国好故事"概述为中国共产党治国理政的故事、中国改革开放的故事、"一带一路"倡议的故事、构建人类命运共同体的故事和中华文化的故事④。还有学者进一步提出"中国好故事"的内容原则,如一致性、差异性、简洁性、整合性等⑤。美中不足的是,上述文献多半存在以下问题:一是围绕中国的审美旨趣展开,忽略了受众反应;二是往往基于简单的逻辑推理便下立论,缺乏严密的论证逻辑和量化数据的支撑;三是理论与实际之间缺乏有机联系,甚至存在脱节现象,导致所提的指标难以直接指导和应用于实践。

(三)"中国好故事"的理论来源与分析维度

故事提供了一个将叙事世界和现实世界结合起来的渠道,并由此对受众的认知、情感和行为等产生影响。尤其在国际关系中,讲故事能促使受众以某种方式感知世界,而这种方式使之将某些利益置于其他利益之上⑥。显而易见,叙事学能够为回答何谓"中国好故事"这一议题提供丰富的思考框架。在叙事研究中,衡量一个故事的好与坏有多重标准,其中,受众的反馈与评价被视为最重要

---

①④ 黄良奇:《新时代讲好中国故事:价值引领、议题方略与对外传播意义》,《当代传播》2019年第5期。

② 王一川:《中国好故事的六要素——谈谈中国故事的文化软实力的制衡问题》,《文化与诗学》2015年第2期。

③ 陈先红、于运全:《中国好故事评价指标体系的建构》,《新闻与写作》2019年第7期。

⑤ 段淳林、林泽锟:《基于品牌叙事理论的中国故事体系建构与传播》,《新闻与传播评论》2018年第2期。

⑥ Dennis K. Mumby, "The Political Function of Narrative in Organizations", *Communications Monographs*, 1987, 54(2), pp. 113-127.

的指标之一,不少研究基于此提炼出"好故事"的维度与特征。本研究将之归为三大部分:一是讲述者的叙述过程,包括但不限于一致且清晰的目标、令人信服的因果链、可信的承诺、与当地政治神话内容共鸣度等影响因素[1];二是文本的内容特征,即一个"好故事"的文本必须具备连贯性、封闭性、指向性和启发性[2];三是受众的理解过程,主要指受众的需要、偏好、信念和情感等影响其对"好"的判断[3]。这三大维度基本遵循"传者—中介—受者"的信息传播逻辑,而"好故事"在每个维度都有其独特、亮眼之处。

按照以上三大维度再次梳理此前有关"中国好故事"评价体系的讨论,本研究发现,既有研究在一定程度上忽略了"好故事"中的受众维度。"中国故事"向来以促进国际的理解和交流为目标,因而必须经得起海外受众的检验。因此,本研究以受众的反馈与评价为依据筛选出真正的"中国好故事",并且在分析故事特征时先剖析"中国好故事"何以成功吸引海外受众。此外,在国际关系中,讲述故事本质上是相关行动者带有既定目标以塑造和表演角色的政治行为,旨在实现国际社会之间的交往与理解,因此,在评估"中国好故事"时还需充分考虑国际交往这一重要维度。与此同时,现有文献所提出的指标也触及"好故事"的前两个维度,但这些指标较为笼统,缺乏对细节的探讨,在深度上仍有待拓展。具体来说,在讲述者的叙述过程中,既有研究仅涉及一般的操作流程,未能针对具体的故事生产环节进行深研。而故事生产直接决定了"中国故事"的吸引力,因此,"中国好故事"必须聚焦到精细的生产流程上。另外,少许研究关注文本的内容特征,却只是基于传播目标而设。而文本的叙事性是塑造故事空间、影响故事质量的先决条件,因此,对"中国好故事"的考察也应回到文本的组织与表达形式上。受到叙事学理论和过往研究成果的启发,结合国际关系中故事生产的特殊性,本研究认为,海外受众、国际交往、生产流程、叙事文本是讲述"中国好故事"时必须考虑的四大基本维度。本研究在此基础上,依据受众的反馈与评价选出具有代表性的"中国好故事",结合有关媒体的实践经验提炼出"中国好故事"的

---

[1] Nancy L. Stein, "The Definition of a Story", *Journal of Pragmatics*, 1982, 6(5-6), pp. 487-507. Jens Ringsmose, Berit Kaja Børgesen, "Shaping Public Attitudes towards the Deployment of Military Power: NATO, Afghanistan and the Use of Strategic Narratives", *European Security*, 2011, 20(4), pp. 505-528.

[2] Yanna Popova, *Stories, Meaning, and Experience: Narrativity and Enaction*, Routledge, 2015, pp. 1-2.

[3] Carolijn Van Noort, "The Construction of Power in the Strategic Narratives of the BRICS", *Global Society*, 2019, 33(4), pp. 462-478.

核心特征和实践策略,并将之与其他对外传播媒体进行对比,以期连接理论与经验来梳理讲述"中国好故事"的精髓。

三、研究案例:"第六声"及其新闻报道

如前所述,"中国好故事"的评判者最先是海外受众,只有基于受众的反馈才能筛选出好的中国故事。少数研究意识到了这一点,但通常选取特定事件或主题,再结合海外受众的行为数据来评定何为"中国好故事",采集到的数据大多为舆情反应,并非受众针对故事本身及其内容生产的直接评价。为了规避以上不足,本研究选取澎湃新闻旗下的英文产品"第六声"(Sixth Tone)作为研究案例。截至2023年4月1日,"第六声"的Facebook账号已获得676 803位用户关注,并吸引了海外受众在其公共主页的点评区留言①。海外受众直接表达了对"第六声"的赞许:"这是真正的中国好故事的来源","相比大多数英文资源,'第六声'确实能够给出有关中国的更广泛的生活和文化视角,推荐大家阅读","我喜欢'第六声'如同纪录片一般的叙事,你们的故事揭示了我在其他地方从未见过的中国"……由此可知,"第六声"获得了海外受众的肯定与认可,其新闻报道可以被视为具有代表性的"中国好故事"。本研究将基于文献回顾中所归纳的"中国好故事"的基本分析维度,结合"第六声"的对外传播经验,以提炼出"中国好故事"的核心特征和实践策略。

(一)海外受众维度:"中国好故事"好在情感共鸣

"第六声"格外注重报道能否引发海外受众的情感共鸣,因为叙事理解本质上是文本所描述内容与受众在阅读过程中所理解内容之间的辩证交互过程,需要将读者的感受与体验摆在首位。研究者们最常采用传播热度指数、自我报告量表来测量受众的情感共鸣度,但这些方法存在一定的主观性和随机性。因此,本研究通过分析第三方数据及受众的显性行为反应来完成评估过程。根据"第六声"Facebook账号的官方数据,已有318位海外受众在其公共主页对"第六声"及其创作的中国故事进行评分或留言,Facebook的自动化评分系统基于现有的评论和推荐给出了4.6的综合评分②。此外,本研究筛选出61个有效留言样

---

① 用户数据来源于 https://www.facebook.com/sixthtone。
② 满分为5分,评分数据来源于 https://www.facebook.com/sixthtone/reviews。

本进行词云分析。研究发现,海外受众最常使用诸如"great(10次)""interesting(7次)""good(7次)""well(7次)""real(5次)"等表达正向情感的形容词来评价"第六声"(见图1)。从"第六声"的探索经验可知,"中国好故事"好在激发受众的共鸣,往往能够获得受众积极主动的反馈。

图1 "第六声"Facebook公共主页点评板块留言词云

中外文化存在明显的差异,但为何"第六声"创作出来的故事对海外受众具有吸引力,并且能够引发他们的共鸣?"第六声"每年都会结合网站浏览量和社交媒体指标,在官网公布年度最受欢迎的中国故事。其中,家庭生活类报道颇具代表性。这些故事看似只是涉及家庭暴力、夫妻生育、单身母亲等话题,但实则意在关切男女平等、生育压力等全球性的公共议题(见表1)。同时,这些议题常常涉及未知、奇特的内容,在一定程度上满足了受众的好奇心理。海外受众在阅读此类报道时,时常主动留言以表达惊讶或认同之意。例如,"我们也必须警惕这种现象""我们都有责任投入其中""对于女性来说,危机总是三三两两地降临"。"第六声"不但巧妙地避免了东方主义,即通过共通的思想、规范、价值观等让受众体验到"视野的融合",而且深度挖掘故事内部的因果关系,特别是通过报道突破常规和常识的新闻内容来唤起受众的兴趣与认同,从而引发他们的情感共鸣。

表1 家庭生活类报道的标题及内容

年份	标题	内容
2016年	分水岭之后,中国跨性别活动家举行首次峰会	同性恋、社会歧视
2017年	出租车单亲妈妈的幸福与艰辛	单身母亲、生活压力、教育压力
2019年	不再沉默:中国家暴受害者如何发声	家庭暴力、法律保障、正义、性别
2020年	COVID-19流行期间家庭暴力案件激增	家庭暴力、性别、新冠疫情
2020年	引诱中国孤独男人的人工智能女友	人工智能、性、孤独感、隐私保护
2020年	敢生三胎的中国夫妇	人口政策、生活压力
2021年	中国反家暴法实施五年	家庭暴力、法律保障、正义、性别
2022年	泰国妈妈:对于中国妈妈来说,未来是陌生的	海外陪读、成长环境、教育压力

注:选自"第六声"年度最受欢迎中国故事。

(二)国际交往维度:"中国好故事"好在沟通对话

"第六声"意识到"讲好中国故事"实质上是一种以国家为主体的交往行为,因而一直践行实现沟通对话的对外传播目标。一般而言,如果媒体的报道能够获得其他国际媒体的关注、评价和援引,就说明其有效达成了这一目标。"第六声"在成立之初便吸引了国际媒体的注意力:《纽约时报》对其时任总编进行了专访并在商业版刊发了长篇报道;《外交政策》杂志也打破对中国媒体的固有印象,评价"第六声"为"具有吸引力"的媒体。时至今日,"第六声"已经成为许多国际媒体援引中国消息的重要来源。以《纽约时报》、《卫报》和BBC为例,本研究运用搜索指令在其官网上进行精确化检索,统计出2016—2022年这些媒体引用"第六声"新闻报道的次数。据不完全统计[①],三家媒体的援引次数分别为27次、23次、69次(见表2)。可见,"第六声"已经达到让"中国故事"在不同国家间传播的效果,不仅让中国与其他国家形成对话,还影响了世界看待中国的方式。

---

① 援引数据统计自《纽约时报》、《卫报》和BBC官网,然而并非上述媒体的所有报道都已实现数字化,因此,本研究的数据为不完全统计。

通过总结"第六声"的实践经验,本研究认为,实现国际沟通对话是"中国好故事"的另一特征。

表2 部分国际媒体援引"第六声"的新闻报道次数

媒体	年份							累计
	2016年	2017年	2018年	2019年	2020年	2021年	2022年	
《纽约时报》	6	5	6	1	5	3	1	27
《卫报》	2	6	\	1	9	3	2	23
BBC	14	3	3	4	24	21	\	69

从理论上来讲,对外传播是在邀请国际社会参与理解叙事,然而,国际社会很难将自己视为包裹在叙事中的角色并主动理解异质文化。在这种情况下,"第六声"巧妙地将理念或事件进行再语境化,以促进国家主体之间的交流。"第六声"曾推出中国共产党建党百年系列报道,不是简单地概述党的伟大成就和光辉历程,而是基于细节化的社会语境重新塑造党的形象:《中国是如何得到马克思主义的》揭示了马克思主义在党内生根发芽的过程,《让中国共产党渡过疫情危机的数十年之举》展现了党如何调整自身以适应各种社会新变化的过程,《百位说唱歌手颂百年:中国推出十五分钟革命说唱音乐》记述了当代中国青年通过流行的说唱音乐来表达对党的热爱与赞扬……在这些报道中,"第六声"挖掘和增添了许多新元素,描绘了一个致力于追求现代化、在面临众多艰难险阻时依然能够不断调整自我以获得人民拥护和支持的中国共产党形象。通过这些报道,"第六声"实现了对中国共产党形象的再语境化,能够有效帮助海外读者深入地认识中国共产党。

(三)生产流程维度:"中国好故事"好在立体多面

"第六声"在讲述"中国故事"时十分重视故事的多样性,帮助受众更全面、深刻地理解中国社会。好故事的多样性主要表现在多维度、多人物、多层次等方面。本研究随机抽取了800篇"第六声"特稿栏目的报道①,运用隐含狄利克雷

---

① "第六声"网站于2023年3月改版,深度报道(Deep Tones)栏目下线,但其报道内容归入其他新建栏目,仍可检索到。

分布（LDA）主题建模法，参考中国分类主题词表，对相应报道进行分类并统计出主要的报道对象。如表3所示，"第六声"的报道涵盖经济发展、家庭生活、医疗教育、生态环境、历史文化等多个领域，并且都涉及丰富多元的报道对象。相关报道注重提高故事的层次感，不仅整合主线与支线故事来完成叙事，还向受众大量铺陈背景材料，充分凸显出"第六声"作为"中国好故事"的代表所具有的立体多面的特征。

表3 "第六声"深度报道的主题要素、对象和层次感

报道领域	主题要素	对 象	层次感
经济发展类	实体产业、电子产业、贫困问题	商人、企业、农民、政府部门	主线、支线故事相结合
家庭生活类	家庭暴力、夫妻生育、临终关怀、人口老龄化	女性、老年人、儿童、法律工作者	主线、支线故事相结合
医疗教育类	医疗资源不平衡、教育困境、青年成长	医院、医生、病人	主线、支线故事相结合
生态环境类	植物资源有限、稀有动物保护	商人、企业、非营利组织志愿者、高校教授、社区本地人	大量铺陈背景材料
历史文化类	考古挖掘、传统文化传承、亚文化兴起	考古工作者、事业单位	大量铺陈背景材料

"第六声"是如何编织出立体多面的中国故事网络的？在故事生产流程上，"第六声"经历了一个从粗糙到精细、由单一到全面的探索过程。2020年年末，"第六声"开设了"中国好故事"译文专栏，编译国内媒体或优秀公众号的长文。鉴于单方面译介作品的传播效果有限，"第六声"尝试协作性新闻策展，尤其是在专栏约稿上大胆突破和创新，大量挖掘中国社会中的"素人"写手，比如上海公共卫生临床中心艾滋病科的护士、参与中巴喀喇昆仑公路建设的军人、曾是家暴施暴者的反家暴志愿者等[①]。由于非职业化作者未经过系统的新闻培训，创作出来的作品并不一定符合标准的新闻惯例，因此，"第六声"邀请中外记者参与合编，以专业素养编辑文章，同时力求最大限度地尊重和保留"素人"写作中原汁原

---

① 张茹：《贯彻用户思维 讲好中国故事——以澎湃新闻"第六声"为例》，《国际传播》2021年第5期。

味的文字与观点①。此外,"第六声"力求搭建中国故事平台,不但面向全球启动首届英文非虚构写作大赛,还在官网推出平台化频道"SIXTH TONE ×",旨在聚合更多的普通中国人,打造一个由众多优质新闻媒体、自媒体、英文写作者入驻的"深度记录中国"的内容集散地。综上所述,"第六声"积极探索协作式生产(见图2),从中国故事译介发展到故事创作、平台搭建等多个领域,并且通过持续的反思性实践进行自我纠偏,从而讲述立体多面的"中国好故事"。

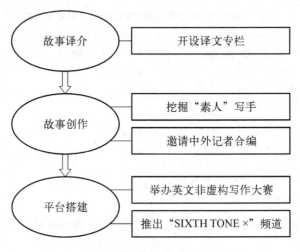

图2 "第六声"探索协作式生产过程图示

(四)叙事文本维度:"中国好故事"好在叙事鲜明

"第六声"颇为注重文本的叙事性。一个故事所展示的文本的叙事性越强,其作为意义结构的载体便越能形成连贯的整体,生动地印在受众的想象之中。在研究文本是否具有足够的叙事性时,经典叙事学主张发现、描述和解释叙事的机制及对其形式和功能过程有重大意义的诸因素②。据此,本研究建立了一个由47篇获评亚洲出版协会(SOPA)"卓越新闻奖"的新闻报道所组成的案例库③。分析发现,"第六声"所讲述的中国故事虽然在内容层面各不相同,但结构都由一系列多样的经典叙事元素组合而成,诸如主题要素、故事空间、叙事结构、

---

① 吴挺、张茹:《英文新媒体"第六声"创新国际传播的实践和思考》,《中国记者》2021年第7期。
② [美]杰拉德·普林斯:《叙事学:叙事的形式与功能》,徐强译,中国人民大学出版社2013年版,第158页。
③ "第六声"官网于2016年4月上线,自2017年始参评卓越新闻奖,截至2023年4月累计有47篇新闻报道获得相关大奖,获奖数据来源于 https://www.sopawards.com。

叙事视角、声音和风格、人物形象和塑造手法、释义性叙事等①。上述叙事元素或是彼此关联,或是相互调和,通过有机组合形成了一套清晰的文本要素。根据"第六声"的实践探索,"中国好故事"还具有叙事鲜明的特征。

叙事研究者提倡关注文本符码的根本,即揭示其中隐含的文学表现手法,而非仅仅关注单个元素及其使用目的。以叙事结构、叙事视角、描写方式和人物形象为例,本研究进一步分析"第六声"上述获奖故事使用的表现手法(见图3)。在叙事结构上,"第六声"通常采用"发现现象—解释成因—提出解决方式"和"发现现象—揭示背后争议—论述困境"两大结构来组织新闻文本。在叙事视角上,"第六声"融远距概括叙事与近距场景叙事为一体。当文本的目的是处理结果和传达信息时,"第六声"便会从场景中后撤,采取远距概括叙事的写作方式;当文本想要再现事件过程时,"第六声"便会从场景中前进,采取近距场景叙事的写作方式②。在描写方式上,"第六声"除了直接表达看法外,还会间接地将其声音和观念隐藏到人物话语与事件之中,并且运用量词、形容词和副词予以体现。此外,人物在"第六声"的故事文本中同时扮演了"参与者"和"存在者"的双重角色。"第六声"不仅以人物语言或行动来推动故事情节的发展,也以人物心理或人格

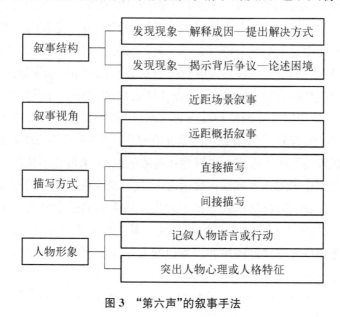

图3 "第六声"的叙事手法

---

① 邓建国:《从做宣传到讲故事:中国外宣亟需叙事转向》,《对外传播》2018年第11期。
② [美]杰克·哈特:《故事技巧:叙事性非虚构文学写作指南》,叶青、曾轶峰译,中国人民大学出版社2012年版,第52—57页。

特征来表现社会关系。总的来说,"第六声"运用多种文学表现手法,使得故事呈现出叙事鲜明的特征,从而让受众获得沉浸式的阅读体验,以此产生对中国故事的认知框架。

四、漂洋过海:再论如何讲述"中国好故事"

通过对"第六声"及其新闻报道的研究,本研究深入阐明了"中国好故事"的分析框架、核心特点和实践策略。

首先,"中国好故事"好在情感共鸣。国际上始终存在身份政治现象,强调国家内部而不是国家之间的认同。"第六声"通过报道共通的全球性议题来克服"我们"与"他者"之间的简单二分法,并且获得了海外受众的积极反馈。其成功的原因主要在于,共通性代表一种"超然"身份,能够激发受众将文本中的信息与自己掌握的现实世界的经验相结合,并就此构建出有关意义的心智模型来处理故事[1]。目前的对外传播仍具有"以我为主"的姿态,甚至过度关注本国,忽视全球视角[2]。对外传播机构及个人应破除单向传播、以我为中心的叙事思维,建构起作为人类的共通的全球身份,才能真正讲好中国故事。

其次,"中国好故事"好在沟通对话。"第六声"通过对党和国家的形象进行再语境化,以此激发受众参与修辞情景。再语境化实现了从原始语境到另一个语境的动态转换,赋予了事件不同的价值与意义[3],能够在一定程度上消解意识形态、文化价值观的差异,从而实现国家主体之间的交往。有研究指出,有些媒体在讲述中国故事时往往密集刊发或着重阐释"中华文化走出去""把握国际话语权""建立大外宣格局""战略设想"等价值理念。从"第六声"的探索过程中可知,对外传播机构及个人应避免说教意味过浓的说辞,采取语境化的传播方式展现鲜活的中国,让国际社会沉浸在对话之中,实现跨文化交流的传播效果。

再次,"第六声"通过协作式生产编织出立体多面的故事网络。国际关系中叙事的力量取决于它对协商意义的开放性。但叙事本质上又是进行思想实验,若想成功,必须依托丰富的程序和步骤以激发受众的想象力。"第六声"紧紧抓

---

[1] Rick Busselle, Helena Bilandzic, "Measuring Narrative Engagement", *Media Psychology*, 2009, 12(4), pp. 321-347.

[2] 邓依林、张伦、吴晔:《中国官方媒体的全球文化传播网络议程设置研究》,《新闻大学》2022 年第 9 期。

[3] Per Linell, *Approaching Dialogue: Talk, Interaction and Contexts in Dialogical Perspectives*, Amsterdam: John Benjamins Publishing Company, 1998, p. 154.

住这一点,积极探索协作式新闻生产,邀请专家学者和"素人"写手参与新闻生产。此举打破了常规的职业化生产,使得"中国好故事"呈现出立体多面的特点。根据既有研究,一些对外传播媒体出于易于管理、提高效率等目的,将新闻工作常规化、标准化,造成流水生产、内容同质等弊端。"第六声"的实践经验启发对外传播机构及个人,在讲述"中国故事"时,应打破故事生产的标准和惯例,充分发挥其作为专业组织或个体所具有的相当程度的自主性和能动性。

最后,"中国好故事"好在叙事鲜明,即回归叙事艺术本位。从公元前的经典史书《左传》到晚清的士人小说《镜花缘》,中国叙事一直致力于再现故事世界[①],并且凭借其文本修辞、人物性格、叙事结构、作品意义的丰富性和独特性,获得过广大西方受众的青睐。"第六声"在叙事元素和文学手法上的成功运用与之如出一辙。受众在阅读叙事性强的文本时会不由自主地估量和评价,甚至做出赞颂性或谴责性判断,最终在一个相对陌生的故事世界里"栖居"[②]。而当下的对外传播追求宏大叙事,即讲述恢宏历史、赞美壮丽河山,展现大国情怀和国家精神,有大题材与专题化倾向[③]。"第六声"则带来了回归叙事艺术本位的启示:叙事是连续的复合体,其目标是通过组合最小叙事要素来展现一张可能性之网[④]。因此,"讲好中国故事"应当构建一套结构化的、有深度的叙事形式系统,从而让不同的中国故事通过叙事这扇"透明的窗户"进入海外受众的思想、经验和身份[⑤]。

五、结　　语

本研究基于受众的反馈与评价选取"第六声"为研究案例,并且通过量化分析归纳出"中国好故事"的核心特点和方法策略,以此回答什么是"中国好故事"这一问题,以期为中国对外传播机构和个人提升"中国故事"的选择与报道能力提供参考。然而,故事最先是言语,其所承载的不仅是内容,还包括一整套与其

[①] Andrew H. Plaks, "Towards a Critical Theory of Chinese Narrative", In Andrew H. Plaks, eds., *Chinese Narrative*, Princeton: Princeton University Press, 2014, pp. 309-313.

[②] Liu Hui-Ming, "'The Narrated Self': An Analysis of Ricoeur's Notion of 'Narrative Identity'", *Journal of Global Cultural Studies*, 2010, 6, pp. 81-88.

[③] 刘晶、陈世华:《"讲好中国故事":纪录片的"中国叙事"研究》,《现代传播(中国传媒大学学报)》2017年第3期。

[④] [美]西摩·查特曼:《故事与话语:小说和电影的叙事结构》,徐强译,中国人民大学出版社2013年版,第5—7页。

[⑤] Smith, B., "Narrative Analysis", In Evanthia Lyons, Adrian Coyle, eds., *Analysing Qualitative Data in Psychology*(2nd ed), London: Sage Publications, 2016, pp. 202-221.

独特措辞及句法相连的价值观念①。本研究总体上仍囿于形式主义的范畴：一方面，没有深度揭示"中国好故事"帮助受众理解故事世界的过程；另一方面，未能系统考察"中国好故事"的生产受到哪些场域的影响。后续研究可以从这两点出发研究"作为认识工具的叙事"和"作为权力生产的叙事"，尤其是重点挖掘故事之外的故事，也许能够更深入地明晰"中国好故事"的内涵，并由此建立"中国好故事"评价体系。

---

① ［美］罗伯特·斯科尔斯、［美］詹姆斯·费伦、［美］罗伯特·凯洛格：《叙事的本质》，于雷译，南京大学出版社 2015 年版，第 295 页。

宣传实践篇

《中国青年》与时代新人：中国共产党早期对学生运动的宣传与引导

石一琨[*]

【摘要】 五四新文化运动后，青年学生逐渐成为反对帝国主义和军阀势力、表达爱国精神和民主诉求的重要群体。作为国民革命时期青年团（共青团）指导"一般青年运动"的机关刊物，《中国青年》直接面向青年学生群体，在宣传、引导学生运动中发挥着重要作用。该刊积极宣传马克思列宁主义，驳斥各种错误思潮，开展青年革命教育，动员学生联合工农群众，参与国民革命统一战线。不仅增强了学生的责任意识、革命精神和理想信念，还塑造了一批具有较高人格品质和政治素养的时代新人。学界应注意到该刊对青年学生价值观的塑造功能，即个体实现自我主体的觉醒、使命担当的自觉和革命实践自为的高度融合。

【关键词】 国民革命；《中国青年》；时代新人；学生运动

一、引　言

中国向来就有学生参与政治的传统：西汉太学生为营救鲍宣，"博士弟子济南王咸举幡太学下"[①]，拦截丞相乘车，上书建政；东汉末年的"太学清议"运动；宋朝也有多次针对官宦腐败、朝政不力的"太学生干政"运动。在近代西方思潮的影响下，一批具有救亡意识的青年学生投身于政治领域，为争取民族独立和国家富强做出各种努力。1919年五四运动标志着青年学生主体意识的觉醒，此后，学生逐渐成为影响政治的重要群体之一。1922年第一份针对青年学生的刊物《先驱》在北京创刊，但因军阀和帝国势力猖獗，学生运动一直处于低潮，青年学生迫切需要思想改造和革命指导。为适应当时革命形势，中国社会主义青年团将《先驱》停刊，改出《中国青年》周刊，在主张"唤醒国民自觉，打破因袭、奴性

---

[*] 石一琨，复旦大学马克思主义学院博士研究生。
[①] 《汉书·鲍宣传》，转引自熊铁基：《秦汉文化史》，新世界出版社2018年版，第112页。

而代之以反抗的精神"①的基础上,将《中国青年》定为"一般青年运动的机关"②。1923—1927 年,《中国青年》发表了与学生问题直接相关的文章 204 篇,对明确学生运动方向、团结广大青年群体投身于国民革命、形塑时代新人有积极意义。

二、从《先驱》到《中国青年》:适应五四时期学生运动之潮流

五四时期,《团刊》《青年工人》《国民》和《劳动青年》等介绍青年运动的期刊不断涌现,但最有代表性的是社会主义青年团创办的《先驱》。《先驱》于 1922 年 1 月 15 日在北京发刊后迁至上海,于 1923 年 8 月 15 日停刊,《中国青年》在《先驱》的基础上,于 1923 年 10 月 20 日在上海创刊。

1923 年党的三大通过的《青年运动决议案》指出"社会主义青年团应以组织及教育青年工人为其重要工作,在出版物上应注意于一般青年实际生活状况及其要求。社会主义青年团对于青年学生应从普通的文化宣传进而为主义的宣传,应从一般的学生运动引导青年学生到反对军阀反对帝国主义的国民运动"③,明确了宣传和引导学生运动的政治方向。《教育宣传问题议决案》提出"文化思想要吸取知识阶级,使为世界无产阶级革命之工具的方法……宣传科学,反对宗法社会之旧教义,反对基督教的教义及其组织,健全的唯物主义的宇宙观及社会观及'集体主义'价值观"④,明确了教育青年学生的方法和原则。青年团二大在两份决议案的基础上,颁布了《关于中央执行委员会报告的决议案》,分析了当前的宣传策略和革命形势,总结了过去学生运动与《先驱》在组织和宣传上的不足之处:"没有做自己独立的青年工作,学生运动虽有成绩,而实在还没有能真正得到学生群众……《先驱》编辑也屡屡易人,地方通信员不负责任,编辑方法亦不大适宜,发行上也是如此。"⑤会议同意停办《先驱》,改组编辑部,创办《中国青年》周刊,并将其视为团中央机关报刊,拟通过新的党团官方报刊的宣传,来明确正确

---

① 《先驱》编辑部:《发刊词》,《先驱》(第 1 号)1922 年 1 月 15 日。
② 团中央青运史研究室、中央档案馆:《中共中央青年运动文件选编(1921 年 7 月—1949 年 9 月)》,中国青年出版社 1988 年版,第 19 页。
③ 中央档案馆:《中共中央文件选集(第一册)(1921—1925)》,中共中央党校出版社 1989 年版,第 153 页。
④ 同上书,第 206 页。
⑤ 中国新民主主义青年团中央委员会办公厅:《中国青年运动历史资料(1915—1924)》,中国新民主主义青年团中央委员会办公厅 1957 年版,第 382 页。

的革命方向。

《中国青年》的发刊适应了五四时期学生运动之浪潮。互助-工读主义、新村主义、无政府主义和基尔特社会主义等各种新思潮甚嚣尘上，《先驱》通过宣传马克思列宁主义和无产阶级政党，改造了青年学生的思想，提升了青年学生"阶级觉悟"①。北京"驱彭挽蔡"运动的失败，促使中国共产党和青年团将矛头转向军阀，动员学生参与游行示威。如何教育青年学生参与革命运动的现实问题引起了国人思考。为改变革命低潮状态，《中国青年》吸收了《先驱》对青年学生思想改造的经验做法，将青年学生纳入国民革命统一战线，给学生运动提供一些具体方法。学生运动也从政治领域渐入社会、思想和家庭等领域。《中国青年》的创办是中国共产党对青年学生的思想改造转向革命运动策略指导之体现。作为直接面向青年学生的机关刊物，该刊提升了青年学生的革命化程度，塑造了一批具有较高人格品质和政治素养的时代新人。

三、《中国青年》：一个革命、进步的青年期刊

1923年10月20日，《中国青年》在上海正式创刊。作为青年团（共青团）的舆论喉舌，该刊吸引了恽代英、林育南、邓中夏、萧楚女、任弼时、张太雷、李求实、刘仁静和陆定一等进步人士的加入。该刊定为月刊，1926年5月因北伐战争的需要迁至广州，1927年5月迁至武汉，10月又迁至上海，其间一共出版170期，每期32开16页，共计发表字数240余万字。大多内容是对于学生运动的宣传和引导，该刊是国民革命时期最具革命性、进步性的青年期刊。虽然同一时期还有其他同类型期刊，但实效性、权威性和影响力均无法与《中国青年》相提并论。1927年之后，国民党右派的清党运动致使革命惨败，该刊被迫停办，转为地下活动，并用《无产青年》《列宁青年》等报刊代替。直到1948年12月由中共中央青年工作委员会主持复刊，才重新启用"中国青年"的名称，并延续至今。本研究将从三个方面介绍国民革命时期《中国青年》杂志的基本情况。

第一，办刊宗旨。1923年青年团二大后，为积极响应建立民主联合战线要求，中国共产党和青年团逐步开展《中国青年》期刊的创办工作，将广大青年学生纳入工人、农民、先进知识分子、小资产阶级和国民党左派分子的统一战线。刊物的宗旨是："（一）要介绍一些活动的方法，亦要陈述一些由活动所得的教训；

---

① 参见郑洸：《青运史纵横：探索十年录》，开明出版社1993年版，第30—31页。

(二)要介绍一些强健伟人的事迹与言论;(三)要介绍一些可供研究的参考材料,要帮助青年去得一些切近合用。"①该刊旨在加强对学生运动的宣传,并提出较有针对性、可行性的具体办法。后期的编辑者在撰稿的过程中,也多次提及该刊创办的宗旨。《我们的希望》指出,该刊"应当去提醒一般青年,要扶助一般青年"②,期望能够给青年群体带来积极的影响。《征求稿件》提到"将这一报刊变成切实指导学生运动的工具"③,使学生成为青年群体的主力军和中国最富有希望的革命力量。《本刊对读者的两个要求》重申了办刊初衷是"在指导并且帮助青年们走上他们应该走的正确道路"④,《敬答读者》提到该刊是"代表中国共产主义青年团中央指导委员会指导青年革命运动,并代表压迫青年利益而奋斗的刊物"⑤。

第二,内容与栏目。《中国青年》杂志的内容涵盖:青年学生运动,宣传马克思列宁主义思想,引导青年学生同非马克思主义思潮做斗争,坚定革命教育;青年工人运动,坚持白区工人经济斗争,维护工人基本权益,引导工人参加反帝爱国运动;青年农民运动,引导青年农民参与土地革命和反对土豪劣绅运动,帮助建立农民协会;青年妇女运动,帮助反对传统礼教之压迫,引导妇女树立在社会、家庭上的独立地位。《中国青年(汇刊)》单行分栏目录中,将第25—170期的栏目进行了汇编整理,其中,第1专辑(第1—25期)由于报刊初创,并未形成固定的栏目,本研究只列举第2—7专辑(第26—170期)的主要栏目,见表1。

表1 《中国青年》栏目概览

专辑	期号	主要栏目	篇数(篇)
2	26—50	青年之棒喝、革命问题、教育革命问题、革命的青年界、世界青年运动、青年问题	146
3	51—75	革命运动、革命家研究、反对基督教运动、青年问题、青年界消息、妇女与恋爱问题	128
4	76—100	五卅运动、反帝国主义运动、学生运动与一般青年运动、青年问题、非基督教运动、一般教育问题及教育革命运动	118

① 《中国青年》编辑部:《发刊词》,《中国青年》1923年10月20日。
② 《中国青年》编辑部:《我们的希望》,《中国青年》1923年11月10日。
③ 《中国青年》编辑部:《征求稿件》,《中国青年》1924年2月16日。
④ 《中国青年》编辑部:《本刊对读者的两个要求》,《中国青年》1926年6月13日。
⑤ 《中国青年》编辑部:《敬答读者》,《中国青年》1926年11月8日。

续 表

专辑	期 号	主 要 栏 目	篇数(篇)
5	101—125	革命运动、学生运动、青年运动、青年问题、非基督教运动、一般教育问题及教育革命运动	176
6	126—150	革命运动、学生运动、青年问题、共产主义与苏俄、马克思主义列宁主义宣传、世界革命中的青年运动、反帝国主义运动	176
7	151—155,158—167	革命运动、一般青年运动、非基督教运动、学生运动、共青团运动、反帝国主义运动	100

该刊另设有"时事述评""文艺""小说""杂记""广告"等其他栏目。"学生运动"在第2—3专辑通常是同其他有关青年专题论述结合在一起,而对其专门的论述则集中于第4—7专辑,并且独立成栏目,可见其地位显著。正如《两年来的中国青年运动》指出的,"尤其是学生群体的组织、宣传和活动方面,更与全国青年以切实的指导"①。

第三,编辑与稿件。《中国青年》主编恽代英、萧楚女、林育南、李求实皆属党团骨干,任弼时、张伯简、何味辛、邓中夏和张秋人等较为熟悉学生运动的人也完成了相关文章的编辑工作。稿件的选取非常注重进步性和革命性,来稿者须遵守《我们的希望》和《我们的启事》中所提及的各项投稿要求,诸如"所来稿件必须有益有味,简短干练……不愿登冗长或无益的稿子"②,"注意精粹的叙述,愈短愈好,每篇至多不得过二千五百字乃至三千字"③。在内容的选取上也必须遵照本刊的宗旨和原则,"(一)提出青年之主张,并拥护青年的根本利益……(三)介绍马克思列宁主义并加以宣传……(五)注意全国乃至全世界的青年活动;(六)驳斥各种反动思想,引导青年走向正确的革命通途……(八)介绍共产党和共青团"④。恽代英、萧楚女、刘仁静、陆定一、刘昌群、邓中夏、李求实、林育南、任弼时、张秋人、张太雷和施存统等人来稿较多,其中,大部分是青年团(共青团)中央负责人和《中国青年》主要编辑者,占比将近45%。陈独秀、瞿秋白、蔡和森、谭平山等早期共产党人的来稿占比25%。另有中学教员、大学教员和海

---

① 林根:《两年来的中国青年运动》,《中国青年》1925年10月10日。
② 《中国青年》编辑部:《我们的希望》,《中国青年》1923年11月10日。
③ 《中国青年》编辑部:《我们的启事》,《中国青年》1926年1月23日。
④ 《中国青年》编辑部:《告读者》,《中国青年》1927年6月20日。

外知识分子等社会人群的来稿。该刊"欢迎各地所来报告青年革命运动的稿件……并一起讨论主义和行动策略上的问题,请诸君给我们提供稿件包括,各地发生的学潮、工潮纪实;关于学生生活状况的描写"①。来稿必须在文风上做到简单凝练、积极向上、贴近生活,以政论、新闻和文学创作为主。

《中国青年》积极宣传、引导学生运动,团结学生投身于国民革命,赢得了爱国民主人士的信任与赞颂,是一份进步的、革命的刊物。然而,大革命失败后,《中国青年》在武汉再未出版发行,即便是迁至上海之后,在国民党白色恐怖统治下也难以维系。

四、《中国青年》对学生运动的宣传和引导

国民革命时期,内忧外患的国情促使许多学生离开教室,走上街头,通过结社、游行、集会、请愿和出版等方式,表达利益诉求。党的三大的《青年运动决议案》指出中国共产党"应从一般的青年运动,到引导青年到反对军阀反对帝国主义的国民运动"②,青年团二大的《学生运动决议案》提出将学生运动同工人、农民运动相结合。在此背景下,《中国青年》作为团中央面向青年学生的机关刊物,发挥着重要的舆论引导作用。

(一)报道全国各地学生运动状况

华盛顿会议以来,西方国家通过信贷方式操纵国民政府的经济命脉,扩大殖民领地,扶持傀儡政权,剥夺民众的合法权益。加之"军阀连年混战,派系相争,政务不修,财政困难,政府既无心亦无力处理各种既存社会问题"③,青年学生为反对殖民条约和政府腐败,展开了"废约运动""国民议会运动""收回教育权运动""办刊自由运动""平民教育运动""非基督教运动"。《中国青年》报道了全国的学生运动状况。《湖南安徽之学生界》描述了安徽学生烧毁议员私宅、湖南学生参与反对国民政府削减教育经费示威活动,称赞"这些学生不仅会读书,而且已然成为一种参与政治和社会生活的力量"④。《北洋大学学生的新觉悟》详细

---

① 《中国青年》编辑部:《本刊对于读者的两个要求》,《中国青年》1926年7月10日。
② 中央档案馆:《中共中央文件选集(第一册)(1921—1925)》,中共中央党校出版社1989年版,第153页。
③ 汪朝光:《中华民国史(第四卷)(1920—1924)》,中华书局2011年版,第284页。
④ 仲英:《湖南安徽之学生界》,《中国青年》1923年12月1日。

记载了北洋大学学生罢黜校长未遂,反而被军警殴打关押的事情,并号召学生"猛着祖鞭,认定目标,舍小务大,由近及远"①,与军阀政府做斗争。广州圣三一中学学生积极抵制洋人的奴化教育,争夺殖民地的教育权,学生联名在《中国青年》上发表了《广州圣三一学生的正当要求》和《粤学生收回教育权运动会宣言》,提出"在校内争回集会结社自由,反对奴隶式的教育且须争回教育权,反抗帝国主义者的教育和文化入侵"②。在如何收回教育权问题上,学生提出四点主张,"(一)核准注册;(二)课程编排要受中国教育机关支配;(三)不得强迫学生念经礼拜;(四)尊重学生集会、结社、言论、出版等自由"③,维护了学生的基本权益。《湖南最近学潮始末记》记载了校方克扣学生伙食费的事败露,近万名学生向教育司请愿且裁撤不称职校长的要求,却"受到了高压政策而失败,停止罢课游行,被迫做出让步"④。这场学潮虽以失败告终,但释放了学生对官僚黑暗和政治腐败的情绪,并得到了印刷工人的帮助,为学生与工人联合抗争提供经验。"八一三惨案"之后,学生逐步认清了官僚与教育勾结之黑恶势力,"教育总是在统治阶级的手中,培养新的继承他们的统治人才,以及用他们所创造的知识欺骗被压迫人民"⑤。该刊大量笔墨仍聚焦于对国内学生运动及其状况的描述,介绍了青年学生为反抗殖民侵略、军阀压迫的抗议行为,号召青年学生投身于民主革命和救亡高潮之中。

(二)动员学生开展反殖民主义的爱国运动

巴黎和会外交的失败,使得民族主义情绪进一步激化,基督教也被指责为同殖民势力相勾结⑥。随着马克思主义和其他无神论思潮在华传播,知识学界对基督教的非议不断涌现,冲淡了中国和基督教的和谐关系。1922年世界基督教学生同盟大会闭幕之时,北京大学3 000多名学生走上街头发表演说,抗议基督教对国民权益的毒害。《非基督教学生同盟宣言》揭示了西方在中国设立教会"目的即在于吸吮中国人民底膏血……欺骗一般平民的现代基督教及基督教会……

---

① 少年:《北洋大学学生的新觉悟》,《中国青年》1924年6月21日。
② 记者:《广州圣三一学生的正当要求》,《中国青年》1924年5月31日。
③ 《广州学联会收回教育权运动委员会宣言》,《向导》1924年7月2日。
④ 汉文:《湖南最近学潮始末记》,《中国青年》1925年12月6日。
⑤ 仁静:《由上海的学潮观察中国的学校》,《中国青年》1926年6月6日。
⑥ 这是由于在长期西学东渐的影响下,基督教在中国逐渐被政治化和工具化,教义所崇尚的"信仰得救""世人赎罪""禁欲祷告"等主张找不到落脚之路径,无法解决现实问题,因此,基督教在国人心目中逐渐丧失了救国功能。

全国学生必须反对帝国主义控制的这种教义"①。1923年,广州、南京、长沙、武汉等地纷纷成立了类似非基督教学生同盟的组织。1924年8月,上海学生重新成立的非基督教大同盟将这场运动推向新的高潮。《中国青年》对学生非基督教运动提供了报道和行动建议。《反对基督教运动的怒潮》介绍了非基督教运动发生的原因和进展,"国内反基督教风暴,一曰宗教与科学不两立,二曰基督教不仅违反科学,而且是帝国主义者用以侵略弱小民族的工具"②。该文将《反对基督教运动》小册子介绍给群众作为参考,要求学生联合其他知识分子及具有先进思想的工人和农民,通过讲演、著书、集会、游行、请愿等形式展开抗议,而后"由乡村而县,由县而省,由省而全国,全国联合起来,成为强有力的组织"③。

1925年,非基督教运动扩展至全国,逐渐形成了较大的规模。广州同盟支部将西方圣诞节所在的周定义为"非基督教运动周",鼓励学生游行示威、散发传单、分队演讲。《一九二五年各地"非基周"运动之概况》描述了延安、北京、广州、南京、福州等地区非基督教运动的盛况。延安"大约有三四百人参加游行,封锁教堂,禁止延安百姓入教等条件……三原县的学生联合会和渭北学生青年社成立,还另行组织了临时行动委员会来指挥示威、游行运动"④。"全国普通民众已经意识到了基督教带来的危害……这样的活动已经引起了全国一部分基督徒之觉悟,逐渐归向到民众的方面。"⑤广州"圣三一学潮"运动后,"国内又陆续开展了很多学生反对教会教育权的斗争,并达到了一个新的高潮"⑥。这些学潮促使广大学生意识到"尽靠政府的力量去收回教育权是靠不住的,缓不济急的必须要靠我们民众势力,才有功效"⑦。《打倒教会教育》《五卅运动与教会学校》等文章也对上海圣约翰大学、天津新学书院和北京崇德中学的学生反对教会教学、争夺教育权斗争做了详细描述,提出当前主要工作是让学生意识到教会之于国民教育的危害,动员更多学生参与到反对教会、争取教育权的运动之中。

(三)传播马克思列宁主义并引导学生加入国民革命战线

《中国青年》每期的专栏、特刊中均有对马克思列宁主义的引介。诸如"马克

---

① 《非基督教学生同盟宣言》,《先驱》1922年3月15日。
②③ 秋人:《反对基督教运动的怒潮》,《中国青年》1925年1月3日。
④ 孙衡:《一九二五年各地"非基周"运动之概况》,《中国青年》1926年1月30日。
⑤ 孙衡:《一九二五年各地"非基周"运动之概况》,《中国青年》1926年2月6日。
⑥ 但一:《徐州教会学生的奋斗》,《中国青年》1924年5月24日。
⑦ 《广州圣三一学生退学宣言》,《中国青年》1924年6月21日。

思主义列宁主义宣传""世界革命中的青年运动""共青团运动"专栏,以及"列宁特号""苏俄革命纪念""列宁征集周"和"十月革命号"特刊。《英雄与时势》宣传了历史唯物主义,将人民群众视为人类历史的创造者,并讨论了中国是"英雄造时势还是时势造英雄"问题。"火车走完了旧轨,渐渐向着前面的新轨来,我们这个英雄,便是新旧轨岔道旁边扳机的工人,工人的作用是使得火车底转入新轨必须要有他的一扳……可是走得错不错,也却全看他扳得怎样。"①该文将英雄比作工人,将社会发展比作前进的火车,说明英雄对历史发展的积极作用,但并非决定性的。《马克思主义概略》介绍了马克思主义哲学的基本原理,包括运动观、物质观、联系观、发展观和矛盾观,阐明了辩证唯物主义和历史唯物主义的地位。"马克思主义的哲学观是人类社会和自然界中的科学柱石,是社会发展的推动力,可为中国青年学生研究马克思和列宁,研究自然与人文社会提供帮助。"②《社会主义与共产主义》解释了西欧资本主义向共产主义过渡的阶段划分,区分了社会主义和共产主义在学理上的一般区别,"国家和阶级的消失才是共产主义,社会主义只是无产阶级专政和生产资料公有制的一个必要经历的阶段"③。《中国青年》对马克思主义的引介更多偏向最能影响中国革命的列宁主义。《苏俄与中国革命运动》描述了十月革命和世界共产主义运动概况,认为"若完成国民革命,达到反对帝国列强和军阀的任务,需要一个像铁一般坚强的共产党领导,青年人必须响应党的号召参加革命"④。《列宁主义的革命战术》指出列宁主义是关于一般被压迫民族解放的方法,还指出了列宁主义对中国革命的实际用处。"(一)列宁主义的中心教义是无产阶级获得政权;(二)列宁教我们认识帝国主义的真性质及范围,根据此来决定我们争斗的策略;(三)列宁教我们以革命的科学的精神。"⑤

青年学生是思想层面最活跃的群体。不仅在京汉铁路罢工、五卅运动等工人运动中出现了学生的身影,在废除不平等条约、促进国民议会等运动中也时常看到学生结社、请愿和游行的实践。党的四大《对于青年运动之议决案》强调:"青年运动是共产主义运动中一部分重要的工作,因共产党是这一般共产主义运动的总指挥,青年运动必须在共产党指导之下,是无疑的……青年运动的发展当

---

① 正厂:《英雄与时势》,《中国青年》1924年4月26日。
② 弼时:《马克思主义概略》,《中国青年》1925年5月2日。
③ 亚枯匿夫:《社会主义与共产主义》,《中国青年》1925年2月28日。
④ 但一:《苏俄与中国革命运动》,《中国青年》1924年11月8日。
⑤ 子云译:《列宁主义的革命战术》,《中国青年》1926年1月23日。

然是发展共产党指导下的一般共产主义运动。"①"对学生运动而言,学生在目前政治运动中,是重要的推动力,所以学生须参加这种群众的政治运动。然而始终这不能算学生运动的最要的目的。学生运动的最要的目的,是怎样使学生能与工人农民运动结合起来,使他们到工人农民群众中宣传和帮助他们组织。"②因此,青年学生不仅要坚持共产党的领导,遵循革命纲领和党团政策,还要同其他阶级相互结合,积极团结革命群众。《学生与革命》肯定了五卅运动中的学生作用:"学生在紧急的时间是万众一心,容易建立权力集中的组织……学生群众的革命行动,因为他们特殊地位的关系,是容易发生很大影响的。"③在这场运动中工人是骨干力量,但若使革命蔓延至全国,则须有爱国学生的广泛参与。文章要求国民政府保障学生生活条件、合法权益,提倡援助农工,反对官僚腐败。《五卅以后的中国学生运动》《南京学生的工人运动》阐发了国民革命运动中学生的重要性,提出了具体对策:深入了解工农的现实生活,展开工农商学兵的民主联合,整顿现有学生组织,加强学生革命教育。《从五卅惨案到北京惨案》《打倒惨杀爱国学生段祺瑞》等文章教育青年学生正确认识段祺瑞政府的卖国行径,鼓舞学生同帝国主义和军阀官僚做斗争。《箴国民政府政权下的学生》引导学生通过组织宣传队、救护队、慰劳队参与兵士群体,并动员群众支撑北伐战争。

(四) 教育并引导青年树立正确的革命观

《青年们应该怎样做》主张"努力可唤醒有战斗力的各阶级,做有力的各阶级间之连锁,以结成国民的联合战线"④,要求学生承担国家和民族重任。《怎样才是好人》认为青年所做的努力应遵循"好人"三条标准:"一曰有操守,二曰有作为,三曰能为社会谋福利,如此才算得上一个好人,望青年学生共勉之!"⑤《农村运动》探讨了学术救国问题,认为学生仍旧不能放弃学业,要以研习为主,但必须将视野从书本中转移到现实社会。文章教导学生关注民众疾苦,鼓励学生深入工厂、农村去研究实际问题,同时,倡导学生自由结社、请愿、游行,增强革命与奋斗精神。在《关于政治运动的八个问题》《怎样做恶劣环境下的教师与学生》《怎

---

① 中央档案馆:《中共中央文件选集(第一册)(1921—1925)》,中共中央党校出版社1989年版,第365页。
② 同上书,第368页。
③ 《学生与革命》,《中国青年》1925年7月28日。
④ 实庵:《青年们应该怎样做》,《中国青年》1923年10月20日。
⑤ 代英:《怎样才是好人》,《中国青年》1923年10月20日。

样打破灰色的人生》《问答》《五卅运动与阶级斗争》和《怎样救治浪漫病》等文章中,恽代英提出了学生运动的五点建议:其一,应当深入农村去宣传革命主张和党团政策;其二,通过开办学校、主持讲座等教育、说服和引导等方式联合工农平民,联络感情;其三,学生的使命不仅是研习专业知识,还应行动起来投入反殖民掠夺和军阀压迫之中;其四,不仅要学习马克思列宁主义和党团理论、政策,还要勇敢地同反马克思主义的错误思潮做斗争;其五,完善人格,端正思想态度,规范言行举止。恽代英等人在《中国青年》上发表的数篇文章,宣传了正确的思想观念,教育、引导学生不畏强权、坚持革命、勇于斗争。青年学生在《中国青年》的感召下,以"小我"融入"大我",将青春热情、革命信念投身于革命运动的浪潮之中。

《中国青年》中关于学生和学生运动的重要讨论见表2。

表2 《中国青年》中关于学生和学生运动的重要讨论①

文　章　名	刊号	发　表　日　期	主　题
《青年们应该怎样做》	1	1923年10月20日	行动方法
《怎样才是好人》	1	1923年10月20日	价值观
《中国革命之前途》	5	1923年11月17日	行动方法
《湖南安徽之学生界》	7	1923年12月1日	学生运动介绍
《自杀》	8	1923年12月8日	价值观
《读什么书与怎样读书》	8	1923年12月8日	知识研习
《前途的乐观》	12	1924年1月5日	学生运动介绍
《告觉悟的青年》	21	1924年3月8日	价值观
《怎样研究社会科学》	23	1924年3月23日	知识研习
《答问七则》	23	1924年3月23日	学生群体生活与状态
《为保定女师学潮说的话》	25	1924年4月5日	行动方法
《广州"圣三一"学生的民族革命》	29	1924年5月3日	学生运动介绍

① 《中国青年》中关于学生和学生运动的讨论数量繁多,笔者统计有204篇,由于篇幅有限,本研究只列举部分重要文章。

续 表

文　章　名	刊号	发 表 日 期	主　题
《农村运动》	29	1924年5月3日	行动方法
《欢迎重庆女师底新空气》	30	1924年5月10日	学生运动介绍
《徐州教会学生的奋斗》	32	1924年5月24日	学生运动介绍
《广州圣三一学生的正当要求》	33	1924年5月31日	学生运动介绍
《可怜监狱学校下的学生》	33	1924年5月31日	学生群体生活与状态
《隐居与避恶》	34	1924年6月7日	行动方法
《不要迟疑罢》	34	1924年6月7日	行动方法
《北洋大学学生的新觉悟》	36	1924年6月21日	价值观
《广州圣三一学生退学宣言》	36	1924年6月21日	学生运动介绍
《告因学潮而退学的人们》	38	1924年7月5日	行动方法
《青年们现在可恍然了吧》	38	1924年7月5日	价值观
《湖北二师底风潮经过》	39	1924年7月12日	学生运动介绍
《流血是吃亏么》	39	1924年7月12日	行动方法
《关于政治运动的八个问题》	39	1924年7月12日	行动方法
《乡村运动问题》	40	1924年7月19日	行动方法
《第一步工作应该是什么》	42	1924年8月30日	行动方法
《甘肃平民教育的问题》	45	1924年9月20日	行动方法
《生活问题》	50	1924年10月18日	学生群体生活与状态
《复托荐职业者的信》	56	1924年12月6日	学生群体生活与状态
《生活、知识与革命》	57	1924年12月13日	学生群体生活与状态
《怎样做恶劣环境下的教师与学生》	59	1924年12月27日	行动方法
《反对基督教运动的怒潮》	60	1925年1月3日	学生运动介绍
《打倒教会教育》	60	1925年1月3日	学生运动介绍

续　表

文　章　名	刊号	发　表　日　期	主　题
《退学呢,使全家跟着吃苦呢》	62	1925年1月17日	学生群体生活与状态
《怎样打破灰色的人生》	79	1925年5月9日	行动方法
《问答》	80	1925年5月16日	行动方法
《学生与革命》	82	1925年7月28日	行动方法
《被压迫青年的问题》	87	1925年8月8日	行动方法
《介绍第七届全国学生大会决议案》	88	1925年8月8日	理论宣讲
《陕西学生驱吴运动之经过》	89	1925年8月20日	学生运动介绍
《五卅运动与教会学校》	89	1925年8月20日	学生运动介绍
《答问》	97	1925年9月28日	行动方法
《反帝国主义运动中的广州青年》	99	1925年9月28日	学生运动介绍
《山西学生的抗税运动》	101	1925年11月7日	学生运动介绍
《生活与压迫虐待》	102	1925年11月20日	学生群体生活与状态
《五卅以后的中国学生运动》	103	1925年11月28日	学生运动介绍
《南京学生的工人运动》	104	1925年12月6日	学生运动介绍
《湖南最近学潮始末记》	104	1925年12月6日	学生运动介绍
《五卅以后的上海学生》	105	1925年12月12日	学生群体生活与状态
《两昼夜的西牢生活》	108	1925年1月2日	学生群体生活与状态
《空前的武汉国民大会》	108	1925年1月2日	理论宣讲
《木石鹿琢与宣传工作》	109	1925年1月9日	行动方法
《想到民间去者的生活问题》	112	1926年1月30日	行动方法
《一九二五年各地"非基周"运动之概况》	113	1926年2月6日	学生运动介绍
《怎样了解思想落后的群众》	120	1926年5月22日	行动方法

续 表

文 章 名	刊号	发 表 日 期	主 题
《由上海的学潮观察中国的学校》	122	1926年6月6日	学生运动介绍
《教会学生的转学问题》	143	1926年11月25日	行动方法
《这是不加入共产主义者青年团的理由吗》	144	1926年12月16日	行动方法
《怎样救治浪漫病》	154	1927年2月12日	行动方法
《到哪里找CY》	154	1927年2月12日	行动方法
《革命青年与自然科学》	154	1927年2月12日	理论宣讲
《六个名词的质疑》	155	1927年2月19日	行动方法
《箴国民政府政权下的学生》	159	1927年3月19日	学生群体生活与状态
《加入CY的最低条件》	167	1927年6月30日	行动方法

五、宣传和引导学生运动的方法

注重学生运动的宣传、引导是中国共产党成立以来思想政治教育工作之关键。"掌握思想教育,是团结全党进行伟大政治斗争的中心环节。如果这个任务不解决,党的一切政治任务是不能完成的。"①《中国青年》通过"旗帜指引""精神锻造""革命叙事"的方法宣传、引导学生运动,帮助青年树立了正确的人生观和价值观,塑造了一批具有人格品质和政治素养的时代新人。

(一)旗帜指引:将党团决议和政策内化于学生的知与行

作为团中央的机关刊物,《中国青年》围绕党团决议和政策展开宣传、介绍和教育,涉及"反对英美帝国主义""国民党的改组""团结劳动群众""反对基督教运动""组织青年团会""学生运动与知识分子革命""宣传科学社会主义"和"反殖民运动"等内容,推动青年学生走向革命化,并使之成为国民革命的关键力量。《前途的乐观》剖析了民国初期政治黑暗和官僚腐败的现实,引导学生支持

---

① 《毛泽东选集》第三卷,人民出版社1991年版,第1094页。

国共合作,积极响应国民革命主张,坚定反对帝国主义和军阀割据的决心。"中国共产党显然主张应与国民党合作……由这可见革命主张的渐趋一致,民族精神的已经复活。"①《中国革命之前途》指出了中国革命遇到的困境和努力的方向,指导青年学生运动应当遵循:"(一)任何人加入应为工人与农人的目前利益奋斗;(二)学生理应从事强烈的反抗外力与军阀的宣传;(三)创造一强大的政党,能指挥人民的政治与经济的斗争。"②国民革命并不是一日之功,不可寄希望于纯粹的军事活动,而要推动工农兵学商的民主联合,其中,青年学生是联系工人、农民群体的积极力量。《怎样做一个宣传家》专门谈到共产党、青年团(共青团)对青年群体有关于党团政策的宣传工作,包含学生面向工农群众的宣传问题,包括宣传态度、材料、艺术和逻辑等具体的宣传方法。恽代英认为,"宣传工作靠一张嘴、一支笔,要宣传到使勇敢的人起来帮着我们宣传,使怯弱的人都了解而赞助我们的主张"③。宣传工作应满足这样的要求:有坚定的理想信念;有足够的理由说服群众接受宣传,答疑解惑;宣传的理论必须有充分的说明,并且对一切反对理由均可答辩;宣传的时候要谦卑,不可盲目自大;注意宣传的语气和快慢;找到合适的例子或者材料支撑等。《学潮与革命运动》《五卅以后的中国学生运动》《龙州工人和学生的爱国运动》《两年来的中国青年运动》《国庆日告中国青年》《中国共产主义青年团过去的一年》也记载了诸多党团决议和政策的相关内容。

(二)精神锻造:向学生输入革命信仰和文化

恽代英、林育南、邓中夏、萧楚女和张太雷等无产阶级宣传家在《中国青年》上曾发表多篇纪实类报道、说理类文章和问答类文章,积极宣传马克思主义理论,批判各种错误思潮。

《革命的信仰》探讨了革命的人生观,"一个人的内心没有信仰就是那个人没有人生观,没有人生观的生活等于没有香味的蜜,没有香气的花,堂堂青年人应树立革命信仰,对人类和国家前途担负重托……广大的青年人应当努力把自己和自己所居的社会,一齐从那无边的黑暗之中,拯救出来"④。这是面对社会上青年普遍没有信仰的呐喊,青年群体应当肩负起国家和民族的历史重任,最需要

---

① 代英:《前途的乐观》,《中国青年》1924年1月5日。
② 敬云:《中国革命之前途》,《中国青年》1923年11月17日。
③ 代英:《怎样做一个宣传家》,《中国青年》1925年7月25日。
④ 楚女:《革命的信仰》,《中国青年》1924年1月5日。

的便是信仰。《诗的生活与方程式的生活》《青年们,请看汉口的车夫》《学校与监狱》《亏本与革命》《不断的中国青年与教会斗争》等文章,也有大量笔墨关注学生的思想与精神。这些文章认为,青年学生在掌握知识的同时,应当深入社会生活和革命实践,坚定理想信念和革命立场。《中国现在的思想界》指出"东方文化派""科学方法派""唯物史观派"是当下中国社会三大思潮,"东方文化派可说代表农业手工业的封建思想,抑或称宗法思想,科学方法派可说是代表新式工业的资产阶级思想,唯物史观派可说是代表新式工业的无产阶级思想"①。《贡献于新诗人之前》反对部分学生醉心于诗歌、文艺的现状,批判所谓的"艺术至上""爱情之上"和"新诗人"的错误倾向。"我们不反对新诗,我们亦不反对人们要做新诗人,我们反对的是这种不研究正经学问不注意社会问题,专门做新诗的风气,这种新诗人几乎没有一个人把人生观和社会观弄个明白。"②《中国青年》有意引导广大青年学生深入社会现实,关注自身的人生观、价值观。《青年的革命修养问题》谈及如何在民主革命中指导青年联系实际、加强革命修养。林育南的好友刘敦在《遗书》中谈到学生的修养,"我实在觉得我们以前并不曾都有很好的修养,认为不吃烟、不吃酒、不嫖、不赌,这只是关乎个人很微末的些事,我们现在是在学做事,我们正要开始锻炼我们做大事的修养"③。林育南意识到"现实中不少有志青年革命理论不甚明了!革命行动有诸多欠缺的问题,明确表示感到革命的修养的必要,因为唯其如此,革命者才能够认清楚路径,猛勇前进,才能做到一息尚存,此志不懈"④。他提出培育青年学生的文化知识、革命感情、革命才干和革命性格,认为"不能奋斗的人不能革命,然而不能忍耐的人亦是不能革命的"⑤。《同学间难于合作吗》分析了学生游行中难于合作的现实问题,认为部分学生运动的领导者不善于同工农合作,不充分发挥群众的力量。因此,需要学生"无上的困勉,百十倍的努力,重视革命的团结,巩固我们的阵线"⑥,提升革命修养和团结意识。

(三)革命叙事:多样的文学表达以引发人们深思

《中国青年》在向广大青年宣传国民革命主张之外,还承担着反对传统旧文

---

① 中夏:《中国现在的思想界》,《中国青年》1923年11月24日。
② 中夏:《贡献于新诗人之前》,《中国青年》1923年12月22日。
③ 刘敦:《遗书》,《中国青年》1924年9月20日。
④ 林根:《青年的革命修养问题》,《中国青年》1924年9月20日。
⑤ 林根:《青年的革命修养问题》,《中国青年》1924年9月27日。
⑥ 《同学间难于合作吗》,《中国青年》1926年7月17日。

学、发扬新文学的重任。该刊通过诗歌、小说、小传、戏剧和歌曲等多样化文学表达,歌颂了学生运动的伟大,以乐观的、自由的、诗意的革命化文学叙事,描述了青年学生所期望的美好愿景,引发人们深思。

《赠友》将革命党人描述为"你的手像火把,你的眼像波涛,你的言语像石头……你要建红色的天国在地上"①,只要无数革命人为了民主国家而奋斗,必然会使得"行尸们惊醒""狐兔们奔走"。《我站在喜马拉雅山的山巅》揭示了旧恶势力的狰狞面孔,"那些万恶的独裁者们……他们会用饥寒的逼迫,他们会用金钱的利诱,他们会用法律的笼罩,他们会用堂皇名词的粉饰,他们还会用上帝的神权恫吓,要革命人民擦亮眼睛,牢牢团结起来,必将唱着我们那得胜的凯旋歌"②。《将来的花酒和歌》是诗人对革命胜利后庆祝场景的描述,展示了革命成功之后的美好愿景。"这种花酒和歌就要到来了,随着那造反的咚咚的鼓声,只有工人阶级得到了权力,旧的才会死灭,新的才会诞生。"③《革命进行曲》《烈火集》《风声》《使命》《我们的誓词》等文学作品也有对青年学生情怀、责任和理想的诠释。这些革命型白话文诗歌,语言凝练,简单明确,直抒胸臆,展现出青年学生高度的革命热情、爱国热忱和理想信念。

《中国青年》还刊登了一些散文,以小见大、见微知著。《我是人民,我是群众》描写了人民的力量:"那时候,民众二字不再会被人轻视,人们谈到民众都自然会推崇,自然会必敬必恭,那时候人民和民众才伸头了,世界才真正属于民众。"④虽然没有专门提及学生群体的描写,但抒发了对民众大联合参与革命的愿望。文章以"人民""群众"为描述对象,亦反映出以人民为历史主体的自觉性。《火山》以第一人称讲述了知识青年参与革命的故事。当北伐革命军队攻入武汉的时候,小说的主人公躺在病床上,但仍被窗外"打倒帝国主义""打倒列强侵略""打倒封建军阀,为五千同胞报仇"的游行呼声感染。他从病床上爬起来加入优秀的队伍中去,"和大家一起高声呼喊,一起散发传单,终因体力不支失去知觉……在躺在医院的睡梦中,他仿佛看见了喷薄而出的火山,并奏着世界上的农人和工人,手执红旗向前进的交响乐曲"⑤,颇具浪漫主义色彩。而后主人公病情好转,决然地加入革命宣传的队伍中。故事塑造了当时青年学生投身于革命

---

① 朱自清:《赠友》,《中国青年》1924 年 4 月 26 日。
② 绍吾:《我站在喜马拉雅山的山巅》,《中国青年》1924 年 7 月 19 日。
③ J. S. Wallaee:《将来的花酒和歌》,一声译,《中国青年》1926 年 12 月 6 日。
④ Carl Sandburg:《我是人民,我是群众》,纯生译,《中国青年》1926 年 6 月 6 日。
⑤ 定一:《火山》,《中国青年》1926 年 10 月 23 日。

的进步形象。

《中国青年》通过诗歌、小说、戏剧等多种文学形式，深入引发青年学生对国民革命与未来美好生活的关联性思考。

六、总结与讨论：塑造革命时代的新人

作为青年团（共青团）的机关报，《中国青年》存在时间不长，自 1923 年 10 月创刊至 1927 年 10 月停刊，共计四年。相较于同时期的《团刊》《青年工人》《劳动青年》和《中学校刊》等刊，《中国青年》的突出特点是站在马克思主义的世界观的高度，直接面向青年学生，将更多笔墨放在宣传和引导学生运动上。

本研究从该刊的作品内容出发，发现所刊载的 204 篇对学生运动的宣传和引导的文章：从主题而言，涵盖"价值观教育""学生运动介绍""行动方法""心理和生活关怀""主义宣传和知识教育"等多元主题；从内容而言，包括报道国内各地的学生运动，指导学生运动的方向和方法，宣传党团政策决议和马克思列宁主义，批驳各种反马克思主义的社会思潮。

《中国青年》的编辑和作者注重对青年学生的教育方式，通过"旗帜指引"将党团决议和政策内化于学生的知与行，通过"精神锻造"向青年学生输入革命信仰和革命文化，通过"革命叙事"多样的文学表达以引发人们思考的方法，引导青年学生投身于国民革命浪潮之中。五四时期，学生群体受到西方思潮，尤其是马克思主义的影响，逐渐成为民主革命中最活跃的力量之一。《中国青年》的编辑和作者看到了这一点，发表的诸多对学生运动的宣传和引导的文章推动了学生运动，增强了学生的责任意识和理想信念，塑造了一批具有较高人格品质和政治素养的时代新人。

国民革命是一场以人民大众为主体、反对帝国主义和军阀政治的民主运动。这场革命不仅沉重打击了殖民主义和军阀势力，传播了民主思想和革命经验，更促进了青年一代力量的崛起。在文化战线上，面向青年群体的党团机关刊物《中国青年》脱颖而出，自觉承担起教育引导青年学生之重任，回答了当时"塑造什么样的青年""如何塑造青年"的时代之问。学者王鹏程对此有高度的评价："短短四年时间，《中国青年》以 240 余万字的政治思想文化宣传，有力地教育和引导了青年大众正确地看待人类发展历史，准确认识中外现实，科学把握自身成长规律。它使马克思主义的立场、观点和方法，社会主义、共产主义的宣传教育，中共中央、共青团中央在一切重大理论性、原则性问题上的思想观念，在政治思想文

化活动中真正发挥了主导作用。"①《中国青年》为中国当下的党报、团报对青年学生的思想政治教育留下了宝贵的历史经验。例如,加强党团对青年的思想政治教育,提升官方办报的内容质量,重视思想文化队伍的建设,注重宣传党团政策方针等。学界应注意到《中国青年》对青年学生价值观的塑造功能,即个体实现自我主体的觉醒、使命担当的自觉和革命实践自为的高度融合,塑造顺应历史潮流的时代新人。

---

① 王鹏程:《〈中国青年〉周刊研究(1923—1927)》,人民出版社2013年版,第306页。

流动的抗战：论新四军组织传播及运作模式*

周小伶　张晓锋**

【摘要】 全民族抗战时期，以游击战为主要战斗形式的新四军，殊难应对内外剧烈变动带来的信息压力。以广大工农兵为战斗主体的新四军人才队伍，深入敌后，搭建宣传网，激活媒介的空间流动性，促成了新四军的群体互动、有机保障和理念生成。新四军抗战宣传从组织和传播两个角度，对信息传播形态进行了再塑造，为根据地史研究提供了一种独特的传播样态和崭新视角。

【关键词】 新四军；流动宣传；组织传播；运作模式；空间流动性

2022年10月16日，习近平总书记在党的二十大报告中对国防和军队建设提出指示："如期实现建军一百年奋斗目标，加快把人民军队建成世界一流军队，是全面建设社会主义现代化国家的战略要求。"①新时代必须坚持党对人民军队的绝对领导。2021年11月11日，中国共产党第十九届中央委员会第六次全体会议通过的《中共中央关于党的百年奋斗重大成就和历史经验的决议》指出："七七事变后，党……领导八路军、新四军、东北抗日联军和其他人民抗日武装英勇作战，成为全民族抗战的中流砥柱，直到取得中国人民抗日战争最后胜利。"②从国家战略层面强调了新四军抗战的重要性。2021年2月18日，习近平总书记在给上海市新四军历史研究会的百岁老战士们的回信中指出："你们青年时代就投身革命，为党和人民事业英勇奋斗，期颐之年仍心系党史宣传教育，深厚的爱党之情令人感佩。"③

---

* 本文系国家社会科学基金重大项目"新民主主义革命时期中国共产党宣传动员工作史研究"（22ZDA024）的阶段性成果。

** 周小伶，南京师范大学新闻与传播学院博士研究生。张晓锋，南京师范大学新闻与传播学院教授，博士生导师。

① 《中国共产党第二十次全国代表大会文件汇编》，人民出版社2022年版，第45页。

② 《中国共产党第十九届中央委员会第六次全体会议文件汇编》，人民出版社2021年版，第25—26页。

③ 习近平：《习近平书信选集》第一卷，中央文献出版社2022年版，第321页。

对新四军宣传史研究而言,这包含两层意思:一方面,新四军研究应该有"责任在我"的主体自觉意识,以坚定的立场宣传军史和新四军抗战精神;另一方面,必须有清晰明确的研究对象定位意识,考察新四军抗战宣传自身的特殊性及其演进机制内在逻辑,对于我们理解历史上和当下的中国共产党人民军队政治工作,有着重要的经验价值。

回顾历史,新四军组织传播和运行模式,既是战事内容,又能反映中日博弈多重面向。这与抗战时期的政治、经济、文化及社会运动之间有着千丝万缕的联系。一支队伍与当时的革命工作相匹配,这个定位导致新四军抗战宣传方式具有一定的特殊性,亟须把军事和宣传有机结合。笔者在查阅史料的过程中发现,资料中屡次出现时人对新四军文化工作的总结,其中的"流动宣传"惹人注意。为什么时人要用这样的词汇?使用"流动宣传"的历史背景如何?游击战在华中区域敌后广大农村对"流动宣传"是如何实现的?通过"流动宣传"开展的抗战宣传取得了怎样的效果?本研究将聚焦以上问题,考察新四军的组织传播及运作模式。

一、"流动宣传是一切工作的开始"

全民族抗战爆发后,新四军在敌后组织群众和打击敌人的宣传环境十分恶劣,基层官兵对宣传动员工作的重要性认识不足,加之当时识字率过低和阵亡人数的局限等壁垒,开展有效的流动宣传面临许多现实困境。

(一) 新四军组建初期开展流动宣传的发端

组建初期,新四军的人力储备和物资武器的精良程度远比不上侵华日军,而政治工作是新四军的有力武器。1936年2月6日,中共中央军委总政治部在行军中发出"自动活动"的指示,"沿途可以运用各种方式(布置宣传鼓动棚或者音乐队)进行行军中的娱乐教育工作"[①]。毛泽东曾在致电朱德的电文中对红军战斗情况进行总结:"今日红军在决战问题上不起任何决定作用,而有一种自己的拿手好戏,在这种拿手戏中一定能起决定作用,这就是真正独立自主的山地游击战(不是运动战)。"[②]此时正处于第二次国共合作开端,为配合国民党正面战场,

---

① 《总政治部关于东进抗日行军中政治工作的指示》(1937年8月),载总政治部办公厅:《中国人民解放军政治工作历史资料选编(第四册)》,解放军出版社2002年版,第28页。

② 毛泽东:《坚持独立自主的山地游击战原则》(1937年9月21日),载总政治部办公厅:《中国人民解放军政治工作历史资料选编(第四册)》,解放军出版社2002年版,第29页。

新四军贯彻执行游击战争中所面临的战士纪律整顿、组织民众及繁殖新部队的各种任务。1937年10月,彭雪枫在山西大学的讲演《游击队政治工作概论》开篇提出:"应该使全体政工人员和军事指挥人员懂得政治工作是部队的生命线,要巩固部队,提高部队战斗能力,争取战争胜利,就必须切实加强政治工作。"①新四军在这种复杂的斗争形势下,应对敌后作战,亟须把"枪杆子"和"笔杆子"结合起来,借此创造出适合新四军游击战争打法的新传播样态。

组建初期,新四军的流动宣传主要由各级政治部中的宣教部、民运部工作机构负责。1938年3月,新四军政治部正式成立,负责包括统一管理报纸、通讯社及广播电台工作等职责。政治部是具有暂时过渡性质的管理机关,由袁国平、朱镜我任主任,副主任是邓子恢。1938年8月,宣教部筹备妥当,政治部继续发挥指导监督宣传的作用,自动主导军中宣传事务。1939年,新四军"宣传部门工作甚为紧张"②。同年2月4日,新四军第二届全军政工会议通过的《新四军支部总支部政治战士俱乐部及连队中政治组织与工作大纲的草案》规定:"宣传教育委员会:指导救亡室宣传工作和墙报委员会工作。"③《新四军支部总支部政治战士俱乐部及连队中政治组织与工作大纲的草案》的颁布,意味着新四军政治部有意识地以政治工作原则规范部队宣传,对全面加强纪律建设和严明纪律有着重要意义。

(二)新四军组建初期开展流动宣传的主要困难

组建初期,新四军积极通过喊话、传单等方式开展流动宣传,但也面临许多现实困难。

第一,宣传队伍人才匮乏。在抗战中,虽然普通战士有机会接触宣传工作,但宣传队伍能否组织起来更为关键。抗战末期,中共苏中区党委在创办《生活》"生活论坛"栏目中指出,"苏中解放区,知识份子很多,干部、教师、学生、失业失学的青年,这是人民解放事业可贵的资本,斗争与建设中不可缺少的人才"④。冯定在《抗战期间的文化宣教工作》一文中总结:

---

① 彭雪枫:《游击队政治工作概论》(1937年10月16日),载总政治部办公厅:《中国人民解放军政治工作历史资料选编(第四册)》,解放军出版社2002年版,第44页。
② 《大地的动脉新四军》(图片),《展望》1939年9月1日。
③ 《新四军支部总支部政治战士俱乐部及连队中政治组织与工作大纲的草案》(1939年2月4日),载总政治部办公厅:《中国人民解放军政治工作历史资料选编(第四册)》,解放军出版社2002年版,第420页。
④ 本社同人:《生活的新道路》,《生活》(创刊号)1945年3月10日。

从人事来说,文化宣教工作先也是集中在部队的政治工作部门,他们主要的是激励士气,启发民心,并且瓦解敌人。待政权建立,党和群众运动开展起来,于是地方上的文化宣教干部才得逐渐配备,其工作中心是在发动群众和配合群众,至于比较经常的与系统的文化工作,进行还较困难。随着解放区的逐渐巩固,文化工作开始普及,并在普及基础上逐渐提高,于是文化干部也就随着从群众中涌现出来了。①

上述材料为我们提供了军事与文化宣传关系的生成逻辑,从侧面说明"启发民心"的组织策略。此外,1945 年 5 月 20 日群众工作会议通过的《第三次群众工作会议的决议》提出夏收群众工作的具体要求,"普遍实行减租减息改善民生;组织群众大多数;建立与健全四大组织(即群众团体,民兵,政权,党的组织);坚持边缘区,开展敌占区"②,足见宣传困难之一斑。

第二,识字率过低的客观现实。从"制定是否即执行"角度出发,抗战时期基层干部组织读报组进村不能完全解释"制定即执行"的立论前提。识字率过低成为制约"制定即执行"的客观原因,报纸无法迎合农民宣传动员的偏仄。

第三,士兵没有充分认识到打仗与写稿子之间关系的重要性。从现有出版的"解放军档案馆藏"中的材料来看,新四军师旅对于战时政治工作的指导曾多次引起总政治部的重视。例如,1943 年 4 月 25 日,第五师政治部在呈报总政治部有关去年全师、旅、团、营等教育工作总结时指出:

全师干部理论、政治水平很低,没有系统的进行过学习,高级干部亦由最近军干会上的政治测绘,结果旅、团级干部四十二人中对"土地革命时代,苏维埃时代政权性质是否是新民主主义的典型"一题,全答错三十四人,半对的十五人,对的只三人。③

新四军对抗战动员及青年士兵宣传教育的许多问题屡有指导,形式各异,对不服从管理者有些"当众批评",有些"写检讨""记大过",屡见不鲜。

---

① 冯定:《抗战期间的文化宣教工作》,《江淮文化》(创刊号)1946 年 7 月 10 日。
② 《淮北路西第三次群众工作会议的决议》,《拂晓报》1945 年 7 月 7 日。
③ 《第五师政治部关于一九四二年教育工作概况及现状致总政治部电》,载中国人民解放军历史资料丛书编审委员会:《新四军·文献(3)》,解放军出版社 2002 年版,第 681 页。

二、何以组织：打造队伍、宣传场景与观念交互

新四军的信息传播总是与其历史、政治、革命运动等联系在一起，这决定了信息传播可能蕴含价值理念上的冲突和对抗，导致对内宣传与对外宣传面临的抵触、抗拒和解释、接受相互交织。为了使信息传播能够达到应有流动效果，信息传播必然要采取适当的传播形态，以使流动效果最大化。新四军信息传播的组织形态呈现出"组织队伍—组织说明（向群众说明新四军）—组织传播—组织效果"的变迁路径。各个阶段的传播形态共同构成了新四军信息传播机制的整体历史逻辑——从"小宣传小动员"走向"大宣传大动员"，日渐发展成为一个规模化的体系。

（一）组织队伍：意志的灌输与凝聚

抗战时期，新四军的组织队伍人员调动十分灵活，并且取得良好效果。新四军军部为设置专门的宣传工作管理机构提供了条件和契机。日军对华宣传施行军政"共管"[①]的体制，给新四军宣传工作造成不小压力。1939年2月，新四军政治部发布《新四军政治工作人员惩奖条例草案》，其中提道："从纪律上保证政治工作任务的完成……政治人员之违反军纪者，仍照军队纪律执行之。本条例由军政治部颁布并监督施行。"[②]此外，还提供具体细节，例如军政治部对支队政治部、团政治处、营政委有执行全部惩戒和奖励的权力，在具体执行上要按级报告给上级政治机关，如遇不服惩戒可以向上级进行申诉，按级转呈政治机关。

值得一提的是，除了积极调整机关，与中共中央军委之间的来往成为抗战时期新四军组织队伍的重要内容。"在中共中央和中央军委的领导下，为适应战争形势的变化，新四军的组织序列和党的组织设置不断进行调整，大体以'皖南事变'爆发前后，划为两大阶段。"[③]从总体发展历程上看，新四军建立了"军委总参谋部→军委总政治部→长江局（宣传部、党报委员会、国际宣传委员会、新华日报

[①] 日本外务省：《外务省警察史》（第41卷），不二出版2000年版，第14—17页。
[②] 《新四军政治工作人员惩奖条例草案》（1939年2月），载总政治部办公厅：《中国人民解放军政治工作历史资料选编（第四册）》，解放军出版社2002年版，第430页。
[③] 中共中央组织部、中共中央党史研究室、中央档案馆：《中国共产党组织史资料》第三卷下，中共党史出版社2000年版，第1431页。

社、群众周刊社)→长江局东南分局(宣传部、东南局宣传部、中原局宣传部、华中局宣传部、华中局文化事业委员会、新华社华中分社)→新四军分委员会(华中分委员会)→师参谋处→师政治部→旅政治委员→旅政治部主任→团政委→连党支部→营分总支部→支队军政委员会"的层层归属的纵向组织结构,以秘书处、宣传部-宣传教育部-宣传部、新华社华中分社、党报委员会、宣传委员会、文化工作委员会、编辑委员会、调查研究局、出版发行部-出版局、新华日报社、通讯员网为覆盖的横向体系,同时,为了保障纵、横两套体系的正常运转,还制定相关各种检查和标语口号规定。

除了主要将领对组织队伍的建立,新四军对日伪顽三方情报组织与人员的抵制也成为一个亮点。档案显示,从1938年7月至10月,"该军深入敌后,破坏交通,摧毁敌伪政权殊堪嘉,尚仍继续努力,以竟全功等"①。这一点从当时部队的职权分工可见一斑。但在"清乡"时期,组织队伍受到严重干扰,也影响到新四军宣传的英雄模范形象。

(二)组织说明:宣传话语的中性化表述

盐城军部重建后,为了改善落后的组织队伍,新四军开始注重语言表达的艺术。语言是传播环境的重要元素,信息传播形态及其所使用的语言并非一成不变,而是承载着传播者的理念、情感色彩。

宣传一直是政治传播的研究重点。雅克·艾吕尔认为:"人们是否同意宣传并不重要,重要的是人们对宣传作出回应。"②触发人们的行动意图、激起人们的行动可能性是宣传的直接目的,宣传所诱发的往往并不是深思熟虑的行动,而是基于情感逻辑驱动作出的选择。基于此,宣传绝非加斯·S.乔威特所说的单向灌输,而是在传者和受者的共通空间之中形成的一种传播活动。而标语口号与政治有着密切关系。可以说,口号与标语(口号的书面表现形式)在很大程度上就是政治宣传的工具,是政策宣导的最直接、最有效的载体。正因为如此,一个口号的提出,一个标语的拟写,都需要表达者(口号的提出者与标语的拟稿人)在修辞上下功夫。不在修辞上狠下功夫,口号与标语就不会具有感染力与号召力,其效果就不能呈现出来,当然就不能达到政治宣传或政策宣导的目的。

---

① 《新四军驻汉办事处主任钱之光转呈新四军作战情形的文电》,1938年7月至1938年10月,档号:七八七-4111-2,中国第二历史档案馆藏国防部史政局及战史编纂委员会档案。
② [美]林文刚:《媒介环境学:思想沿革与多维视野(第二版)》,何道宽译,中国大百科全书出版社2019年版,第138页。

抗战时期，部队认识到充分利用标语口号宣传动员的优势，展开了强有力的标语口号宣传动员工作，为全民族的抗战宣传提供了强大的动力。新四军在这一文化背景下，也充分利用标语口号作为全军的重要宣传动员工具，在宣传内容上为抗战服务。这种来源渠道孕育自领袖人物的话语权威，多为领导人文章、讲话，或者会议、文件、抗日诗文和歌曲，进行媒介政治教育功能。

（三）组织传播：观念交互的意义偏向

信息是战时动员民众组织的核心，是宣传决策的基础。统战宣传是当时核心内容之一。对于中国共产党而言，通过动员民众，相关政策、指示得以下达底层群体；对于底层群体而言，党报党刊成为其获取信息的重要载体。全民族抗战时期，社会舆论在阐述宣传工作性质时，通常以党报党刊供应做类比，认为两者本质相近。《新华报》发刊词指出，该报宗旨与中国共产党宣传政策达成一致，"宣传抗战、团结、民主，求民族与社会的解放"，确立了办报的六大任务：

（1）把报纸办成根据地内人民的语言机关，根据地内人民对中共、新四军的批评也一律登载；（2）阐明中共的政策，解释政府的措施，使人民真正了解并切实执行；（3）确切反映各阶层人民的状况、切身要求和真实意见，坚持团结抗战的立场，反对投降、分裂和倒退；（4）报道新四军英勇抗敌的事迹和克敌制胜的战果；（5）向人民进行民族民主教育，对敌伪的宣传与奴化教育以及一切破坏抗战的言论作坚定的斗争；（6）对国内外的重大时事作迅速的报道和正确的分析，鼓舞人民夺取抗战胜利的信心。①

党内刊物《建军》征稿条例也声明："一、本刊欢迎下列性质的稿件：1. 党的工作；2. 时事评论；3. 政策研究；4. 军事政治理论之研究；5. 战斗总结；6. 战术研究；7. 军事常识；8. 整训经验；9. 政工经验教训的总结；10. 宣传工作方式方法之研讨；11. 对居民工作经验介绍；12. 敌军工作方式方法；13. 战斗报告与部队生活之描写；14. 其他。"②《学习规约》明确了学习时间和内容："每天学习两小时，上课按时去出席，讨论会上要发言，学习日志天天记，测验一定要参加，长读文件和报纸，每天认识几个字，反对学习打幌子。"③《盐阜大众》提出办成"一种

---

① 《发刊词》，《新华报》1942 年 7 月 1 日。
② 《本刊征稿条例》，《建军》1938 年 8 月。
③ 《学习规约》，《建军》1938 年 8 月。

泥腿子报,专给不识多少字的大众看"①,宣传中国共产党的方针政策和各个时期的工作任务,主要读者对象是乡村干部、工农兵等。

(四)组织效果:强调宏观研究视野的军队"大宣传大动员"理念

"大宣传大动员"理念在保持中国共产党宣传工作体制的基础上,分为宣传目标的集中化,宣传策略上从游击战衍生出一套流动宣传策略,文武协同运作,以工作理念的创新确保宣传工作的内容审查和层级流转,在多方合力作用下产生流动效果和自我保护机制。

从组织角度看,新四军司令部内成立宣传工作管理机构,直到抗战取得胜利,历经起步期的政治部和宣教部、冲突期的调整、独立期的政治委员会三个阶段。对内方面,新四军宣传管理机构是政治部,以政策方针的方式投入机制保障,以抗日动员为目标;对外方面,作为对日"总力战"体制的反抗方之一,新四军与八路军两军之间的经验总结和人员调遣,使得新四军所辖各师旅由同一配套的党中央指挥,开展部队宣传,建构全民族抗战时期华中区域新四军宣传动员的网络格局,凸显了媒介的空间流动性对于新四军组织传播的意义。这更加清晰地证明,中日战争不仅是军事武装的较量,更是文化力量的对抗。

三、何以传播:以全要素整合为基础的流动性媒介

抗战时期,新四军信息传播主要通过根据地群众群体的力量展开。随着战士的增多,新四军积极组织和动员参军,并借助他们开展流动宣传,取得了良好效果。

(一)媒介流动的建构力量:流动环境的必然及媒介相关规划的制定

从现存的宣传计划来看,军部组建后,新四军司令部、政治部规划了各种宣传动员活动,包括口头宣传(喊口号、演讲、谈话、广播、流言)、文字宣传(宣言、通电、传单标语、小册子、报纸、杂志、壁报、通讯)、艺术宣传(漫画、连环画、挂图、画报、诗歌、戏剧、电影、文艺等)、特种宣传(集会、宣传车、气球、出版物展览或巡回文库、展览会、演习、节庆、读书会等群众教育、武装宣传)等形式。笔者将其划分为三个阶段:第一阶段(1937—1941),旨在宣传"国共合作、一致抗日";第二阶段(1941—1943),旨在宣传"统一战线、根据地建设";第三阶段(1944—1945),旨

---

① 《发刊词》,《盐阜大众》1943年4月25日。

在宣传"军事反攻、抗战胜利"。

流动性媒介拓宽了新四军统战宣传的范围。军部组建后,新四军在中国共产党统战宣传的指挥下,加强管理宣传机构建设,以直接手段和间接手段推动区域抗战进度,在抗战中以弹性的个体形态探索更多的实践空间。从媒介的管理手段来看,游击战确实为理解流动性媒介提供了一种可能的方向,但正如前文所述,流动性媒介的实现仍需接受军事战术的选择。

(二)流动性媒介的建构过程:基于两种管理手段的分析

第一,直接手段:创办与改善军事媒介。创办与改善《抗敌报》,打造部队机关报。为应对驻华中日伪军的文化"清乡"实施战略,新四军政治部规划创办《抗敌》《抗敌报(江北版)》《新华报》等。报名的选择与作战区域的分布隐藏着地缘政治学的逻辑,体现出新四军流动宣传服务于区域抗战的战略。

第二,间接手段:抽调与派出武装宣传队。干部是武装宣传队的重要成员,发挥宣传教育的积极作用。伴随日伪军"清乡"步伐,宣传干部显得愈发紧俏。1941年7月4日,中央军委总政治部在对新四军政治部工作的指示中,在培养干部与人员配置上达成一致意见:"军政治部应设立宣传、组织、敌伪军工作、民运锄奸等各部,宜短小精干,因华中干部很困难。但军政治部必须成为有工作能力的指导机关,成为华中各师工作的统一领导机关。"[①]通过干部实现对全军在官方与民间宣传动员的布置和调动。

(三)空间覆盖:从老区到新区、从村到县的辐射网络

交通、物流的空间分布,始终决定着新四军组织传播范围。从全民族抗战爆发到抗战取得胜利,依托于新四军这个既有的军事网络,在接近敌占区组织武装宣传队,"应对日人传单制作班、翻译班、罗马字班"[②]。宣传网络基本覆盖全师的宣教部及基层党组织,达到"伪军伪组织人员,必须立即向我反正或接受改编"[③]的正面宣传效果。以官兵与农民的关系为视角,其空间分布初步实现了在华中区域上从老区到新区、从村到县城,在层级上从知识精英到底层农民的立体传播。

在这样的环境下,新四军组织传播的特点体现在两个方面。

第一,新四军组织传播范围面向华中区域,甚至涉及沦陷区。这一阶段,第

---

① 陈毅:《论建军工作》,《真理》(创刊号)1941年7月10日。
② [日]山本武利、高杉忠明.延安リポート,岩波书店2006年版,第108—109页。
③ 《新四军布告》,1945年8月,档号:G004-01-0018-14,安徽省档案馆藏革命历史档案。

一师苏中军分区采取"打破"方针,处理日伪军"扩展清乡""强化屯垦"的困境,例如"甲、盟军登陆前防制奸伪活动办法:1.建立沿海军政一元化据点;2.肃清第一线后方残匪及其秘密组织;3.加强敌后工作。乙、盟军登陆后防制奸伪活动办法:1.加强登陆盟军之联系;2.划分区域建立据点组织先遣部队;3.健全地武力巩固后方及新收复城市"①。这些战地人员利用宣传工作展开积极互动,甚至辟出新的动员路径。"爰于廿八年拟定'战地宣传计划'及'战地宣传方略'呈准施行,分别在上海、香港、天津三地设立宣传专员办事处,由部呈请中央遣派大员前往主持,成立以来,各办事处均能积极推动工作。"②截至1945年9月,全军所在八块抗日根据地纷纷成立宣传工作队,新四军宣传工作在地理格局上已经完全嵌入中国共产党宣传动员体制。

第二,各师、各军分区抗日动员工作覆盖各基层党组织,同时也涉及沦陷区某些敌军管理部门。宣传动员工作将外在因素与内部机构相互结合,把沦陷区、解放区、游击区连成一片,从空间上实现了覆盖敌后广大乡村,逐渐形成覆盖全军的宣传网络。

(四)内容覆盖:对象不同、主题不同的宣传方式

各政治部报刊刊登党中央和各师旅会议纪要,宣传本师抗战事项。华中各基层党组织和各师旅政治部开展了面向大众的宣传工作,面向不同群体,在开会、教育、土地、征兵、干部、征粮等方面均有涉猎。例如,开会类宣传旨在"建立支部的核心作用",沟通上下级③;教育类宣传旨在"清乡宣传标语广泛宣传之用途"④,也有对伪军的宣传教育;文件类宣传旨在"进行文件学习"⑤。抗战后期,为扩大宣传影响力,不少地区组织读报小组进村入户,创办黑板报,大量张贴标语,向不识字的农民进行口头教育,自下而上建立一套适合大众化宣传的策略。宣传内容、对象各有侧重,囊括从中央到地方、从政治精英到普通农民,实现了从空间到内容的全覆盖。

---

① 《第三战区协同盟军登陆前后防制奸伪活动办法》,1944年,档案号:七八七-2936-12,中国第二历史档案馆藏国防部史政局及战史编纂委员会档案。
② 《国民党中央执行委员会宣传部印〈宣传部工作报告〉》,"密件",1945年4月30日,档号:七一一-5-262-13-14,中国第二历史档案馆藏国民党中央秘书处档案。
③ 《四师关于路东地方武装当前的几个迫切问题》,档号:G004-01-0020-1,安徽省档案馆藏。
④ 《东亚联盟中国总会宣传委员会向汪伪清乡委员会函送征求东亚联盟标语传单》,1941年9月,档号:二〇〇四-73-5,第二历史档案馆藏"汪伪政府清乡委员会暨清乡事务局"档案。
⑤ 《二师第二次整风初步总结》,档号:G004-01-0020-6,安徽省档案馆藏。

在综合性宣传方面，以建军、作战经验和调查研究为主。在开会类宣传方面，有赖于会议组织，通过开会将革命信仰和新的理念输入根据地军民的内心世界，纳入他们的日常生活中，成为抗战时期政治生活的重要组成部分。抗战胜利前一天，新四军政治部已先行指示宣传会议及党的主张，"迅速的广泛的向各界群众，各阶层人士进行宣传工作，用召开座谈会、群众大会方式，解释我党政策主张以安定人心"①，充分认识到开会在宣传工作中传播思想、解释战术经验的作用。其中，征军粮会议是生产会议的一种。《解放日报》曾对新四军宣传工作进行报道，"我淮北区于六月间，继军事攻势之后，发动了政治攻势，驻泗阳之伪第二十八师，原有千余人，逃亡得只剩三百多人。不少据点经过喊话，不费一弹，即为我收复"②。在文件类宣传方面，全党全军提出"研究文件""反省""检查"等口号，认为抗战动员尤以指示为先，希望依靠解释文件内容，新四军各师旅也意识到文件工作能够强化政工效果。陈毅、饶漱石指出，"整风第一步应该从研究文件、了解文件、掌握文件来入手"③。一批文件类宣传活动纷纷践行，以期开启民智。在教育类宣传方面，早在1937年，中共中央军委总政治部就已责令部队，要求在行军中保障党政治教育附入《工作指示》，发挥推广战斗经验、研究建军和传播知识的积极作用。

四、组织与传播高度同构的运作模式：流动效果及意义

新四军传播网络的运行快速生成了中共中央对地方武装进行层级指导、文武协同的实践模式，推行"随军记者-采录"的信息传递模式，发展"宣教干部-开会-武装宣传队进村"的传播路径。新四军组建前后创办的报刊，构筑了军部战地信息传播系统，起到了动员群众、打击敌人的作用，形成工作的有力保障。

（一）"党报党刊＋流动性媒介"模式及传播影响

1944年至1945年9月，新四军在华中区域共创建八块抗日根据地，进行2.46万余次战斗，解放人口3 400余万，活动场域全部集中在广大乡村。在宣传

---

① 《关于开展民运工作的指示》，载总政治部办公厅：《中国人民解放军政治工作历史资料选编（第七册）》，解放军出版社2002年版，第263页。
② 《新四军的胜利出击与中国的救国事业》，《解放日报》1944年10月1日。
③ 《陈毅、饶漱石对苏南整风工作的指示》，载总政治部办公厅：《中国人民解放军政治工作历史资料选编（第七册）》，解放军出版社2002年版，第263页。

策略上,新四军通过文字宣传、声音宣传、文艺宣传和特种宣传,满足不同宣传群体的需求。

以延安《解放日报》为首的中国共产党大型机关报负责登载一切军事要闻,以《新华日报》为区域新闻宣传核心区,各级党组织设有党报,各师设有政治部,政治部下设宣教部和民运部,形成从延安到华中、从党到军的纵横结合的宣传动员工作网络。宣传动员内容各异,如土地宣传、英雄人物宣传、征粮宣传等,涉及不同部门与动员目的;宣传对象不同,农民、妇女、战士、知识分子均有;宣传策略不同,既有媒介动员,也有群体动员;宣传效果迥异,大体而言满足抗战宣传的情感互动。全民族抗战时期,一个以党报为指导理念的新四军宣传体系基本成形。

(二) 推行"随军记者-采录"的信息传递模式

第一,采录借助军事手段得以施行,司令部、宣教干部以抗战动员为政治任务,完善的采集渠道遵循传播规律,有效执行了中央军委下发的命令。采录主要分为军内上下级采录和各师旅互相采录两种形式,皆依靠军令运转。上下级采录:各师旅报道开始后,从纵向结构上看,该政治部会饬令下属机构、宣传员、通讯员开展宣传工作。平行采录:从横向方面看,各师旅创办军报后,军报信息交换网络逐渐建构起来,各军分区之间消息互通有无,对方也能为自己留意放哨。

第二,采录模式从社会网络转移到战地记者,战地记者只能沟通供职报馆、联络私人情谊共同承担信息传递任务,最终形成"中共中央军委/总政治部→新四军司令部/政治部→基层宣教干部、工农通讯员、报纸投稿人→新闻记者、报馆老板"的采录链。

(三) 发展"宣教干部-开会-武装宣传队进村"的传播路径

在对敌伪军开展的宣传攻势中,武装宣传队也是一种很有效的宣传方式。

在组织原则上,严格遵守配合宣传、政工和地方党组织,通常以一个排为宜,条件好的会配有轻机械或掷弹筒,如电话宣传等。一些师旅在部队组织武装宣传队,宣教部从事采写、编辑工作,大概有四五十人,以求精干。

在物品上,主要有以下几种:"足够的粮食、菜金或粮票(根据地边缘区用)、各种宣传用具,如标语筒、宣传品、照片、布画、电话机、纸张颜色、粉笔、地图等。决不能等临时去找。"[①]同时,联络一些觉醒联盟共同参加,以扩大宣传,有的随

---

① 《关于武装宣传队的几个工作经验总结》,《战士月刊》1942 年 11 月。

带若干侦察员,以侦察情况与交通联络。

在行动上,派遣武装宣传队入村,侦察组派人接应,等待工作完成后再撤退。为了便于警戒转移,宿营地经常是很小的村庄,黄昏前侦察,黄昏后进入,封锁消息,不必开会,只做必要宣传即可。有时会秘密拜访本庄士绅、庄长,就基本掌握情况了。驻扎的房子很小,必要时也会白天进入,半夜转移。这种流动武装宣传模式塑造了一个坚强而灵活的"铁军"媒介形象。

五、结　语

在中国共产党的领导下,抗战时期的新四军组织传播具有制度化、体系化的鲜明特点。盐城军部重建后,整个组织体系得以统一,信息的采录、处理和新闻机关并未完全分离,媒介的空间流动性加强,组织机构绵密,并且相互制衡。包裹在机制背后的,则是当时各大战区军事权力分配的格局,其间夹杂着中国共产党高层的理想和初心。新四军组织传播的弹性空间和内在基础,都在施行过程中逐次显现,其流动效果可能是战略制定者始料未及的。

在"文武两条阵线"的指导理念下,新四军的组织传播可谓是一次创举。在看到新四军政治工作进步、宣传动员环境相对明朗的同时,也应注意到既有的机制中埋藏着发展的瓶颈。部队宣传高度发展得益于"枪杆子"和"笔杆子"的充分结合,在逐步恢复的政治委员制度的总体框架之下,两者关系也包含了极其复杂、积极的一面。由此,我们从流动的抗战这一传播样态中获寻到它在根据地史上的独特价值。

墙报：中国共产党推进民主建设的新闻实践

郭 淼 王凯杰[*]

【摘要】 墙报是延安时期陕甘宁边区中国共产党进行思想理论学习、政治思想宣传、组织社会治理的重要实践。从中央苏区到延安时期，墙报始终作为中国共产党的宣传载体，突破国民党的信息封锁，坚持从边区群众知识文化水平实际出发，秉持"群众办报、群众读报"的理念。反映群众呼声，回应群众诉求，弥补了《解放日报》等大报覆盖边缘不足的短板，发挥了信息传播、舆论监督、宣传教育等功能。多元化民意的充分呈现也赋予边区群众通过墙报实现政治生活参与权、表达权、监督权，激发参与基层民主治理的积极性和主动性，推动党的执政理念、路线、方针、政策深入人心。在启迪民智、激发爱国主义情感、维护社会秩序稳定、推进社会治理民主化等方面发挥作用。

【关键词】 延安时期；墙报；群众办报；基层社会治理

墙报在中国共产党从瑞金到延安时期的宣传上发挥了一定作用，但出于载体所限和战争破坏等原因，保存的完整史料相对较少。目前，墙报研究多以某份报纸个例为切入点，对其功能性、特点、历史地位和作用进行分析。关于墙报的历史沿革，学界共识是"中国出现墙报，源于苏俄传入"[①]。作为一种典型类别，有学者对延安文艺墙报的"前史"进行深入研究，分析其社会属性和作用[②]。对墙报所特有的种类、传播逻辑、互动和博弈等进行分析，可以提出规范墙报的治理措施[③]。例如，将壁报看作民间媒介，则可以关注其在抗战时期所发挥的独特传播作用[④]。

---

[*] 郭淼，西北政法大学新闻传播学院（艺术学院）副院长，副教授。王凯杰，西北政法大学新闻传播学院（艺术学院）硕士研究生。

[①] 孙会修：《莫斯科中山大学的墙报与中共早期宣传工作》，《安徽史学》2020年第6期。

[②] 田松林：《从多样化的空间到大众化的桥梁：延安文艺墙报及其演变》，《文艺理论与批评》2020年第6期。

[③] 郭栋：《再造传播模式：延安时期墙报的兴起与治理》，《兰州大学学报（社会科学版）》2020年第4期。

[④] 田边：《壁报：民间媒体与文化抗战》，《国际新闻界》2010年第7期。

在陕甘宁边区新闻事业研究中，学者通用黑板报、壁报、墙报名称，并视其为同一媒介，分析大众黑板报发挥的传播效用①。学界对墙报的界定并不统一，对墙报、壁报、黑板报等的定义没有做明确的区分和概念界定。鉴于它们从编辑方法、传播载体、传播方式、特点及受众群体、功能等有相似甚至相通之处，因此，可以将其看作同一媒介形式，重点研究其在边区如何发挥《解放日报》等报纸之外的补充作用，全面理解中国共产党"全党办报，群众办报"思想的内涵要义。

一、群众办报的基层实践

1935年5月，红军经历长征初到延安，当时边区群众文化水平普遍低下，"围剿"等导致环境封闭和信息闭塞，部分群众对共产党的认识也存在偏差，在陕甘宁边区巩固根据地革命成果和基层政权的任务面临挑战。1935年10月，中共中央为改变被动局面，在吴起镇召开政治局扩大会议，提出"当前任务是整顿和扩大部队，开展群众工作，粉碎国民党的围剿，保卫与扩大西北苏区，以西北苏区来领导全国革命等"②。中国共产党通过《解放日报》等报纸宣传党的革命纲领，但受条件限制，其传播范围和效果有限，当时边区群众文盲率高达99%。《解放日报》在群众中的渗透力和信息的双向流动必须借助其他方式加强③。墙报作为从苏俄引入中国的宣传载体，自诞生起就被赋予革命性、宣传性、工具性等天然基因。墙报在延安时期逐步发展成为中国共产党思想理论学习、政治思想宣传、基层社会治理的有力抓手，成为抗战宣传的"敌后战场"，以布告的姿态，出现于群众面前，以灵活的行动，散布到穷乡僻壤④，在革命历史时期发挥出独特的传播优势和传播效果。

（一）与群众紧密相联：墙报创办宗旨

墙报（壁报）作为一种新闻载体，是边区报刊体系的组成部分。从创办主体和出版周期看，有公办、群众办，有定期、不定期。关于创办宗旨，1931年毛泽东关于中央苏区如何创办《时事简报》的文章中就提出"《时事简报》的新闻，特别是

---

① 李文：《陕甘宁边区新闻事业》，人民出版社2017年版，第246—247页。
② 梁星亮：《中共中央初到西北苏区的群众工作》，《苏区研究》2016年第1期。
③ 许冲：《试论毛泽东思想社会化的方式——以〈解放日报〉为考察对象》，《毛泽东思想研究》2008年第3期。
④ 王扬：《编壁报》，《团务通讯》1940年第13期。

本地的和近地的新闻,一定要是与群众生活紧密地关联着的"①。以此为指导,在边区创办墙报的实践中,逐渐发挥其作为大报的有益补充作用,即强调宣传党的政策方针,反映当地群众的意见和呼声,强调革命斗争等体现党性、革命性、宣传性和人民性原则的办报方针。延安时期,"公办"墙报在坚持群众路线的基本方针下,传播重心从复杂的信息生产过程转移到人人皆可参与的、平等的观看行为上来。读者被墙报的言论和意见包围,将其作为表达新观点的阵地②。

墙报创办宗旨中的人民性决定了创办时要在遵循宣传性、革命性的前提下充分考虑广大人民群众的真实接受能力。由于陕甘宁边区交通不便、经济基础薄弱、人民群众文化知识水平普遍偏低等,创办墙报必须充分贴近实际、贴近群众日常生活,适应群众文化知识水平,满足群众精神文化需求和信息需求,满足中国共产党在基层宣传方针政策的要求。

(二)向群众敞开:墙报创办特点

墙报作为民间媒介,联通党员干部和群众,发挥"上情下达"的桥梁作用。相较于《解放日报》等主流报纸,延安时期边区人民群众接触墙报、阅读墙报的机会更多。

1. 传播内容与形式多样性

"墙报在延安是最活跃的工作,在政府机关、工厂、监狱、学校,满墙都贴着五颜六色的墙报,那上面有时事情报、生活检讨、生活素描、论文、诗歌、小说、戏剧"③,一些知识精英在文化沟开辟出半条街长的壁报栏,墙报、街头诗、漫画等都可张贴④。例如,1942年鲁艺总俱乐部主办的《桥儿沟街头墙报》内容广泛,包括文化消息、新闻报道、木刻绘画、抗战歌曲20余篇⑤。解放社印刷厂文艺小组的《萌芽》墙报,在1938—1942年共出版18期,除了讨论一般的文艺问题外,还负责登载有关工厂生活、青工描写、抗战问题等的报告、小说、诗歌、戏剧习作⑥。在墙报登载的内容里,还有生产技术和经验的介绍、医药卫生常识、病虫害防治、

---

① 中共中央文献研究室:《毛泽东文集》第一卷,人民出版社1993年版,第264页。
② 郭栋:《再造传播模式:延安时期墙报的兴起与治理》,《兰州大学学报(社会科学版)》2020年第4期。
③ 舒湮:《战斗中的陕北》,上海书店出版社1996年版,第68页。
④ 张军锋:《延安文艺座谈会的台前幕后(上册)》,陕西师范大学出版总社有限公司2014年版,第125页。
⑤ 艾克恩:《延安文艺运动纪盛》,文化艺术出版社1987年版,第753页。
⑥ 田松林:《从多样化的空间到大众化的桥梁:延安文艺墙报及其演变》,《文艺理论与批评》2020年第6期。

反巫神迷信等。例如,米脂卧羊中心小学办的"大众黑板报"上登载了一个治疗羊瘟的药方,被群众采纳使用,曾挽救 100 多只病羊的生命①。

2. 传播渠道泛在化

墙报渗透在诸多公共空间,信息易得性使当地群众可以随时随地观看,及时了解时事新闻或者消息。"各种墙壁上、商店的门窗上、学校的球场上、电线杆上、树干上、城门洞内,见墙就贴",例如《战歌》贴在"府衙门"的高墙上,《矢与的》有几期被挂在延安南门外的闹市区,《同人》则贴满教堂侧面一排石窟的过道两旁②。"壁报的编辑,不必要新闻学专家出马;壁报的出版,不需要印刷的技术。"③部分由机关工作单位(如工厂、监狱、学校等)创办的墙报,由本单位工作人员共同负责信息发布,信息供给特定群体观看,亦可通过自由发表信息或意见并张贴上墙,供群众观看和讨论,多元化创办主体促进信息的传播和宣传教育的效果最大化。例如,延安文化俱乐部创办的《街头画报》《街头诗》等,民众夜校学生编有《少年先锋》,鲁迅艺术学院美术系编有《木刻墙报》④。延安时期墙报传播渠道的泛在化更好地满足群众在地化的信息需求,丰富群众的知识,扩大群众的眼界。

3. 传播方式平实化

"壁报不是为自己办的,而是为文化水准更低的群众办的。我们要努力做到通俗化、大众化,即使群众看不懂也得群众听得懂。"⑤早在 1931 年 3 月,毛泽东就在《怎样办〈时事简报〉》一文中对《时事简报》的内容和编写方法提出"要在消息中插句把两句议论进去,使看的人明白这件事的意义"⑥。信息编排时插入解释性话语,合理引导群众,正确引导舆论走向,发挥宣传的最大功效。墙报编排人员在张贴内容信息后,还亲自和读者站在一起看,甚至扮成读者,给不识字的群众讲解,并讨论壁报上面的问题,引发读者的批评,然后将读者的意见记录下来,以便下期在壁报上解答⑦。墙报在编辑时采用群众喜闻乐见的形式呈现内容,用最真实的编者和受众的互动及时体现反馈内容,以读报组的形式完成内容从可视

---

① 刘宪曾:《陕甘宁边区教育史》,陕西人民出版社 1994 年版,第 355—356 页,转引自王保存、任强:《论抗战时期陕甘宁边区的科学传播事业》,《延安大学学报(社会科学版)》2008 年第 2 期。

② 郭栋:《再造传播模式:延安时期墙报的兴起与治理》,《兰州大学学报(社会科学版)》2020 年第 4 期。

③ 曹伯韩、钱俊瑞:《街头壁报》,生活书店 1937 年版,第 1 页。

④ 田松林:《从多样化的空间到大众化的桥梁:延安文艺墙报及其演变》,《文艺理论与批评》2020 年第 6 期。

⑤ 民族革命通讯社:《救亡工作技术》,光明书局 1938 年版,第 115 页。

⑥ 中共中央文献研究室:《毛泽东文集》第一卷,人民出版社 1993 年版,第 261 页。

⑦ 宋雯:《怎样做壁报》,《妇女新运》1943 年 6 月。

化向可听化的转化,真正把墙报办成"识字少的人看得懂,不识字的人听得懂"。

二、主流宣传功能的补充延伸

墙报"不仅是给大众报道新闻消息,而是要灌输民众的政治常识,提高民众的知识水平,直接给民众衣食住行各方面以积极的指导,尤其是在这抗战建国的时期,更要多多利用壁报的功能,提高民众爱国精神和民族意识,以增强我们的抗战能力"[1]。作为主流媒体难以深入边远地区的有益补充,墙报承担着主流媒体的舆论监督、信息传达、宣传教育等功能,是真正践行群众路线的办报实践,也为群众办报理论的成熟提供实践经验。

(一)信息向边缘通达

墙报通过及时传递国际国内、陕甘宁边区等的新闻消息和上级指令、政策去满足边区人民群众对硬新闻的需求,充分体现群众性的创办原则。"壁报是一个很好的教育窗口,前线战况、各地新闻、政策法规等,都可以从壁报中获取,所以每处壁报下总能看到一群群众在津津有味地阅读。"[2]墙报"报道的消息包括国内外大事、地方要闻和壁报所在地的情况"[3]。在国民党的"攘外必先安内"政策和日本帝国主义对中国的侵略导致国内恐怖的环境下,普通群众关注时局变化,但传播渠道不畅通导致信息闭塞。少量知识分子和精英通过主流报纸等渠道得到新闻资讯,再利用新旧纸张、布匹、木板等作为载体,以大字号的方式用毛笔将信息写在上面,张贴在较为显眼的墙上。"在交通困难或没有报纸的地方,壁报就代替了报纸或帮助报纸来执行报道时事的任务。"[4]消息的来源主要是各种公开发行的报纸和电台,但因为壁报的容量有限,所以在消息选择的时候突出了宣传、鼓动作用[5]。自1938年10月起,重庆渝中区一条叫作棉花街的小街上出现过几期壁报,其中,现存棉花街壁报的第4期、第5期、第6期刊出于1939年惨绝人寰的"五三""五四"大轰炸后,详细记录了日军狂轰滥炸对重庆造成的巨大伤害。在第5期棉花街壁报上,还附有从日军飞机上搜寻到的中国地图,足以揭

---

[1] 田介棠:《怎样办壁报》,《特教通讯》1941年9月。
[2] 王东仓:《延安:中国现代革命的符号》,人民日报出版社2015年版,第94页。
[3] 钱俊瑞等:《救亡手册》,生活书店1938年版,第95页。
[4] 褚柏思:《宣传技术》,白雪出版社1943年版,第132页。
[5] 田边:《壁报:民间媒体与文化抗战》,《国际新闻界》2010年第7期。

露日军对重庆无差别轰炸的罪行①。

由于时局动荡,群众对中国共产党领导下的边区政府颁布的方针、政策、指令等关乎家国命运和民族前途的信息需求日益高涨。墙报发挥信息传达功能,重点补给边远地区难以及时获知信息的群体。在中央苏区时期,毛泽东指出《时事简报》"不做文章,只登消息。登的消息是:(1)群众斗争消息(打土豪,分田地,捉AB团,起贫农会,消灭地主武装,发展红色区域,甲乡瘟死十头牛,乙乡无盐吃、没菜等等);(2)苏维埃的活动(开了代表大会,出了重要布告等等);(3)红军的活动(作战胜利、帮助群众分田等等,但军事秘密如红军的人数、枪支、编制、行动、番号等不可登载,以防泄密);(4)统治阶级情形(军阀混战等等)"②。延安时期的墙报,在登载中国共产党的决议、方针、政策和领导人的讲话等信息时,充分考虑群众知识文化水平和基层干部对马克思主义理论的认知程度,合理编辑墙报内容,采用通俗易懂的口语化表达。

抗日战争时期内忧外患,群众易对扰乱社会治安类的迷惑性谣言偏听偏信,各类反动组织在边区内外散布大量谣言,加剧了社会的不稳定。墙报不仅发布新闻信息,还针对局部地区泛滥的谣言及时进行辟谣,借助其在特定领域和特定受众间的传播力、影响力和公信力,发挥正本清源的辟谣效果,维护社会正常秩序,推进基层社会治理。例如,中央苏区时期创办的墙报《时事简报》,通过及时答复部分潜藏的反动分子制造出来的谣言和恐吓信息来消除革命群众的疑虑③。

(二)动员群众开展舆论监督

新民主主义革命时期是中国共产党舆论监督实践的初步探索时期。墙报坚持走群众路线,积极开展舆论监督,刊载契合特定受众群体的批评性文章,对本地党员干部的作风问题、思想问题、方法策略问题等进行适当批评,正确发挥舆论监督功能。

群众借助墙报开展批评和自我批评,促进群体组织的团结,提升人民群众的凝聚力和战斗力。1942年年初,墙报《春风》在延安创办,成为《解放日报》引导基层整风宣传的阵地。它结合实际,及时反映整风运动的进展情况,为党员干部和群众探讨业务、发表意见、开展批评与自我批评提供了学习交流平台④。美国

---

① 《棉花街壁报:重庆大轰炸的宝贵记录》,《重庆日报》2015年7月26日第3版。
②③ 中共中央文献研究室:《毛泽东文集》第一卷,人民出版社1993年版,第260—261页。
④ 杨洪、李转:《延安时期〈解放日报〉与马克思主义中国化》,《西北大学学报(哲学社会科学版)》2012年第3期。

记者埃德加·斯诺在《红星照耀中国》(《西行漫记》)中提到部队墙报分为红、黑两栏,"红栏的内容是称赞个人或集体的勇气、无私、勤劳和其他的美德。在黑栏里,同志们互相严厉批评,指名道姓批评军官"①。批评又可从精神层面和日常生活层面入手:前者包括政治落后、个人主义、反动习气等;后者则显得很琐碎,比如枪没擦干净、学习马虎、丢失武器、执勤时抽烟、饭没煮熟、爱抱怨等②。出现在《红色中华》和《新中华报》上的《突击队》《铁锤》和《轻骑队》,所使用的武器都是批评和自我批评,发扬党的优良传统③。刊载批评指正类消息,使墙报成为群众中有公信力的善于赞扬而慎于批评的舆论工具。

有一类专门进行揭露的墙报密切联系现实,批判取向鲜明,例如延安时期《新中华报》中的"青年呼声"专版。该版第 29 期开始出现"轻骑队"栏目,专门刊登批评类文章。其中,该栏目刊登了一篇署名"宁"的文章,题为《铁锤瞄准着贪污分子》,指出:"西北青年救国会秘书处在 6 月 24 日晚上不见了 84 元钱,经过查实被秘书长贪污了。"④墙报信息在特定地区或区域进行小范围的人际传播,以监督和揭露党政军内部和政府干部的部分不当行为,将干部工作行为置于阳光之下,进而达到社会治理透明化、公开化、民主化和平等化。

(三)面向群众开展宣传教育

中国共产党一直致力于宣传、鼓动和团结最广大的群众参与到党领导的事业中来⑤。各类媒介通过宣传教育发展群众,组织群众,壮大无产阶级革命队伍。毛泽东在 1929 年 12 月的古田会议中提出要创办由政治部宣传科负责的壁报《时事简报》。由此,政治部宣传科将墙报的出版工作固化,墙报的出版不再是偶尔为之的工作,而是宣传工作的必要组成部分⑥。

1937 年的《陕甘宁特区党委关于识字运动月(九月)工作决定》指出:"我们边区是文化比较落后的边区,因为社会的文化落后的蛊传,并因过去处在战争环境中,我们不能有计划、有步骤的发展文化教育工作,所以边区人民极大部分仍为文盲。"⑦

---

① [美]埃德加·斯诺:《西行漫记》,董乐山译,生活·读书·新知三联书店 1979 年版,第 256 页。
② 罗瑞卿:《抗日军队中的政治工作》,中国文化社 1939 年版,第 107—108 页。
③ 宋金寿:《延安整风前后的〈轻骑队〉墙报》,《新文学史料》2000 年第 3 期。
④ 何方:《从延安一路走来的反思》,明报出版社 2007 年版,第 81 页。
⑤ 熊忠辉、李暄:《从新闻宣传到新闻舆论——中国共产党马克思主义新闻观发展的历史考察》,《南京政治学院学报》2016 年第 4 期。
⑥ 田松林:《从多样化的空间到大众化的桥梁:延安文艺墙报及其演变》,《文艺理论与批评》2020 年第 6 期。
⑦ 《中共陕甘宁边区党委文件汇集(1937—1939)》,中央档案馆,陕西省档案馆,1994 年版,第 25—28 页。

边区群众的文化知识水平普遍低下,传统伦理道德及封建迷信观念需要尽快破除,方能对革命工作顺利展开起到良好的助推作用。墙报作为民间媒介,在基层的传播力使其成为教育群众的重要手段。通过编辑不同类型的内容,从思想上解放群众,使其改正日常生活习性,唤醒民族意识,启迪爱国思想。例如,面向陕甘宁边区基层干部和群众的《边区群众报》的社会教育,不仅包括政治和文化教育,还有生活技能、现代观念、新闻素养的教育,如新法接生、破除封建迷信等,群众由此接受性别平等、健康传播等现代观念①。

墙报作为基层媒介,也担负着基层干部的马克思列宁主义的学习与教育使命。在全党开展学习和整风运动的过程中,报纸作为党的方针政策和理论宣传的重要工具,发挥了不可替代的传播和导向作用,受到党中央的高度重视,要求各抗日根据地报纸要"宣传马列主义,用马列主义解释中国历史与现状,并指导干部的学习"②。部分墙报编辑人员通过登载马克思列宁主义和中国共产党的革命纲领等,宣传中国共产党的正面形象,让群众真正了解党的宗旨和使命,使得民众在潜移默化的宣传中接受马克思列宁主义的思想,拥护中国共产党的领导。例如,民众教育馆设立于各地区教育中心,负责领导与组织群众的社会教育和文化娱乐工作,用出版通信小报和墙报等形式宣传党的方针、政策,配合当地政府开展各种抗战动员工作③。

三、推进民主建设的传播实践

延安时期,中国共产党领导人民群众进行的人民革命史,亦是一部轰轰烈烈的民主建设史④。"提起办墙报,就令人想起延安前一个时期的民主气氛。"⑤墙报坚持编排活泼、语言通俗等原则,积极反映群众生活、传递群众呼声,坚持依靠群众办报的方针,充分展现群众路线的办报思想。

(一)凝聚基层民主建设共识

媒介通过提供信息、反映舆论、实行监督等社会功能提高民意在政治中的参

---

① 田颂云:《延安时期〈边区群众报〉的社会功能》,《青年记者》2020 年第 9 期。
② 中国社会科学院新闻研究所:《中国共产党新闻工作文件汇编(上卷)(1921—1949)》,新华出版社 1980 年版,第 115 页。
③ 雷云峰:《陕甘宁边区史(抗日战争时期)(上)》,西安地图出版社 1993 年版,第 238 页。
④ 杨成、郭文亮:《延安时期的民主建设及其当代启示》,《理论导刊》2011 年第 3 期。
⑤ 何方:《从延安一路走来的反思》,明报出版社 2007 年版,第 81 页。

与水平,既体现多元化的利益,又使各种利益和舆论在社会范围内得以整合,以稳定的社会环境巩固民主体制[①]。墙报作为连接基层党员干部和人民群众的桥梁,通过反映群众日常生活,为群众答疑解惑,开展舆论监督,激发群众对墙报创办和阅读的参与性,增强群众在办报实践中的主体性意识。墙报、壁报等出现在生活场域时,新媒介隐喻着全新的政治讯息,潜移默化地改造基层群众原有的生活场域[②]。墙报契合群众信息需求,为社会秩序稳定提供保障。

(二)符合群众路线的价值诉求

通过报纸加强党和群众的联系,是中国共产党始终坚持"一切为了群众,一切依靠群众"和"从群众中来,到群众中去"思想的具体体现。群众路线是中国共产党领导新闻事业一以贯之的优良传统,是党的新闻事业的基石[③]。墙报传播渠道泛在化、方式平民化、内容与形式多样化体现了群众路线的精髓,群众属性也是中国共产党在办报实践中作为无产阶级先锋队捍卫群众根本利益的基本价值取向,更是坚持群众路线的价值诉求。

(三)助推文化抗战事业发展

"整个民族的意识觉醒的动员,是我们所需要的……但民众意识的动员就有赖于民众文化水准一般的提高,就有赖于文化的抗战。"[④]文化抗战是文化领域或文化界的爱国人士以各种文化媒介(如报刊、电台、出版、音乐、美术、戏剧、电影、学校、教育等)为武器,展开对日本帝国主义的抵抗,以此凝聚民族精神,激励抗战斗志,以夺取抗战胜利的抗战形式之一[⑤]。中国共产党在文化抗战中,领导包括文化界在内的全国人民制定了新民主主义文化抗战指导思想,领导和维护了抗日民族文化统一战线,引领了文化抗战先进方向,发挥了文化抗战的中流砥柱作用[⑥]。墙报在抗战时期激发爱国主义情感、唤醒群众共同抗战、结成最广泛意义上的统一战线中发挥了重要作用。

---

① 韩小红:《论新闻媒介与民主建设的关系》,《新闻采编》2002年第6期。
② 刘晓伟:《群众生活场域的介入与政治再造——论延安时期中国共产党的基层公共读报活动》,《编辑之友》2020年第7期。
③ 朱清河、汪罗:《延安时期中共媒体"群众路线"实践面向与价值诉求——以〈解放日报〉为例》,《新闻大学》2018年第4期。
④ 艾思奇:《艾思奇全书(第二卷)(1936—1940)》,人民出版社2006年版,第436页,转引自田边:《壁报:民间媒体与文化抗战》,《国际新闻界》2010年第7期。
⑤⑥ 王继平、杨晓晨:《论文化抗战的概念、范畴及其发展阶段》,《湘潭大学学报(哲学社会科学版)》2020年第2期。

四、全党办报、群众办报的生动演绎

1944年3月22日,毛泽东在中央宣传委员会召开的宣传工作会议上指出,"这里总有一个首长,他就要把墙报当做自己组织工作、教育群众、发动群众积极性的武器,自己写社论"①,逐步完善对全党办报思想的理解和认识。毛泽东在强调"全党办报,群众办报"时,还提出"我们的报纸也要靠大家来办,靠全体人民群众来办,靠全党来办,而不能只靠少数人关起门来办"②。

回溯历史,寻找党报初心,延安时期中国共产党充分运用多样化媒介开展基层民主治理,坚持一切依靠群众、放手发动群众、密切联系群众,充分调动一切可调动的积极力量为中国共产党的革命事业凝聚智慧和力量。墙报的办报实践进一步证明了"全党办报,群众办报"思想的可行性与实践价值,也为媒介融合时代主流媒体做好新闻宣传工作拓宽了思路。

---

① 中共中央文献研究室:《毛泽东文集》第三卷,人民出版社1996年版,第112页。
② 《毛泽东选集》第四卷,人民出版社1991年版,第1319页。

新闻教育篇

构建立体化新闻传播学课程思政育人体系*

陈建云**

【摘要】 复旦大学新闻学院以铸魂育人、立德树人为宗旨，全面推进课程思政建设，形成了"专业课程＋前沿讲座＋特色实践"立体化课程思政育人体系，实现了育人环节同向同行、同频共振，价值塑造、知识传授和能力培养融为一体，取得了显著的协同育人效果。健全组织架构、秉持"溶盐于水"理念、强固教学团队、深挖思政资源，是其课程思政建设的基本经验。

【关键词】 复旦大学新闻学院；课程思政；立德树人

习近平总书记在全国教育大会等会议上反复强调，培养什么人、怎样培养人、为谁培养人是教育的根本问题，努力培养担当民族复兴大任的时代新人，培养德智体美劳全面发展的社会主义建设者和接班人是教育的根本任务[①]。课程思政以铸魂育人、立德树人为宗旨，把价值塑造、知识传授和能力培养融为一体，无疑是解决"培养什么人、怎样培养人、为谁培养人"的根本问题，落实"培养德智体美劳全面发展的社会主义建设者和接班人"这一根本任务的重要抓手。

新闻舆论工作是治国理政、安邦定国的大事。新闻传播教育机构作为党和国家新闻舆论人才的"蓄水池"和"养成地"，全面推进课程思政建设，着力培养党和人民信赖的新闻舆论工作者尤为重要。复旦大学新闻学院在2017年就正式启动了课程思政建设方案，经过努力，形成了"专业课程＋前沿讲座＋特色实践"三位一体的课程思政体系，全方位、立体化地将专业教育与思政育人融合，取得了显著的协同育人效果。

---

* 本文原刊于《当代传播》2022年第6期。
** 陈建云，复旦大学新闻学院副院长、教授、博士生导师。
① 习近平：《论党的青年工作》，中央文献出版社2022年版，第185—186页。

一、"专业课程＋前沿讲座＋特色实践"课程思政体系

专业课程传授知识、时政讲座拓宽视野、实践实训锻炼技能是新闻传播人才培养的主要环节。复旦大学新闻学院围绕这三个育人环节进行课程思政建设，三者之间复合叠加、相互支撑，形成了"专业课程＋前沿讲座＋特色实践"立体化课程思政育人体系。

（一）专业课程

2020年5月教育部印发的《高等学校课程思政建设指导纲要》指出："专业课程是课程思政建设的基本载体。要深入梳理专业课教学内容，结合不同课程特点、思维方法和价值理念，深入挖掘课程思政元素，有机融入课程教学，达到润物无声的育人效果。"①复旦大学新闻学院把专业课程的思政建设放在首要位置，根据复旦大学制定的《课程思政体系建设实施方案》《课程思政攻坚行动计划实施方案》等文件，整体规划、循序渐进、分批次展开专业课程思政建设。2017年，学院选定"马克思主义新闻思想""新闻学概论""中国新闻传播史"3门核心专业课程为第一批思政示范课程；2018年，增加"新闻传播法规与伦理""舆论学""新闻采访与写作""新闻评论""新闻编辑"为第二批示范课程，并进一步完善建设方案；2019年，推进"传播学概论""媒介融合""整合营销传播""数据分析与信息可视化""深度报道"5门专业课程思政建设。这13门专业课程，基本上覆盖了新闻传播学类的骨干课程。

学院指定思想政治过硬、教学经验丰富、学术积累深厚的教师担任专业课程负责人，并通过教学团队建设来推动专业课程思政建设。教学团队集体研讨，仔细梳理、深入挖掘该专业课程知识所蕴含的思政元素，将其体现于课程教学大纲和课堂教学之中。每个专业课程教学团队通过"三集三提"——集中研讨提问题、集中备课提质量、集中培训提素质，形成"集体备课—分工授课—交叉听课—互相评课—集中研讨—经验总结—完善课程"的专业课程思政建设模式。

---

① 中华人民共和国教育部：《教育部关于印发〈高等学校课程思政建设指导纲要〉的通知》，中华人民共和国教育部官网，http://www.moe.gov.cn/srcsite/A08/s7056/202006/t20200603_462437.html，最后浏览日期：2022年9月18日。

（二）前沿讲座

学院拥有丰富的讲座资源，每学期都会邀请各界专家来学院做讲座，补充专业课堂，开阔学生视野。近年来，学院重点打造了"走进新闻传播"和"新时代的中国 国情教育"两个系列前沿讲座。"走进新闻传播"系列讲座自2017年开办至今已举办30余场，使同学们获益良多；"新时代的中国 国情教育"系列讲座自2015年启动以来，已持续举办近50场。课程内容涵盖中国的政治经济制度、党的历史、意识形态、民族宗教政策、改革开放、科技发展、外事外交等主题。课程讲授强调理论与实践相结合、历史与当下相结合、国情与世情相结合，力求突出中国特色社会主义教育和"四史"教育，以增强学生的"四个自信"。自2020年受新冠疫情影响以来，举办的8场讲座采用线下线上相结合的方式，复旦大学师生现场听讲，上海交通大学、同济大学、华东师范大学等5所高校师生累计近7 000人次同步在线听讲，共享思政资源，扩大了育人效能与影响。

（三）特色实践

近年来，学院在继续强化"业务教学小实习"和"业务教学大实习"两门实践类必修课程的基础上，重点打造"复新传媒""新闻前线""记录中国"等特色实践平台与项目，锻炼学生的新闻采写、节目策划制作等能力，并且使学生在深入接触现实社会的过程中培养家国情怀和责任担当。其中，"记录中国"是复旦大学新闻学院在2016年与澎湃新闻合作启动的特色实践项目。该项目的特色在于：第一，人员招募、选题讨论、采访实践安排都由学生"唱主角"，学院全过程参与，提供组织支撑、价值引导，澎湃新闻配备骨干记者全程进行一对一专业指导，学生的优秀作品在澎湃新闻上发表，在教学、实践之间建立平台，实现了新闻院校与媒体一线工作的无缝对接；第二，每期确定一个与年度国情社情民情紧密相关的实践主题，意义较大。6年来，参加该项目的学生近250人，产出稿件1 400余篇，数百篇优秀作品在媒体上发表。学院正式出版了《记录中国》学生优秀作品集，集中呈现实践育人成果，增强学生的成就感和荣誉感。

二、课程思政建设的主要成效

经过数年的不懈努力，复旦大学新闻学院在课程思政建设方面已取得显著效果：专业课程的品质与育人实效得到整体提升；学生从事新闻传播工作的理想信念和"四个自信"更加坚定，家国情怀与责任担当更加深厚、自觉；构建的"专业课程＋前沿讲座＋特色实践"立体化课程思政育人模式，实现了育人环节的同向同行、同频共振，在中国新闻传播教育界产生了积极的示范引领效应。

（一）提升专业课程的品质与育人实效

新闻学院分三批建设的13门专业课程全部入选上海市课程思政领航课程，学院整体也被评为上海市课程思政领航学院。其中，"马克思主义新闻思想"入选国家级精品课程和教育部网络共享课程，2020年被评为首批国家级一流本科课程，2021年入选教育部课程思政示范课程，引领全国马克思主义新闻观教育教学。"数据分析与信息可视化"是学院在传播技术革命、媒体深度融合的背景下，在全国率先开设的具有鲜明跨学科特色的"新文科"课程，重点培养学生的新闻叙事能力、编程能力、统计分析能力和可视化能力。该课程与澎湃新闻、腾讯新闻等合力打造了"复数实验室"实训平台。学生依托实训平台制作的数据新闻作品，先后获得第四届、第五届中国数据新闻大赛一等奖等多项大奖，在全国产生了较大影响。

任课教师深入挖掘专业课程的思政元素，创新课堂教学方式方法，使新闻传播专业知识传授与价值观培育"水乳交融"，取得了润物无声、潜移默化的育人效果。例如，"新闻评论"课程强化训练学生运用马克思主义新闻观评判新闻事件、解析社会热点、引导公共话题的能力，课堂教学通过典型案例解读、高强度评论写作训练和针对性习作病理解析，使学生感知新闻评论文章明辨是非、引导舆论、凝聚共识的力量。学生的新闻评论作品不断被《人民日报》、澎湃新闻、上观新闻等国内主流媒体采用发表。2018年，复旦大学新闻学院学生参加"弄潮号"首届全国大学生评论大赛，获得包括唯一的特等奖在内的多项大奖。通过专业课程思政建设，"新闻评论"课程已经成为备受学生欢迎的现象级"金课"。

（二）坚定学生"四个自信"与新闻理想

近年来，传统媒体新闻人不断"逃离"转行，在一定程度上影响了新闻学子的职业选择。学院通过持续举办"走进新闻传播"系列讲座，让媒体精英现身说法，向新闻学子讲述新闻媒体记录时代风云、探究真相真实、推动社会进步、守望公平正义的使命与作用，拉近了新闻学子与新闻传播业界的距离，帮助他们系好人生"第一粒扣子"，坚定从事新闻传播工作的理想志向。近三年，复旦大学新闻学院共有120多名毕业生前往《人民日报》、新华社等中央媒体和地方主流媒体、著名新媒体机构就业,无愧"记者摇篮"的称号。

新闻传播业是需要有崇高理想、坚定信念支撑的职业,更是需要有坚定政治立场、正确政治方向引领的事业。复旦大学新闻学院举办的"新时代的中国 国情教育"系列讲座,不但开阔了学生的视野,加深了他们对世情国情党情民情的认识,还增强了学生的"四个意识",坚定了他们的"四个自信",引导学生树立正确的政治方向、舆论导向、新闻志向和工作取向。

(三)厚植学生的家国情怀与责任担当

学院搭建的"复新传媒"平台和开展的"新闻前线""记录中国"项目,已经成为具有显著特色的学生实习实践品牌平台与项目。通过这些实践项目,学生在身体力行中理解转型中国的广度与深度,巩固了新闻职业理想与信念,生发强国富民、复兴民族的情怀与担当,自觉把个人的理想追求融入国家和民族的事业之中。

(四)课程思政育人环节同向同行、同频共振

学院通过课程思政建设,使专业课程的新闻传播专业知识传授与立德树人有机融合,专家前沿讲座强化新闻理想、职业精神和思想政治教育,对专业课程形成良好补充,实习实践践行专业课程知识和专家讲座精神。各个育人环节同向同行、相互支撑、同频共振,形成了类型丰富的"专业课程+前沿讲座+特色实践"立体化课程思政育人体系,有效解决了育人环节各行其是、思政教育单一化和扁平化、缺乏协同等问题。"专业课程+前沿讲座+特色实践"立体化课程思政育人体系,具有可复制性、可推广性,已被国内不少新闻传播院系学习借鉴。

三、课程思政建设的基本经验

复旦大学新闻学院经过数年的积极探索,积累了一系列课程思政建设的经验,凸显了铸魂育人、立德树人价值:健全组织架构,为课程思政建设提供有力支持;秉持"溶盐于水"理念,收取润物无声、潜移默化的思政育人效果;加强教学团队建设,以聚合之力提升专业课程的品质和思政育人实效;深入挖掘悠久院(系)史中的思政资源,增加思政育人的长度、厚度和温度。

(一)健全组织,保障有力

为了推进课程思政建设,学院专门成立了课程思政工作领导小组和专家小

组。领导小组负责构建学院课程思政的整体框架,提供人力物力财力支持,确保课程思政建设方案顺利实施和有序开展。专家小组负责推动课程思政教育教学改革创新,开发课程思政专业核心课程,组建教师团队,制订课程质量评价指标体系等。学院健全的课程思政组织架构及其运行,确保了课程思政顶层设计科学,资源整合充分,建设进程有条不紊。

(二)"溶盐于水",润物无声

学院开展课程思政育人工作,始终秉持"溶盐于水"的理念。所谓"溶盐于水",就是把价值观念、理想信念、精神情操之"盐"溶化于"知识海洋"之中,为青年学子提供充足的"思想养分"。2016年12月7日,习近平总书记在全国高校思想政治工作会议上指出:"思想政治工作从根本上说是做人的工作,必须围绕学生、关照学生、服务学生……做好高校思想政治工作……要遵循思想政治工作规律,遵循教书育人规律,遵循学生成长规律,不断提高工作能力和水平。"[①]事实证明,复旦大学新闻学院"溶盐于水"的课程思政理念,符合思想政治工作、教书育人和学生成长规律,获得了润物无声、潜移默化的育人效果。

(三)聚合师资,创新教学

以教学团队建设为抓手,推动专业课程的思政建设。在学院课程思政专家小组的通盘规划下,每门专业核心课程跨专业、跨界组建教学团队,以聚合之力创新教学方式方法,提升专业课程的品质和思政育人实效。例如"马克思主义新闻思想"课程,学院组建了由复旦大学文科资深教授童兵负责,6位教授、副教授组成的教学团队。在教学实践中进行了多项改革实验,探索出一套"理论讲授+新闻热点评析+现场教学"的教学方法。团队以教学促进科研,以科研反哺教学。除专门教材《马克思主义新闻经典教程》外,团队成员还集体编写了《马克思主义新闻观读本》《马克思主义新闻观百问百答》《马克思主义新闻观典型案例分析》等辅助读物。在马克思主义新闻观教学团队成员的共同努力下,"马克思主义新闻思想"获得国家级一流本科课程、教育部课程思政示范课程等多项荣誉。

(四)深挖资源,培植厚度

复旦大学新闻学院的前身是新闻学系,成立于1929年9月,是中国历史最

---

① 习近平:《习近平谈治国理政》第二卷,外文出版社2017年版,第377—378页。

悠久的新闻传播教育机构之一。复旦大学新闻传播教育薪继火传，弦歌不辍，积累了丰厚的思政资源。《共产党宣言》首个中文全译本翻译者陈望道先生，1942—1950年担任复旦大学新闻系系主任，确立了"宣扬真理，改革社会"的办系原则和"好学力行"的系铭。在教师队伍中，既有陈望道、宁树藩等"上海社科大师"，也有坚持与学生书信交流、40年间手写千余封书信的叶春华教授。复旦大学新闻学院成立口述史课题团队，建设内容丰富的院史馆，出版《复旦大学新闻学院院史》《千封信笺载师道——叶春华与学生书信选》，举办"致敬大师"活动，全面深入挖掘90多年院（系）史中的思政资源，用信仰之源、初心教育立德树人，增加了思政育人的长度、厚度和温度。

在中国特色社会主义进入新时代，在信息传播技术革命和媒体深度融合的背景下，复旦大学新闻学院将秉承"好学力行"传统，与时俱进，不断创新，通过课程思政建设深化教育教学改革，为党和国家培养理想信念坚定、专业知识深厚、业务能力精湛、职业操守优良，具有主流价值、融合技能、国际视野的卓越新闻传播人才。

在概念辨析中开展马克思主义新闻观教学*

马 凌**

【摘要】 要讲好马克思主义新闻观,就要应用马克思主义理论对当今西方自由主义新闻观进行分析和批判。通过拆解"观点的自由市场""宣传"和"新闻专业主义"三个核心概念,讲清西方自由主义新闻观的虚伪性,讲清马克思主义新闻观的优越性。

【关键词】 马克思主义新闻观;课程思政;概念作为话语

2001年,中共中央正式提出"马克思主义新闻观"。同年,童兵教授开始领衔复旦大学新闻学院"马克思主义新闻思想"课程,迄今20多年。我们所说的马克思主义新闻观,是站在马克思主义立场上,以马克思主义观点、方法形成的,关于"新闻是什么、应该是什么、应该如何做新闻"的系统看法①。马克思主义新闻观的核心包括党性与人民性统一观、新闻规律观和正确舆论观。从历史上看,马克思主义新闻观有深厚的西方渊源,无论是马克思和恩格斯对于空想社会主义的吸纳,还是他们对于西方新闻业的批评,都植根于欧洲的历史和思潮。同时,马克思主义新闻观一经产生,就实现了革命的飞跃,既超越了欧洲视野而走向全球,也以鲜明的阶级性和政治性与资产阶级新闻观判然有别。随着马克思主义进入中国,马克思主义新闻观经历了长期的中国化过程,在中国共产党百年的革命和建设实践中不断丰富完善。马克思主义时代化的成果之一,就是马克思主义新闻观指导着世界第一大党在占全球近五分之一人口中的日常新闻实践。2016年,习近平总书记在党的新闻舆论工作座谈会上强调,"要深入开展马克思主义新闻观教育,把马克思主义新闻观作为党的新闻舆论工作的'定盘星',引导

---

* 本文原刊于《当代传播》2022年第6期。

** 马凌,复旦大学新闻学院教授、博士生导师、马克思主义新闻观教学与研究基地主任。

① 杨保军、王阳:《当前中国语境中的"马克思主义新闻观"与"新闻专业观"》,《山东社会科学》2020年第7期。

广大新闻舆论工作者做党的政策主张的传播者、时代风云的记录者、社会进步的推动者、公平正义的守望者"①。

复旦大学新闻学院将"马克思主义新闻思想"设立为学生的专业必修课,除了带领学生阅读马克思主义新闻思想经典、回顾"四史"中的优秀新闻文化传统、以马克思主义新闻观分析当代新闻舆论现象,这门课程的另一个理论重点,就是要应用马克思主义辩证唯物主义和历史唯物主义的世界观,应用马克思主义政治经济学的分析框架,对当今西方自由主义新闻观进行分析和批判,既要针锋相对,又要以理服人。如果说西方自由主义新闻观是"精致的意识形态迷思",是由一系列概念嵌套起来的观念链条,非常具有迷惑性和蛊惑性,那么拆解这个观念链条中的三个环节——"观点的自由市场""宣传"和"新闻专业主义",就是课堂教学的重中之重。不破不立,不破解迷思,就无法讲清西方自由主义新闻观的虚伪性,同样也无法讲清马克思主义新闻观的优越性。我们提倡"不忘本来、吸收外来、面向未来",并不是在分析和批判中一概摈弃西方学说,更不能将原本属于我们的观念割让送人。正本清源,破立并举,方是正道。

一、一个危险的隐喻:"观点的自由市场"

认知语言学家告诉我们,隐喻是我们赖以生存的方式,它不是单纯的修辞策略,它可以创造现实,包装成隐喻的概念系统足以影响我们感知世界的方式,并且形塑我们的行动模式。"观点的自由市场"就是这样一个隐喻。从分类上说,它属于"结构隐喻",以一个高度结构化的清晰界定的概念"自由市场"来建构另一个模糊不清的概念"观点的传播与接受"。隐喻具有既凸显又隐藏的特点,同时,隐喻对概念的建构只是局部的而不是全面的,因此,这个隐喻使"市场"的合理性和公平性"不证自明",却使大家忽略了其他相关要素。例如,"观点"应不应该被视为商品? 市场上的行动主体力量并不均等,要不要救济弱者? "市场"会不会高度垄断,会不会伪币驱逐良币,会不会市场失灵? 前现代时期"自由市场"的规模与后现代时期"巨量平台"的规模可以类比吗? 谁来维持秩序? 面对市场和资本主导的新闻业,公民是不是只能自行小心?

从概念的建构史来看,1956 年,积极为冷战服务的美国传播学者威尔伯·

---

① 中共中央文献研究室:《习近平关于社会主义文化建设论述摘编》,中央文献出版社 2017 年版,第 43 页。

施拉姆(Wilbur Schramm)组织学者撰写《传媒的四种理论》时,弗雷德里克·西伯特(Fred siebert)将"观点的自由市场"追溯到1919年奥利弗·霍姆斯(Oliver Holmes)大法官在"亚伯拉罕诉合众国案"中的异议书,而事实上,霍姆斯使用的原词并不是"marketplace of ideas",而是"free trade in ideas","在市场竞争中赢得受众"是其中根本意旨。不仅陈仓暗度,还移花接木,西伯特同时又向历史追溯,人为拼接了一个从弥尔顿(Milton)经密尔(Mill)到霍姆斯的"自由传统",罔顾他们的历史语境和内部差异。通过让不同时代的自由主义思想家背书这个隐喻,施拉姆和西伯特等人使"观点的自由市场"庄严而强大,并成为美国自由至上主义新闻观的核心基石。

"观点的自由市场"是一个完全的隐喻,却不是一套完整的理论。它之所以在20世纪广受欢迎,深层原因是它符合垄断资本主义的意识形态,对市场的信奉其实是对"看不见的手"的信赖,即对优胜劣汰、适者生存的资本教义的信赖。它与自由至上主义相契合,即极端强调个人自由,强调市场本位,反对政府干预。在这一隐喻下,观点的自由竞争类似于商品市场上的自由竞争,通过消费者的选择而实现优胜劣汰,不容政府干预,而由市场自身的机制进行"自我修正"。至于后来补充"社会责任",也不过是对自由的修补和美化而已,自由至上主义的本质并未变化。

在课堂上,我们引导学生从"反向解析观念史"的角度拆穿"观点的自由市场"神话,指出其意识形态建构本质,同时,从马克思主义政治经济学的角度对"市场"后面的"资本"进行批判。尚需指出,即便是在西方理解界,哈耶克(Hayek)的"自发秩序"理论和诺齐克(Nozick)的"持有正义"理论存在"纯粹程序正义"的理论困难。例如,罗尔斯(Rawls)的正义理论认为市场应该受到"底线约束"和"公平约束",即自由竞争的结果并不具有天然正当性,而必须依据社会正义观念对自由市场进行限制和调节,因此,必须从"放任市场"转向"有限市场"①。这种跨越学科又基于学理的论证与说服,在大学生中能起到很好的效果。张弛有度,我们要讲清楚反对"观点的自由市场",反对的要点不是"观点",也不是"市场",而是被资本操控、没有正义可言、深具欺骗性的"自由市场"。唯其如此,才能使学生理解改革开放以来中国特色社会主义市场经济,才能加深学生对中国传媒改革框架的总体理解。

---

① 李石:《自由市场与程序正义》,《世界哲学》2019年第2期。

二、一个被抹黑的术语：宣传

马克思主义新闻观是一个总体概念，包含马克思主义新闻观、舆论观和宣传观。其中，我们与西方交锋最激烈的是宣传观。宣传是人类社会古已有之的一种普遍存在的传播现象，是为了实现某些既定目标而对信息、符号和形象进行控制、制作与传播。"propaganda"一词的西方语源，可以追溯至17世纪罗马天主教会"信仰宣传委员会"（Congregation for Propaganding the Faith）。在现代世界，宣传借助印刷机彰显出巨大的力量，无论是美国革命前后的"小册子的洪流"、法国大革命中的"印刷领导革命"，还是德国社会民主党的"红色邮政"，宣传的重要性已经被政党广泛接纳。戊戌变法（1898）和辛亥革命（1911）时期，"宣传"一词已广为人知。在第一次世界大战中，交战国纷纷采取"纸弹"攻势。1926年，哈罗德·拉斯韦尔（Harold Lasswell）完成了博士论文《世界大战中的宣传技巧》，以价值中立的态度概括了英、法、德、美等国家的战时宣传策略及其效果。1928年，美国公共关系之父爱德华·伯内斯（Edward Bernays）出版《宣传》，指出"宣传原本是一个绝对的褒义词，它具有诚实的词系、荣耀的历史"[①]。

在中国，春秋战国时期就有对宣传现象的研究。作为现代汉语的"宣传"，源自来华传教士对"传道"的翻译。在戊戌变法、辛亥革命时期，曾"旅行"到日本的"宣传"归来，摆脱了宗教意味，具有了新的意义。第一位现代意义上的宣传家是梁启超。孙中山进一步提出"世界上的文明进步，多半是由于宣传"。无论是五四运动中的师生，还是随后的中国共产党，都极大地利用了宣传并将其作为工具。宣传具有"广而告之"的中立性。

而从20世纪30年代开始，伯内斯以另一个词"publicity"来替代"propaganda"，并逐渐以"公共关系"（public relations）来为"新型宣传"求得合法性，实则是"旧酒新瓶"。此后，在冷战背景下，"公共关系"在西方大行其道，"宣传"则被系统地污名化，与"煽动"同义，被贬斥为社会主义国家的"流氓手段"。正如刘海龙指出："只要各类权力追求理性化管理、追求传播效率的根本动机没有变化，只要我们无法摆脱现代性的宿命，宣传就会如影随形地存在。如果不能正视它，不是无知便是自欺。"[②]美国学者约翰·费斯克（John Fiske）也认为："它（宣传）往往被

[①] [美]爱德华·L. 伯内斯：《宣传》，胡百精、董晨宇译，中国传媒大学出版社2014年版，第26页。
[②] 刘海龙：《宣传：观念、话语及其正当化（第二版）》，中国大百科全书出版社2020年版，第6页。

视为负面的东西,并与极权国家相关。这不应转移人们对那些已经发生并继续发生在民主语境中的宣传活动的注意力。"①

事实上,西方资本主义国家中的宣传活动广泛存在,宣传技巧花样翻新,宣传已经渗透到社会生活的各个层面。无论是冠以"政治传播"之名的竞选,还是无所不在的商业广告,无论是企业堂而皇之的"公共关系",还是各方不断进行的"形象塑造",虽然没有"propaganda"之名,却有宣传之实。西方社会的异见者诺姆·乔姆斯基(Noam Chomsky)在《宣传与公共意识》《制造共识》《必要的幻觉》等一系列著作中,系统梳理了资本主义政治系统中大众媒介的表现及其运行逻辑,以丰富的案例揭露大型媒体如何借由微妙的报道和阐释技巧,制造出民主的幻象——他们施用"双标"、创制"新语"、操纵"议程",其背后是美国媒体为利益集团服务的本质。在他总结出的"宣传模型"中,媒体报道内容的选择、强调、省略要经过五层过滤:媒体的所有权和利益,媒体的广告主,媒体获取新闻的渠道,媒体的言论精英,反共意识形态。尽管美国媒体允许在精英阶层认同的前提和原则之内进行辩论和唱反调,而相关的价值观原则很大程度已经被媒体内化为自我审查的原则。乔姆斯基还一针见血地指出了美国霸权主义的心态。修昔底德(Thucydides)说"大国随心所欲,小国任人宰割",亚当·斯密(Adam Smith)说"国家政策的主要设计者确定他们的利益受到最特别的注意,不管这是否会给其他人带来悲惨结果",这就是美国看待国际关系的两大主导原则。

近年来,西方媒体对中国的抹黑式宣传已经无所不用其极,他们炒作"武汉病毒""东亚病夫""新疆棉花""中国雾霾""非洲投资",甚至中国取得巨大成就的"脱贫攻坚"也被攻击,其宣传实质从"看不见"到"被看见",也算是给中国公众上了一堂大课。在马克思主义新闻思想课堂上,除了从学理层面破解西方污名化"宣传"的背后玄机,还需要通过具体事例来分析西方媒体抹黑式宣传的常见手法,从而提高学生的觉察能力和政治敏锐度。

三、一个貌似中立的陷阱:新闻专业主义

改革开放以来,西方新闻传播理论对中国的学科体系、学术体系、话语体系产生了很大影响。有人指出:"最让人感到扑朔迷离的,还是资产阶级话语体系

---

① [美]约翰·费斯克等:《关键概念:传播与文化研究辞典(第二版)》,李彬译注,新华出版社 2004 年版,第 226 页。

与马克思主义话语体系,不是在历史唯物主义的框架下形成后者扬弃前者的辩证关系,而是似是而非地拼接在一起。作为新闻理论界思想体系混乱的一种表现,也是'后现代混杂性'的一种折射,这样的混搭在扭曲马克思主义新闻理论的同时,也让资产阶级新闻理论因缺乏有力的抵抗而事实上登堂入室。"①其中,充分体现出"混杂"特点的就是"新闻专业主义"。

一方面,中国大部分新闻工作者对于"新闻专业主义"的理解是新闻的采写编评需要专业性,新闻工作者应该具备高度的专业精神、明确的专业担当和严格的专业修养。如果立足于专业能力和道德操守,似乎无可厚非。因此,中国主流媒体的新闻工作者一度非常认同"专业主义",从对新闻价值的认同、对专业教育的重视、对职业规范的建构等层面看待"新闻专业主义"。另一方面,"新闻专业主义"在学术体系中又是专有名词,指代美国新闻工作者"最主要的职业规范"和"资产阶级新闻学的重要概念",是他们关于媒体运行形态、体制、原则的实践惯例与价值取向,既是一整套围绕"客观性"建构起来的操作规范,也是一种标榜媒体独立、行业自治的自由主义意识形态,与马克思主义新闻观中的"党管媒体"等原则凿枘不合②。

从历史的角度看,重拾新闻的客观性、倡导理想主义、支持舆论监督是20世纪八九十年代"解放思想、实事求是"时代大潮在新闻界的体现。正是在这样的情境下,"新闻专业主义"以价值中立的外观出现,迅即成为一种"象征资源"③,被业界和学界拿来使用,以应对各种各样的问题。而它就像一个病毒,随后源源而来的是整套美国新闻学说。更让人担忧的是,在美国新闻专业主义的框架下,中国近现代报刊史也被重新书写,原属于我们的家国情怀、大众喉舌的优秀新闻文化传统,反倒被窃取、为"普世"的"新闻专业主义"背书。我们既要看到"学界从没有对新闻专业主义的内涵达成共识"④,又要看到越来越多的学者意识到这是一个似是而非的概念,甚至是一个意识形态陷阱。

在课堂上,我们对于"新闻专业主义"的分析和批判以三种形式进行。第一,

---

① 《立足中国土,回到马克思:中国新闻学的学科体系、学术体系与话语体系——专访"中国新闻学丛书"主编赵月枝、李彬》,《青年记者》2021年第22期。
② 陈信凌、王娟:《马克思主义新闻观与西方新闻专业主义的基本分歧》,《马克思主义研究》2019年第5期。
③ 黄月琴:《象征资源"褶皱"与"游牧"的新闻专业主义:一种德勒兹主义的进路》,《国际新闻界》2015年第7期。
④ 胡翼青、汪睿:《新闻专业主义批判:一种传播政治经济学的视角》,《现代传播(中国传媒大学学报)》2013年第10期。

讲授马克思主义新闻观的相关概念，讲明在中国特色社会主义体制中，新闻媒体是党和政府的媒体，是全体人民的媒体，媒体是党、政府和人民的耳目喉舌，要服从党的领导与管理，媒体在政治上绝对不存在任何"独立性"。新闻媒体奉行党性与人民性的统一，要全心全意为人民服务。按照"四向四做"的要求（一是要坚持正确政治方向，做政治坚定的新闻工作者；二是要坚持正确舆论导向，做引领时代的新闻工作者；三是要坚持正确新闻志向，做业务精湛的新闻工作者；四是要坚持正确工作取向，做作风优良的新闻工作者），做党和人民信赖的新闻工作者。如果讲求专业性，业务精湛和作风优良就是我们的专业性。第二，我们通过具体案例来说明美国新闻媒体貌似"客观"、实则"选择性报道"的常规做法，如"美国大选报道""占领华尔街运动的报道""涉华报道"，使学生直观认识到美国新闻专业主义的虚妄和双重标准。它虽然标榜"客观"，背后却是商业逻辑和对利益大化的追求，新闻从来不外在于政治。第三，让学生意识到学术话语背后的意识形态博弈，以及概念作为话语应如何辨析。如此，当他们面对激烈的学术争论时，方能历史地看待问题，把握总体方向，不至掉落于话语的陷阱。

总之，在复旦大学新闻学院马克思主义新闻思想课堂上，教师的第一任务是"让理论有魅力"，也就是要把马克思主义新闻思想的独特价值、理论脉络和解释效力说清楚、讲透彻，并让学生信服。教师的第二任务是"让新闻有意义"，也就是通过分析当代新闻报道和媒介现象，使学生学会透过现象看到本质。教师的第三任务是"让方法有价值"，也就是将学生带入学术的大门，掌握辩证地看待问题和历史地看待问题的方法，通过比较与批判来加深认识。马克思主义新闻观的要义在于马克思主义。马克思主义是伟大的认识工具，是人们观察世界、分析问题的有力思考武器。让学生掌握这一武器，才能真正使马克思主义新闻观入脑入心。

以马克思主义新闻观教学改革推进新闻舆论工作人才培养*

林溪声**

【摘要】 新闻舆论工作队伍建设需要抓好新闻从业者的教育与引导,不断强化新闻传播后备人才的培养。上好马克思主义新闻思想课程是新闻传播教育铸魂育人的基本。复旦大学马克思主义新闻观教学与研究基地对课程教学改革形成了几点思考:在史论学习中教育学生坚持辩证唯物主义和历史唯物主义,深刻领会马克思主义新闻观;在中西新闻观源流比较中引导学生形成对中国新闻事业性质的认同,坚持守正创新;在理论与实践的结合中培养学生的社会责任感,引导学生从国家发展、民族复兴的大局思考专业问题。

【关键词】 马克思主义新闻观;教学改革;新闻舆论工作;人才培养

在中国共产党建党百年的奋斗历程中,党的新闻舆论工作始终重视培养人才、成就人才,支持和引领新闻舆论工作为党和人民的新闻事业建功立业。习近平总书记高度重视新闻舆论人才队伍建设,强调"媒体竞争关键是人才竞争,媒体优势核心是人才优势","要加快培养造就一支政治坚定、业务精湛、作风优良、党和人民放心的新闻舆论工作队伍"[1]。他勉励新闻舆论工作者要做到"四向四做":坚持正确政治方向,做政治坚定的新闻工作者;坚持正确舆论导向,做引领时代的新闻工作者;坚持正确新闻志向,做业务精湛的新闻工作者;坚持正确工作取向,做作风优良的新闻工作者[2]。

关于怎样建设新闻舆论人才队伍,习近平总书记在关于新闻舆论工作的若

---

* 本文原刊于《当代传播》2022年第6期。
** 林溪声,复旦大学新闻学院副教授。
[1] 习近平:《习近平谈治国理政》第二卷,外文出版社2017年版,第333页。
[2]《习近平在会见中国记协第九届理事会全体代表和中国新闻奖、长江韬奋奖获奖者代表时强调做党和人民信赖的新闻工作者》,《人民日报》2016年11月8日第1版。

干重要论述中提出,要加强马克思主义新闻观教育,把加强马克思主义新闻观教育作为队伍建设的基础性工作;新闻院系教学方向和教学质量如何,在很大程度上决定着未来新闻舆论工作队伍素质;从铸魂立人的高度,把马克思主义贯穿到新闻舆论教学研究中去,使新闻学真正成为一门以马克思主义为指导的学科,使学新闻的学生真正成为牢固树立马克思主义新闻观的优秀人才。以长远的战略眼光看,面对新时代新形势新任务,要以扎实的教学改革创新践行马克思主义新闻观。

一、明史增信,立足历史解读经典

回到历史的语境解读经典,是学习和掌握马克思主义新闻学基本原理最主要的方法。马克思主义经典作家的新闻思想是在历史发展进程中,在观察分析和解决具体的社会历史事件中展开和深化的。新闻传播活动和新闻思想作为一种社会文化现象,要研究它们的发生、形成和演变、发展,需要深入历史文化和社会关系中,寻找其发生和形成的原因,探求其活动的规律,并由此得出科学的结论。

马克思主义新闻观课程教学从马克思恩格斯开始,经过列宁,到中国共产党各个历史时期领导核心这样一个总的发展线索,围绕他们的政治斗争和学术活动,结合重要的历史事件、主要报刊的创立发展,选读各个历史时期有代表性的新闻传播学论著。早期马克思主义经典作家把自己的主要精力放在革命斗争和哲学、政治经济学与科学社会主义的学术工作上。他们关于新闻学的论述是针对某些特定的报刊事件和报刊人物撰写的。虽然有的论述涉及不少新闻传播的基本问题,包括一般规律,但总是有其发表的特殊背景与历史条件。因此,在学习他们关于新闻工作的论述时,须全面掌握这些背景和历史事件,将它们放到具体的社会情境中去,分清哪些涉及新闻传播基本规律和新闻学的重要原理,哪些只是解决特殊事件的个别意见。在历史分析的基础上,可划分若干个研究专题,比如"党的建设与报刊活动""报刊的性质和任务""报刊工作的原则和策略""党报工作者的素质与修养""新闻出版自由"等,把相关论述分门别类地归纳到这些专题中去,探究它们之间的内在联系和继承发展,从中提炼出这些论述的精神实质,认识马克思主义新闻学的基本原理和主要观点。

马克思主义新闻学的建构是思想理论逻辑与历史发展进程的辩证统一,是因应时代变化、实践需求而对传统思想的创造性转化、创新性发展。首先是空想社会主义学说中关于新闻及其传播的论述。早期空想主义者对精神交往的必要性与重要性的看法，法国空想主义者的报刊活动及其提出的关于舆论、宣传等的观点，圣西门、傅立叶和欧文三大空想主义者的诸多新闻主张和报刊工作经验，为马克思和恩格斯创立马克思主义新闻学提供了极其宝贵的思想资源。其次是马克思主义经典作家从事新闻传播活动的实践与经验。几乎每位马克思主义经典作家都有比较活跃的新闻实践及经验积累，包括马克思主义经典作家同各种非马克思主义新闻思潮的较量与论战、对新闻传播规律的探索研究，催生了马克思主义新闻学。总结和分析马克思主义经典作家丰富的新闻工作实践经验，总结和分析马克思主义新闻思想同各种非马克思主义新闻思潮论战的思想资料，有助于深刻认识和全面把握马克思主义新闻学创立与发展的过程及其理论成果。学习马克思主义新闻学经典论著时，应对照比较经典作家的新闻观点与历史上流行的新闻学观点，更细致更具体地领会、理解马克思主义新闻学经典论著的精髓。另外，还需要了解马克思主义新闻学形成发展的过程及动因，考察形成这一学说所具备的特定的经济政治条件，以及马克思主义经典作家的成长背景等。

二、切问近思，用学术讲好中国经验

马克思主义新闻观，是马克思主义经典作家和后来中国共产党的主要领导人关于新闻传播的性质和规律及宣传和舆论等思想的论述，在与时俱进、完善创新的过程中逐渐发展成科学、系统的观念体系，是社会主义政党指导新闻、宣传、舆论工作的重要理论依据。马克思主义新闻观课程最终的教学目标是引导学生形成对党的新闻事业体制的认同，坚持正确政治方向，坚持正确舆论导向。但这门课也容易被刚进入专业学习的大学生误读为思想政治类课程，政治说教味浓，是灌输意识形态的宣传。

要解决这个问题，一是要让理论有魅力。课程主要教学目标是把马克思主义新闻传播思想的独特价值、理论脉络和效力说清楚、讲透彻，并令人信服。理论魅力体现在对当代社会与新闻现象、思潮的有力解释上。要让学生们明白马克思主义理论不是静态的，而是与时俱进的，在回应时代命题中彰显理论生命力。二是要让新闻有意义。通过一个学期的系统教学，让当代大学生在具体的新闻传播实践中感受到马克思主义新闻传播理论的魅力，培养他们在纷乱信息中发现有价值信息的能力，引导他们确立正确的新闻观，进而对马克思主义产生认同感。这里必须提倡实事求是、具体问题具体分析的学风。任何过去曾经是非常正确的理论,随着时光的推移,也会产生某些与当代发展的新现实不相适应的成分。对于马克思主义经典作家关于新闻工作的论述,联系当前新闻传播的实际、中国的实际去理解、去消化,是十分重要的。

在全球范围内,传媒业正处于前所未有的大发展大变革大调整中,信息内容、传播载体、平台渠道的更新迭代越来越快,各种新技术新应用层出不穷,正从根本上改变着人们信息接受方式和对外部世界的认知。媒体格局、舆论生态、受众对象都在发生深刻变化,新闻舆论工作引领时代风气之先,是最需要理论创新的领域。党的十八大以来,习近平总书记对推进新闻舆论工作创新进行了全面系统的论述。他要求传统媒体和新兴媒体融合发展。在这个基础上,他进一步提出了新闻舆论工作创新的愿景目标:"着力打造一批形态多样、手段先进、具有竞争力的新型主流媒体,建成几家拥有强大实力和传播力、公信力、影响力的新型媒体集团,形成立体多样、融合发展的现代传播体系。"①中国媒体融合转型的实践逻辑在于,主动借助新媒体传播优势,以内容创新为根本,推进新闻传播理念、内容、手段、体制机制全方位创新,以党媒的全媒体矩阵建设为抓手,加快构建舆论引导新格局。

新媒体时代的中国新闻传播实践经验有着巨大的理论价值,中国经验的理论化还需要进一步寻找合适的凝练路径,但一切划时代体系的真正内容都是由产生这些体系的时代需要而形成的,以本国过去的发展条件为基础,以新的社会关系形成为基础,因此,新思想逻辑的起点还是要立足中国现场。在教学研究的过程中,要引导学生从信息传播的新变化和舆论引导的新挑战中审视新闻舆论工作。

三、好学力行,以实践带动理论学习

马克思主义新闻观的形成过程说明,它不是一个封闭保守的理论体系,而是一个开放创新的理论体系。它兼收并蓄,广采博取人类的各种文明成果,不断用新的实践和新的理论充实、完善和发展自己。它来源于新闻实践,同时又为新闻实践服务。实践性是马克思主义新闻观生命力之所在。承认其实践性,就需要坚持理论联系实际,通过对新闻传播现象和新闻观点论争的考察分析,学习和掌握马克思主义新闻观。

---

① 《习近平主持召开中央全面深化改革领导小组第四次会议强调 共同为改革想招一起为改革发力 群策群力把各项改革工作抓到位》,《人民日报》2014年8月19日第1版。

理论的价值在于指导实践。马克思主义新闻观认为,新闻传播活动是有规律的,人类在长期的新闻传播历史活动中,对新闻传播规律有了一些基本认识,在新闻的本质、新闻事业的社会属性、新闻报道的基本功能、新闻职业的特点、新闻传播的模式等方面形成了不少共识。尊重新闻传播规律,按照新闻规律展开新闻舆论工作,是遵循马克思主义新闻观的基本原则。在日常的新闻实践工作中,从新闻采写、编发到新闻制作、传播,从新闻业务工作到媒体经营管理,从新闻工作者队伍建设到行业作风整顿等,都需要马克思主义新闻观的指导。实践意义,正是当前开展马克思主义新闻观教育的现实依据和时代价值。

马克思主义新闻思想的创立和发展是马克思主义经典作家把握时代脉搏、回应时代关切、因应技术变革的必然成果,充分体现了时代性、规律性和创新性的有机统一。马克思和恩格斯在其理论奠基的过程中吸取了资产阶级民主报刊和无产阶级报刊的经验成果,如新闻真实性问题、新闻自由问题、报刊的批评和监督功能、无产阶级报刊的性质作用等。列宁根据无产阶级及其政党在不同历史时期和不同发展阶段新闻工作性质与任务的变化,用新的实践、新的理论来充实、完善和发展马克思主义新闻学。正是基于中国的革命斗争和新闻实践,才有了中国共产党人对新闻事业的党性原则、群众路线、正面宣传和调查研究等一系列新闻工作重大问题的独特理解。新闻舆论领域是不断发展变化的,既有的一些认识亟待更新深化,更有许多新现象、新事物、新问题需要去认识、去发现。明确马克思主义新闻思想的实践指导性,才能更好地把握新闻舆论工作规律,阐释新闻舆论工作中具有根本性、战略性和全局性的问题。

理论与实践结合,更能激发学生对理论学习的激情和兴趣。当代社会处于一个思想、文化、价值观念多元碰撞的时代,人们普遍面临多种社会思潮冲击和理论选择。马克思主义新闻思想能不能在众多思想理论中胜出,还要看它能不能获得年轻人的青睐。要保证良好的教学效果,就不能把马克思主义新闻传播理论作为教条硬性灌输给学生,而要通过鲜活社会事件和热点新闻事件的评析,通过讲授与讨论结合的教学模式,提高学生的分析和质疑能力,充分展示马克思主义新闻理论的魅力,从而形成对新闻是什么、如何做新闻的系统看法。

四、知行合一,理论与方法并重

马克思主义新闻思想既是科学的新闻观,又是实用的新闻方法论,蕴含着丰富的指导新闻舆论实践的思想方法和工作方法。深刻领会、认真提炼马克思主义新闻思想蕴含的方法论原则,对于提升新闻舆论工作中对复杂问题的辨别力、对新情况的应变力,对于提升新闻舆论工作者的政治眼力、理论功力、工作能力,具有十分重要的意义。

运用辩证唯物主义和历史唯物主义世界观方法论分析问题,是马克思主义新闻思想的一个显著特色。"社会存在决定社会意识"是马克思主义最基本的观点,相应地,把意识现象归结于社会存在是马克思主义最基本的方法。坚持马克思主义的立场,最根本的是要坚持社会存在是原生的,社会意识是次生的。由此,马克思主义经典作家分析社会现象的基本方法,是从社会生活的各种领域中划分出经济领域,从一切社会关系中划分出生产关系,并把生产关系当作决定其余一切关系基本的原始的关系。马克思主义经典作家从这一基本的社会结构框架出发,考察新闻传播事业在社会生活中所扮演的角色及其社会地位,发现新闻传媒的特征和功能,认识新闻传媒产生发展及演进的规律,论证新闻信息和媒介意见的社会作用。学习马克思主义新闻观,要运用科学的态度、正确的方法,完整、准确地理解和把握马克思主义新闻观的基本原理和基本观点,深刻领会其精神实质。

西方马克思主义早期代表人物卢卡奇曾把总体性视为马克思主义方法论的核心。他提出:"不是经济动机在历史解释中的首要地位,而是总体的观点,使马克思主义同资产阶级科学有决定性的区别。总体范畴,整体对各个部分的全面的、决定性的统治地位,是马克思取自黑格尔并独创性地改造成为一门全新科学的基础的方法的本质。"[①]在《资本论》中,马克思将经济关系看作一个有机整体,把它的生产、消费、分配、交换等环节都放入这个有机整体加以考察。在马克思看来,只有对社会的统一体有所把握,才能够历史地了解社会关系的变化过程。卢卡奇在此基础上强调总体性是无产阶级阶级意识的主要内容,认为无产阶级的阶级意识就是"保持对总体性的渴望"[②]。教师在教学研究中应善于运用马克思的总体性的方法,努力揭示马克思主义新闻思想本质的、内在的、带有共同规律性的认识,以维护其科学性和完整性。例如,"党性原则"是马克思主义新闻观的"第一观念",在整个马克思主义新闻观体系中是总体性、统领性的观念,其他几个核心观念是党性原则观念的某种延伸和具体表现。因此,在教学中要讲清楚党性原则为什么是无产阶级新闻事业的核心原则,是马克思主义新闻观的显

[①] [匈]卢卡奇:《历史与阶级意识——关于马克思主义辩证法的研究》,杜章智、任立、燕宏远译,商务印书馆1992年版,第76页。

[②] 吴雪峰:《马克思与卢卡奇的总体性思想比较研究》,浙江师范大学硕士学位论文,2014年。

著标志。

  马克思主义新闻思想作为一个与时俱进、动态开放的思想体系,为做好新时代党的新闻舆论工作提供了行动指南和理论指导。马克思主义新闻观教育教学的目标在于,为媒介化社会中的当代大学生提供解读、分析新闻传播现象的理论与方法,增强识别各种新闻思潮和理论是非的能力,做到真学真懂真信马克思主义新闻观。为此,高校的马克思主义新闻观教学需要改革刻板的教学路径,继承优秀历史文化传统,吸收中西方优秀文明成果,坚持用马克思主义解读历史、观照当下,用鲜活丰富的新闻实践案例推动马克思主义新闻理论体系建构,以不断深化对现代新闻传播规律、新兴媒体发展规律、新闻执政规律的认识。

红色新闻文化融入马克思主义新闻观教育的价值意蕴与实现路径*

胡 栓**

【摘要】 红色新闻文化与马克思主义新闻观之间有着天然的契合性和高度的关联性。红色新闻文化蕴含着丰富的马克思主义新闻观教育资源,夯实了马克思主义新闻观教育的思政底蕴,拓展了马克思主义新闻观教育的资源空间,丰富了马克思主义新闻观教育的范式选择。发挥红色新闻文化对马克思主义新闻观教育的价值,需要在思维理念、方法手段、人才队伍等多个方面拓展实践路径。例如,将红色新闻文化贯穿马克思主义新闻观教育全过程,打造红色新闻文化与马克思主义新闻观教育联合体,建设红色新闻文化与马克思主义新闻观虚拟教研室等。

【关键词】 红色新闻文化;马克思主义新闻观;教育联合体;虚拟教研室

习近平总书记高度重视红色文化,多次要求"把红色资源利用好、把红色传统发扬好、把红色基因传承好"①。作为红色文化的重要组成部分,红色新闻文化是中国共产党领导的新闻事业在革命、建设和改革伟大实践中创造的革命精神及其物质载体,蕴含着丰富的育人资源。马克思主义新闻观是"马克思主义经典作家关于新闻传播活动、新闻传播产业及其规律的观点与学说的理论体系"②,是马克思主义关于新闻舆论的一系列思想观点,是马克思主义基本原理在新闻舆论领域的体现,是用马克思主义的立场、观点、方法对新闻传播活动根本且系统的看法。可以说,党的新闻舆论工作者在马克思主义新闻观中国化的过程中创造了红色新闻文化,红色新闻文化承载和诠释了马克思主义新闻观的发展历程

---

* 本文原刊于《当代传播》2022年第6期。
** 胡栓,复旦大学马克思主义新闻观教学与研究基地研究员,国防大学政治学院教授。
① 《习近平在视察南京军区机关时强调 贯彻全军政治工作会议精神 扎实推进依法治军从严治军》,《人民日报》2014年12月16日第1版。
② 童兵:《马克思主义新闻经典教程(第二版)》,复旦大学出版社2009年版,第3页。

和精髓要义,两者之间有着天然的契合性和高度的关联性。如何找准红色新闻文化与马克思主义新闻观之间的契合点,挖掘红色新闻文化对马克思主义新闻观教育的价值意蕴,探索将红色新闻文化融入马克思主义新闻观教育的实践路径,成为影响马克思主义新闻观教育提质增效的重要因素。

一、红色新闻文化融入马克思主义新闻观教育的价值意蕴

红色新闻文化是党的新闻舆论工作者在中国革命、建设和改革实践中创造的,它产生于中国共产党的筹备中,在延安时期不断成熟,在西柏坡时期日臻完备①。这一发展历程正是马克思主义新闻观中国化的实践过程。作为马克思主义新闻观中国化实践的产物,红色新闻文化也就成为承载马克思主义新闻观精髓要义的天然载体、诠释马克思主义新闻观基本原理的鲜活教材、展示马克思主义新闻观实践活动的生动历史。红色新闻文化蕴含着丰富的马克思主义新闻观教育资源,其价值贯穿于马克思主义新闻观教育的全过程,覆盖马克思主义新闻观教育各方面。可以说,红色新闻文化是马克思主义新闻观教育的"历史教科书"和"实践活课堂"。

(一)从价值理念看,红色新闻文化意识形态性夯实了马克思主义新闻观教育的思政底蕴

习近平总书记指出,红色是中国共产党、中华人民共和国最鲜亮的底色,红色血脉是中国共产党政治本色的集中体现,是新时代中国共产党人的精神力量源泉②。红色新闻文化的产生与形成,与中国革命、建设和改革的历史进程紧密交织。无论是在风雨如晦的革命战争年代,还是在如火如荼的建设改革时期,广大新闻舆论工作者始终秉持理想信念高于天,始终坚守马克思主义信仰,始终牢记新闻人的初心,忠实履行党赋予的职责使命,坚持以正确的舆论导向造福人民,服务党和国家工作大局。红色新闻文化作为这一实践过程的物化体现和精神传承,是红色资源、红色传统、红色基因的有机统一体,是一种崇高的信念文化,天然具有鲜明的马克思主义意识形态属性。

---

① 乔云霞:《红色新闻文化对新时代的意义》,《中国出版》2019年第4期。
② 习近平:《用好红色资源、赓续红色血脉,努力创造无愧于历史和人民的新业绩》,《求是》2021年第19期。

新闻观是新闻舆论工作的灵魂,决定着新闻舆论工作者的精神方向和价值导向。"作为一种新闻观的马克思主义新闻观,其灵魂也是它的新闻价值观"[1],其核心就是要回答新闻舆论"是谁""为了谁""依靠谁"等根本问题。可以说,"在新闻舆论领域坚持马克思主义,就要坚持马克思主义新闻观"[2]。对于新闻传播教育来说,马克思主义新闻观兼具思政课程和课程思政双重属性。红色新闻文化融入马克思主义新闻观教育,可以使学生更加直观地感受到马克思主义新闻观的真理价值和精神力量,在与专业主义新闻观、商业偏向新闻观等形形色色的新闻观竞争中,强化对马克思主义新闻观的价值认同,不被西方新闻观迷惑,不迷失前进方向,进一步坚定理想信念,做政治坚定的新闻舆论工作者。

(二)从具体内容看,红色新闻文化内涵丰富性拓展了马克思主义新闻观教育的资源空间

红色新闻文化是中国共产党领导的新闻传播事业在革命、建设和改革实践中所创造的新闻遗产的综合,是一个极具开放性和包容性的系统,具有非常丰富的内涵。作为历史与现实、理论与实践、物质与精神的有机结合体,红色新闻文化涵盖新闻传播事业、新闻传播制度、新闻传播精神等多个方面。红色新闻文化承载着党的新闻舆论工作的方针原则、业务要求、报道风格、队伍建设等各个层面,内蕴着真实报道、党性原则、全党办报、舆论导向等党的新闻舆论工作规范。从某种意义上说,不同时期、不同形态的红色新闻文化从不同侧面反映了党的新闻舆论工作的发展历程。

马克思主义新闻观作为新闻认识论、新闻价值论和新闻方法论的统一体,其组成是"极其广泛、丰富、多层次、多学科的","既有一般哲学社会科学、新闻学理论等观念集群,有新闻传播史及新闻传媒生产流通消费的各个环节的观念,又有新闻实务部门如新闻采、写、编、评、播等各个生产环节的观念,还有新闻学作为一门社会科学自身的学科体系,以及新闻学同其他社会科学和自然科学交叉运作而发生的一系列观念体系"[3]。红色新闻文化内涵的丰富性、多样性和马克思主义新闻观组成的广泛性、开放性高度契合。历史是最好的教科书,新闻旧址遗迹、红色报刊文献等形态的红色新闻文化,以及承载其上的人物、事迹和精神,成

---

① 杨保军:《论"新闻观"》,《国际新闻界》2017年第3期。
② 《习近平新闻思想讲义(2018年版)》,人民出版社、学习出版社2018年版,第61页。
③ 童兵:《中国特色马克思主义新闻观的组成和来源》,《当代传播》2021年第2期。

为马克思主义新闻观教育的生动历史教材,拓展了马克思主义新闻观教育的资源空间。

(三)从表现形式看,红色新闻文化形式多样性丰富了马克思主义新闻观教育的范式选择

红色新闻文化是党领导新闻舆论工作在长期实践中创造的宝贵财富,形成于革命、建设和改革各个历史时期,既包括延安清凉山革命旧址、河北保定晋察冀日报社旧址等旧址遗迹类新闻文化,又包括延安《解放日报》、重庆《新华日报》等一大批中国共产党创办的各类报刊,以及《对晋绥日报编辑人员的谈话》《对华北记者团的谈话》等文献类新闻文化,还包括邓拓、穆青等一批红色新闻人物及其活动类新闻文化。

在各个历史阶段,红色新闻文化在实践中不断丰富和发展,体现出多样化的表现形式。红色新闻文化既有物质形态,又有精神形态;既有思想性、知识性,又有情感性、趣味性,具有情理交融、直观生动的特点。

红色新闻文化形态和形式的多样性,与马克思主义新闻观教育全面育人的要求高度契合。红色新闻文化可以在教育理念、教育方式、教育途径、教育载体、教育环境等多个方面为马克思主义新闻观教育创新发展提供多样化的范式选择。例如,通过参观红色新闻实景实物,开展展示式教学;通过红色新闻实地体验,开展体验式教学;通过观看反映红色新闻经典人物、事件的影视作品,开展影音式教学等。通过多样化的教育方式,将马克思主义新闻观抽象的理论变成可见、可闻、可感、可触、可讲、可唱的具象化的人、事、物,进而将价值引导和实践感知相结合,增强马克思主义新闻观教育的实效性和感染力。

二、红色新闻文化融入马克思主义新闻观教育的实践路径

红色新闻文化内涵丰富、形式多样、分布广泛,与马克思主义新闻观教育在诸多方面高度契合,是其非常重要的教育资源。在教学实践中,发挥红色新闻文化对马克思主义新闻观教育的价值,重在将红色新闻文化资源"转化"为马克思主义新闻观教育资源,"融化"在马克思主义新闻观教育过程中,"活化"为可闻、可看、可感的生动案例。推动红色新闻文化的"转化""融化""活化"是一个系统工程,需要在思维理念、方法手段、人才队伍等多个方面拓展实践路径。

(一) 将红色新闻文化贯穿马克思主义新闻观教育全过程

红色新闻文化自身具有很强的全面育人特征,覆盖教育理念、教育内容、教育手段、教育环境等各个方面,其价值蕴含在马克思主义新闻观教育的各个阶段、各个层面,可以说是全方位影响。但是当下马克思主义新闻观教育对于红色新闻文化资源的开发、利用形式还比较单一,多为现场教学和社会实践等,而在教材建设、课堂教学、教学评价等方面融入得还不够。充分发挥红色新闻文化对马克思主义新闻观教育的推动作用,亟须将其贯穿马克思主义新闻观教育全过程,渗透在马克思主义新闻观教育各个层面。

一是教材渗入。一方面,要将红色新闻文化渗透在马克思主义新闻观基本教材之中,充分利用具象化的历史遗迹、鲜活的实例、生动的人物等,诠释马克思主义新闻观基本理论、基本原则,例如在论述党报党性原则时就可以充分利用延安清凉山新闻纪念馆的资源等;另一方面,要积极编写以红色新闻文化为主题的马克思主义新闻观教材教辅,如《红色新闻故事》《红色新闻人物》《红色新闻典型案例》等,从不同侧面诠释马克思主义新闻观基础理论。

二是课程嵌入。在马克思主义新闻观课程设计过程中,要将红色新闻文化作为重要内容嵌入其中,将其作为马克思主义新闻观课程体系的重要组成部分。例如,可以开设"红色新闻文化核心概念解读""红色新闻人物纪实""红色新闻文化十讲"等课程模块,扩大马克思主义新闻观教育的覆盖面。

三是课堂融入。将红色新闻文化融入马克思主义新闻观教育课堂教学主渠道,贯穿第一课堂理论讲授、第二课堂参观见学、第三课堂社会实践全过程。在课堂教学中,充分运用生动丰富的红色新闻文化资源,将历史与现实、理论与实践、抽象与具象结合起来;在参观见学中,积极创新方法手段,充分彰显红色新闻实践的真理性、红色新闻故事的感染力、红色新闻人物的感召力、红色新闻遗存的穿透力,以更具具象性、感染性和沉浸性的场景强化学生的情感认同;在社会实践活动中,打造诸如"重走范长江新闻路""寻访红色新闻名记者"等社会实践活动,让学生在身临其境中感受红色新闻精神,探寻红色新闻基因。

(二) 打造红色新闻文化与马克思主义新闻观教育联合体

红色新闻文化是中国共产党领导的新闻舆论事业在革命、建设中所创造的,其分布与党的革命历程高度一致。目前,有代表性的红色新闻文化资源种类繁多,分布也比较广泛,特别是在上海市、江西省、陕西省、河北省等红色革命地区集中分布。从单个节点来看,红色新闻文化的地域性较强;但从整体来看,红色新闻文化又是一个完整的体系。红色新闻文化融入马克思主义新闻观教育,既要深入研究某一区域性的红色文化,又要从整体上进行体系化研究。这就要求举全国之力,打造红色新闻文化与马克思主义新闻观教育联合体。目前,国内这方面已经有比较成功的尝试。

2019年11月,复旦大学新闻学院倡议组建了"红色文化传承与马克思主义新闻观教育联盟",将传承红色新闻文化基因与推进马克思主义新闻观教育有机结合起来,由具有丰富红色新闻文化资源和马克思主义新闻观教育传统的高校新闻传播院系组成。经过两年多的发展,联盟已经有20多家成员单位,分布区域基本涵盖了中国具有代表性的红色新闻文化资源。作为国内首家红色新闻文化与马克思主义新闻观教育联合体,联盟成立后充分发挥各成员高校优质的红色新闻文化资源和马克思主义新闻观教育特色,积极开展全方位合作,探索形成了资源共享、协同发展、整体提升的工作机制,在教学资源、教育信息、教学研究、师资培训、教学改革、科研创新等方面,实现资源的优化配置和共享,最大限度地发挥联盟效应。

在人才培养方面,联盟成员高校定期开展马克思主义新闻观教学工作研讨,分享、借鉴教学改革及人才培养模式改革经验;联合开展马克思主义新闻观教育模式与体系创新,推动教师教育创新人才培养;积极开展红色新闻文化与马克思主义新闻观教育教材与教改项目的合作研究;联合开展形式多样的传承红色新闻文化大学生主题实践交流活动等。

在科研创新方面,联盟高校间围绕红色新闻文化与马克思主义新闻观教研,广泛开展学术交流与联合攻关;联合举办学术会议,出版"红色文化与马克思主义新闻观"系列学术丛书等。

在教师队伍建设方面,联盟成员高校相互选派一批学科领军人才进行校际科研指导、学术讲座等交流活动,组织中青年教师赴联盟高校相关红色新闻文化、马克思主义新闻观教研机构研修、访学,定期开展马克思主义新闻观骨干教师红色新闻文化专题培训等。

(三)建设红色新闻文化与马克思主义新闻观教育虚拟教研室

红色新闻文化点多面广,分布广泛,马克思主义新闻观自身内涵丰富,具有较强的多学科特征。将红色文化融入马克思主义新闻观教育,对教育者的个人经历、学科背景等提出了较高的要求,需要多专业背景教师、多个部门联动配合。

建立红色文化与马克思主义新闻观教育虚拟教研室，就是在"智能＋"时代背景下，充分利用现代信息技术手段，探索"线上＋线下"的教研模式，形成红色新闻文化融入马克思主义新闻观教育的新思路、新方法、新方式。虚拟教研室由在红色新闻文化或马克思主义新闻观教育领域具有某一方面专长或为解决某一问题有共同意愿的教研人员组成，突破了传统教研方式时间、空间、专业、地域等方面的限制，可以使不同专业、不同地域的教师能够互联互通、资源共享，成为推动红色新闻文化融入马克思主义新闻观教育的重要路径。

建设好红色新闻文化与马克思主义新闻观教育虚拟教研室：一是要优化人员结构，专业方面要涵盖红色新闻文化研究专家、马克思主义新闻观教育一线教师等，地域分布上要兼顾马克思主义新闻观教育传统强校和中西部红色新闻文化资源丰富高校；二是要加强教学研究，不同专业、不同地域的教研人员要着眼红色文化融入马克思主义新闻观教育，加强对教学理念、教学内容、教学方法、教学手段、教学评价等方面的研究探索，充分进行思想碰撞，同时开展红色新闻文化与马克思主义新闻观教育系列课题研究，定期召开线上研讨会等；三是要建设优质共享资源，虚拟教研室成员在充分研究交流的基础上，建设覆盖广泛、资源共享的红色新闻文化与马克思主义新闻观教育线上教学基地，制作红色新闻文化与马克思主义新闻观教育系列教育视频，建设互动学习场景教学实验室，同时协同共建教学案例库、教学课件库、教学成果库、教学试题库、教学影像库等教学资源，形成优质共享的教学资源库。

马克思主义新闻观研究发展报告(2022年)*

胡冯彬　刘胜男　高敬文**

中国共产党第二十次全国代表大会的召开,标志着"开辟马克思主义中国化时代化新境界"①,彰显了新时代马克思主义基本原理同中国具体实际相结合、同中华优秀传统文化相结合的新特征。以中国为观照,以时代为观照,立足中国实际,解决中国问题,是建构中国自主知识体系的关键,也是马克思主义新闻观研究的驱动力。

本研究以2022年1月1日至12月5日发表在中文媒体、学术期刊和学术网站上的全数据为基础。2022年4月25日,习近平总书记在中国人民大学考察时强调,"加快构建中国特色哲学社会科学,归根结底是建构中国自主的知识体系"②。因此,数据增加以知识体系为主题的研究文献,分别以"马克思主义新闻观"或"中国特色新闻学"为一组关键词,以"新闻学"和"知识体系"为另一组关键词,搜索业界和学界的报道与研究整体情况。

一、业界总量及分类

在数据平台上,以主题和关键词检索的方式,搜集到"习近平论国际传播"共2 234篇,其中,主流媒体及相关网站1 667篇,社交媒体567篇;"习近平论新闻舆论"共2 234篇,其中,主流媒体及相关网站1 667篇,社交媒体567篇;"马克

---

* 本文原刊于《新闻爱好者》2023年第2期。本文系国家哲学社会科学基金重大项目"百年中国马克思主义新闻观话语的历史建构与实践研究"(项目编号:20&ZD323)阶段性成果。

** 胡冯彬,复旦大学网络空间国际治理研究基地助理研究员,复旦大学马克思主义新闻观教学与研究基地研究员。刘胜男,复旦大学新闻学院博士研究生。高敬文,复旦大学新闻学院博士研究生。

① 习近平:《高举中国特色社会主义伟大旗帜　为全面建设社会主义现代化国家而团结奋斗——在中国共产党第二十次全国代表大会上的报告》,人民出版社2022年版,第16页。

② 吴月:《努力使中国特色哲学社会科学真正屹立于世界学术之林——党的十八大以来高校哲学社会科学发展成就综述》,《人民日报》2022年7月7日第4版。

思主义新闻观"相关的文章共542篇,其中,主流媒体及网站458篇,社交媒体84篇;"媒体社会责任"共505篇,其中,主流媒体及网站389篇,社交媒体116篇;"中国特色新闻学"共74篇,其中,主流媒体及网站64篇,社交媒体10篇;"新闻学知识体系"共42篇,其中,主流媒体及网站38篇,社交媒体4篇。

2022年,无论是习近平总书记论新闻工作,还是马克思主义新闻观,抑或媒体社会责任的报道,都持续增长。六大主题的报道量共计4 140篇,较建党百年重要节点的2021年有所减少,但仍比2020年增加了2 320篇。

媒体社会责任报告连续9年发布,参与媒体从中央新闻单位到县级融媒体中心共300多家。媒体社会责任报告制度建设日益完善,有力推进了新时代新闻事业发展和新闻队伍建设。

二、学界总量及分类

2022年,马克思主义新闻观研究领域的学者著述、学术期刊的支持、规划研究的立项、学术会议的召开和课程思政的实践,为马克思主义新闻观全方位多维度的学术研究提供了有力支撑。

以"马克思主义新闻观"或"中国特色新闻学"为关键词在中国知网检索得到学术论文222篇、硕博士论文13篇,经过对非研究文献进行筛选,并增补未检索到的相关论文后,共得到文献284篇,"新闻学"和"知识体系"等第二组关键词获得文献54篇,共计338篇。自习近平总书记于2021年5月31日强调"下大气力加强国际传播能力建设,形成同我国综合国力和国际地位相匹配的国际话语权"[①]后,新闻传播学界关于国际传播的研究成果呈现井喷式增长。因此,2022年度将国际传播领域的研究单列。以"国际传播"为关键词,检索得到学术论文1 663篇、硕博士论文93篇。

(一)马克思主义新闻观研究领域的重要学者

张涛甫、王润泽、杨保军、周勇、胡钰、邓绍根、高金萍、朱清河、叶俊9位中青年学者成为2022年度马克思主义新闻观学术论文矩阵的主力军,贡献了75篇相关研究。这些学者是中国新闻学研究的重要学者,从不同领域切入马克思主义新闻观研究,成果有着鲜明的个人风格。

[①] 习近平:《习近平谈治国理政》第四卷,外文出版社2022年版,第316页。

（二）重要学术期刊

近年来，多数重要学术期刊已将马克思主义新闻观研究设为固定专栏，或设置专题、刊发特稿。

《新闻与传播研究》开设"马克思主义新闻观""中国自主新闻传播学知识体系"和"学习贯彻党的二十大精神"专栏；《国际新闻界》新设"新闻传播学自主知识体系建设"和"学习贯彻党的二十大精神"专栏；《新闻大学》《现代传播（中国传媒大学学报）》《当代传播》《新闻记者》《全球传媒学刊》和《新闻爱好者》等均设有马克思主义新闻观特稿。上述期刊共刊发58篇马克思主义新闻观论文，再创新高。

（三）重要研究项目

重要研究项目的立项亦体现出马克思主义新闻观研究的新探索、新突破、新成绩。在2022年度国家社会科学基金重大项目和重点项目中，各有两项涉及马克思主义新闻观。一般项目和青年项目共有28项，4项国家社会科学后期资助项目，中标数创历年之最。

关于国际传播研究的国家社会科学项目总数多达42项，包括9项重大项目和重点项目、31项一般项目和青年项目、2项后期资助项目。

（四）重要学术著作

马克思主义新闻观是马克思主义经典作家关于新闻传播活动、新闻传媒生产及流通规律的观点与学说体系。复旦大学马克思主义新闻观教学与研究团队深耕于马克思主义新闻观理论，组织出版了"马克思主义新闻观核心概念丛书"，胡栓和唐荣堂分别撰写的《马克思主义新闻观核心概念（舆论篇）》和《马克思主义新闻观核心概念（宣传篇）》由复旦大学出版社出版。

由中宣部组织、全国十多所知名高校新闻传播院系和中央主要新闻媒体的专家学者共同编写的《实践中的马克思主义新闻观——新闻报道经典案例评析》（第二辑）由高等教育出版社出版发行。

（五）重要课程思政项目

复旦大学、清华大学等高校共同承担教育部新时代高校教师融合式教学公益进修项目。复旦大学的国家级一流本科课程"马克思主义新闻思想"以线上课程的形式供中西部高校青年教师同步学习。

中国传媒大学主办的中国新闻传播大讲堂实施3年，覆盖全国开设新闻传播学类专业的所有719所高校共计29万余名学生，实现了全国新闻传播学类专业"共上一堂马克思主义新闻观课"。

中国传媒大学的"实践中的马克思主义新闻观"、兰州大学的"新闻学子'重走中国西北角'接力采访"入选教育部2022年高校思想政治工作精品项目。

教育部新闻学专业（中国共产党新闻史教学）虚拟教研室在河北大学成立，将太行山红色新闻资源转化成教学资源，应用新型媒介技术和数字虚拟教研手段，打造利用虚拟仿真教学方式培养新闻传播人才的创新型平台。

（六）重要学术会议

2022年虽然受疫情影响，但是各高校仍以线上或线下形式召开马克思主义新闻观主题学术会议。以复旦大学、中国人民大学、清华大学、南京大学、中国传媒大学、上海大学和河北大学为代表，组织14场有代表性的学术会议。

学术期刊的支持、研究课题的立项、思政课程的推广，为马克思主义新闻观的学术研究提供了多方位的矩阵支持。

三、2022年马克思主义新闻观研究热点分析

近年来，关键词共现网络（keyword co-occurrences network，KCN）分析方法已被广泛应用于理论和实证研究，以探索特定科学领域的研究主题及其关系。大量关于此方法的研究证明，基于KCN分析能够得到与传统文献综述方法一致的结论，并且更具实用价值和优势，是分析一个具有大量文献的新兴领域研究模式及其时间演变趋势的有效方法。图1的统计依据基于上述马克思主义新闻观主题相关的学术论文，节点为作者提交的关键词，其大小代表词频，连线代表两端节点的词存在共现关系，并标识出每个显著的聚类主题集群。通过进一步整合同一所指的不同表述的关键词，进一步得到五组热点领域。

由此可以看出2022年度马克思主义新闻观研究的五组热点：第一，马克思主义新闻观、新莱茵报、马克思主义中国化；第二，中国特色新闻学、自主知识体系、三大体系；第三，党管媒体、新闻话语、党性原则、政治家办报；第四，国际传播、全媒体、媒体融合、讲好中国故事；第五，习近平新闻舆论观、网络舆论、新闻舆论工作、人民性。

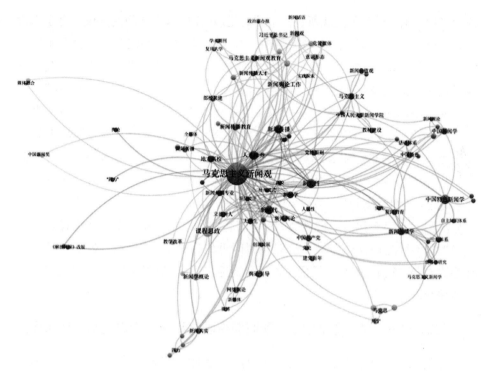

图 1　2022 年马克思主义新闻观学术研究关键词共现网络

上述研究热词及其关系的自动分层聚类显示，2022 年度研究热点有五个方面，笔者的解读如下。

（一）守正创新：马克思主义新闻观理论原典及其编译研究

"共产党人要把读马克思主义经典、悟马克思主义原理当作一种生活习惯、当作一种精神追求。"[①]回归原典，即对马克思主义新闻观理论的阐发和马恩列经典作品的研读，是马克思主义新闻观研究的传统。"如果我们广泛和深入地阅读先辈们的新闻著述，就不难发现，马克思主义先辈们在研究和论述新闻传播工作的时候，主要着眼于对基本方针和基本规律的探索。"[②]"以马克思主义的立场、观点、方法对新闻现象或新闻活动形成的根本而系统的看法，是马克思主义新闻认识论、新闻价值论、新闻方法论的统一观念体系"[③]，使马克思主义新闻观

---

① 中共中央党史和文献研究院：《十九大以来重要文献选编（上）》，中央文献出版社 2019 年版，第 434 页。
② 唐荣堂：《马克思主义新闻观核心概念（宣传篇）》，复旦大学出版社 2022 年版，丛书序第 2 页。
③ 杨保军：《论"新闻观"》，《国际新闻界》2017 年第 3 期。

成为当代中国新闻学的灵魂所在。不同的是,马克思主义新闻观不仅具有学术价值,还具有鲜明的政治属性和实践属性。实事求是、群众路线和独立自主是毛泽东思想活的灵魂,调查研究就是承载、延续这一灵魂的活的方法。调查研究是世界观也是方法论,不仅是党的"传家宝",更是马克思主义新闻观的"基本功"①。

原典编译亦是 2022 年度回归原典的另一特色。梳理"来时的路"为马克思主义新闻观的理论与实践来源及存在的合理性问题提供历史依据,也为如何继承发扬发展马克思主义新闻观提供历史前提。陈力丹组织编译的《新莱茵报》,以个案展现党的百年历史中的传播路径,以 1921 年人民出版社出版马克思的论著《雇佣劳动与资本》首个单行本、1939 年延安解放社全文发表恩格斯的《马克思与〈新莱茵报〉》中文版、1949 年以后中共中央马恩列斯著作编译局的成立、1983 年纪念马克思逝世 100 周年新闻思想讨论会等为节点,展现了新闻传播学界对《新莱茵报》及马克思主义新闻观逐步了解和认识的进程,以及研究的逐步深化②。

(二) 理论引领: 马克思主义新闻观中国化和新闻学自主知识体系研究

党的二十大报告指出,加快构建中国特色哲学社会科学学科体系、学术体系、话语体系③。2022 年 4 月 25 日,习近平总书记在中国人民大学考察时强调,加快构建中国特色哲学社会科学,归根结底是建构中国自主的知识体系。建设新闻学自主知识体系成为 2022 年度马克思主义新闻观研究的一大新趋势。中国特色新闻学学科体系需要重构,学术体系需要重组,话语体系需要重塑。实现这"三重"的根本原则是基础性、前沿性和开放性④。

自主知识体系的建构,要坚持"立足中国土,回到马克思,把握新技术,放眼全世界"⑤的理念。"中国土"体现了中国特色新闻学的主体性,"新技术"和"全世界"体现了当代新闻传播实践的技术驱动特质与全球传播现实,马克思主义新闻观则是中国特色新闻学自主知识体系建设的指导思想⑥。中国新闻传播学的知识生长是外力驱动型。诸多知识话语和概念表述脱离本土语境或问题场景,被直接挪用、移植到中国语境之下。仅靠外来的新概念、新理论、新方法,无法有

---

① 马凌:《"没有调查,没有发言权":调查研究是世界观也是方法论》,《青年记者》2022 年 1 月下。
② 参见陈力丹、杜渐:《2021 年中国新闻传播学研究的十个新鲜话题》,《当代传播》2022 年第 1 期。
③ 习近平:《高举中国特色社会主义伟大旗帜 为全面建设社会主义现代化国家而团结奋斗——在中国共产党第二十次全国代表大会上的报告》,人民出版社 2022 年版,第 43 页。
④ 胡正荣:《加快构建中国特色新闻学"三大体系"》,《青年记者》2022 年 2 月下。
⑤⑥ 胡钰:《中国特色新闻学自主知识体系的实践性》,《青年记者》2022 年 10 月上。

效解释中国场域的实践命题①。因此,新闻学知识体系的创新离不开两个支点:一是问题导向,立足中国大地,发现中国问题;二是实践维度,立足中国实践,寻找中国答案。马克思主义实践哲学的核心概念和基础理论,能为中国新闻学基础史论研究领域提供方法和路径,整体性带动中国新闻学三大体系的创新发展②。

(三) 问题导向:马克思主义新闻观教育与中国新闻事业实践研究

马克思主义新闻观除了具有学术价值之外,还具备鲜明的政治属性和实践属性。马克思和恩格斯在新闻实践中形成了成熟的新闻理念——办报需要遵循"报刊的内在规律",开创了坚持党性原则和遵循新闻传播规律相统一的办报传统③。马克思主义新闻观的实践特征,是开放的、与时俱进的、从现实的新闻活动中汲取滋养的理论品质,并在实践中不断发展④。

中国共产党新闻事业的百年探索,正是马克思主义新闻观从零碎到系统、从抽象到具体、从浅表到深入,最终形成包括新闻事业性质与功能作用、党性、人民性、新闻文风、队伍建设、国际传播等内容有机整体的过程⑤。新闻事业党性原则的"党性"和"人民性",集中体现出马克思主义新闻观的中国特色、中国气派。从"全党办报"到"政治家办报",从"党性原则"到"党办媒体"再到"党媒姓党",中国共产党"党管媒体"的百年历史实践贯穿着"为了谁,依靠谁,我是谁"的价值逻辑⑥。

正确的新闻观是新闻工作者的精神方向与力量源泉。马克思和恩格斯着眼于全人类的共同问题,着力于解决基本问题、探索基本规律,对于观察、思考和解决当下问题具有重大指导作用⑦。培养新闻传播学人才要坚定立足中国大地,厚植家国情怀,需要政治层面的积淀、德性层面的养成和技能层面的训练⑧。

---

① 张涛甫:《浅谈中国新闻传播学主体性问题》,《青年记者》2022 年 8 月下。
② 王润泽:《新闻学知识体系的创新发展》,《当代传播》2022 年第 4 期。
③ 参见夏琪、陈力丹:《"不忘来时的路":中国共产党百年历程中的〈新莱茵报〉编译与研究》,《新闻与传播研究》2021 年第 11 期。
④ 涂凌波:《作为元概念的马克思主义新闻观:论中国新闻学元问题的一种基本阐释》,《南京社会科学》2022 年第 10 期。
⑤ 邓绍根、丁丽琼:《中国共产党百年进程中马克思主义新闻观的创新发展》,《新闻大学》2021 年第 6 期。
⑥ 朱清河、谢昕忻:《中国共产党党管媒体一百年:理念、历程与经验》,《新闻爱好者》2021 年第 9 期。
⑦⑧ 查建国、陈炼:《以部校共建推动党的新闻教育事业发展》,《中国社会科学报》2022 年 1 月 24 日第 2 版。

（四）实践自觉：新时代党的新闻舆论思想与习近平关于新闻舆论工作的重要论述

党的十八大以来，习近平总书记关于新闻舆论工作的重要讲话主要包括：2013年8月在全国宣传思想工作会议上的讲话，2014年10月在文艺工作座谈会上的讲话，2016年2月在党的新闻舆论工作座谈会上的讲话，2016年4月在网络安全和信息化工作座谈会上的讲话，2018年8月在全国宣传思想工作会议上的讲话，2019年1月在中央政治局第十二次集体学习时关于加快推动媒体融合发展问题的讲话，2021年5月在中央政治局第三十次集体学习时关于加强国际传播能力建设问题的讲话等。一系列重要讲话体现了党的新闻舆论思想在新时代的发展具体表现：对党的新闻舆论工作的思想理论引领，坚持党性原则和人民性的统一，提出"媒体融合发展"重大命题并将此提升为国家战略，致力于进行卓有成效的国际传播，遵循新闻舆论工作中的科学认识网络传播规律，重申遵循新闻传播规律、新兴媒体发展规律等①。

"放眼世界，我们面对的是百年未有之大变局"是中国共产党新闻舆论思想发展的重要背景。在此基础上，舆论引导蕴含新时代强国战略的丰富内涵，涵盖国家治理、社会有序发展、人民幸福生活等众多方面，开辟了马克思主义新闻观的新境界，是党的舆论思想和舆论引导历史经验在新时代的全新释义②。

（五）行则将至：国际传播能力建设与融媒体发展研究

党的二十大报告中再次提及国际传播能力建设的重要性，"加快构建中国话语和中国叙事体系，讲好中国故事、传播好中国声音，展现可信、可爱、可敬的中国形象。加强国际传播能力建设，全面提升国际传播效能，形成同我国综合国力和国际地位相匹配的国际话语权"③。2022年度的国际传播研究主要从三个面向展开。

一是考古与重建。通过对概念的学术史、理论的思想史等的梳理，重建国际传播理论得以自觉和创新的可能视角和潜在路径④。中国国际传播已从被迫应

---

① 参见丁柏铨：《面对先进传播技术：科学认知和正确把握——新时代党的新闻舆论思想在一个重要方面的创新、发展》，《传媒观察》2022年第12期。
② 尤红：《习近平对"舆论导向/舆论引导"论的创新发展》，《当代传播》2022年第5期。
③ 习近平：《高举中国特色社会主义伟大旗帜 为全面建设社会主义现代化国家而团结奋斗——在中国共产党第二十次全国代表大会上的报告》，人民出版社2022年版，第45—46页。
④ 姜飞、张楠：《国际传播与跨文化传播2021年研究综述》，《全球传媒学刊》2022年第1期。

对国际舆论的"恶意抹黑"到如今积极主动"讲好中国故事",实践范式转型的实质是中国构建国家认同和制度转型的标志性符号①。

二是全球与地方。中国国际传播要讲好中国故事,应当以全球视野和全球思维为起点,用全球话语进行全球叙事,将中国故事进行创造性转化和创新性发展,在中国故事资源的富矿中开掘出当代价值和世界意义②。理想状态是政策、实践和理论三者的逻辑同构,但中国独特的制度现实和知识生产主体决定了三者之间必然会存在不同程度的落差③。

三是媒体与平台。社交媒体的主导性改变了国际传播中政党形象塑造的主体④。国家主体作为直接参与者的角色正在被跨国公司、平台媒体、自媒体等新兴主体取代,主渠道从传统大众传媒转向以互联网为代表的数字媒体,实践重心则从以政治、经济为主的"硬内容"转向以文化、社会为主的"软内容"⑤。

同时,由中央广播电视总台和中国外文出版发行事业局当代中国与世界研究院主办的学术类刊物《国际传播》和《对外传播》,以业界和学界相互支撑的方式,促使国际传播成为近年来新闻传播学兼具理论意识与问题导向的重要领域。

百年辉煌,只是序章。2022年中国马克思主义新闻观研究呈现出理论研究初成体系、历史研究成果丰厚、马克思主义新闻观教育研究成为重点、新闻人才培养方式创新等局面。正如研究者所言,"马克思主义新闻观超越了狭义新闻观的视野,从深广的社会视野和历史视域揭示新闻观背后的意识形态关系。进入新时代,马克思主义新闻观中国化步入新的阶段,以前所未有的深度和广度回应全面开放条件下新闻舆论领域的重大命题"⑥。

---

① 张毓强、潘璟玲:《国际传播的实践渊源、概念生成和本土化知识构建》,《新闻界》2021年第12期。
② 胡正荣:《当代性与世界性:国际传播效能提升的重要路径》,《国际传播》2022年第3期。
③⑤ 张毓强、潘璟玲:《边界扩张与结构调适:关于新时代国际传播实践范畴的讨论》,《对外传播》2022年第7期。
④ 高金萍:《中国共产党全球形象的传播》,《中央社会主义学院学报》2022年第1期。
⑥ 张涛甫:《基于意识形态视角的马克思主义新闻观》,《新闻与传播研究》2022年第8期。

图书在版编目(CIP)数据

立足中国现场:马克思主义新闻观中国化研究报告.
2023/马凌,林溪声主编.—上海:复旦大学出版社,
2024.7. —ISBN 978-7-309-17036-8

Ⅰ. A811.67
中国国家版本馆 CIP 数据核字第 2024RX2110 号

立足中国现场:马克思主义新闻观中国化研究报告(2023)
LIZU ZHONGGUO XIANCHANG: MAKESI ZHUYI XINWENGUAN ZHONGGUOHUA
YANJIU BAOGAO (2023)
马　凌　林溪声　主编
责任编辑/朱安奇

复旦大学出版社有限公司出版发行
上海市国权路 579 号　邮编:200433
网址:fupnet@fudanpress.com　http://www.fudanpress.com
门市零售:86-21-65102580　　团体订购:86-21-65104505
出版部电话:86-21-65642845
上海四维数字图文有限公司

开本 787 毫米×1092 毫米　1/16　印张 18.5　字数 322 千字
2024 年 7 月第 1 版
2024 年 7 月第 1 版第 1 次印刷

ISBN 978-7-309-17036-8/G·2607
定价:58.00 元

如有印装质量问题,请向复旦大学出版社有限公司出版部调换。
版权所有　侵权必究